城郊土地征收中的
利益分配问题研究

Research on the Distribution of Benefits in
Suburban Land Expropriation

孙秋鹏 著

中国社会科学出版社

图书在版编目(CIP)数据

城郊土地征收中的利益分配问题研究／孙秋鹏著 . —北京：中国社会科学出版社，2024.4
ISBN 978 – 7 – 5227 – 3062 – 2

Ⅰ.①城… Ⅱ.①孙… Ⅲ.①土地征用—利益分配—研究—中国 Ⅳ.①F321.1

中国国家版本馆 CIP 数据核字(2024)第 037594 号

出 版 人	赵剑英
责任编辑	刘　艳
责任校对	陈　晨
责任印制	王　超

出　　版	中国社会科学出版社
社　　址	北京鼓楼西大街甲 158 号
邮　　编	100720
网　　址	http://www.csspw.cn
发 行 部	010 – 84083685
门 市 部	010 – 84029450
经　　销	新华书店及其他书店

印刷装订	北京君升印刷有限公司
版　　次	2024 年 4 月第 1 版
印　　次	2024 年 4 月第 1 次印刷

开　　本	710×1000　1/16
印　　张	13.75
插　　页	2
字　　数	246 千字
定　　价	75.00 元

凡购买中国社会科学出版社图书，如有质量问题请与本社营销中心联系调换
电话：010 – 84083683
版权所有　侵权必究

国家社科基金后期资助项目
出版说明

后期资助项目是国家社科基金设立的一类重要项目，旨在鼓励广大社科研究者潜心治学，支持基础研究多出优秀成果。它是经过严格评审，从接近完成的科研成果中遴选立项的。为扩大后期资助项目的影响，更好地推动学术发展，促进成果转化，全国哲学社会科学工作办公室按照"统一设计、统一标识、统一版式、形成系列"的总体要求，组织出版国家社科基金后期资助项目成果。

全国哲学社会科学工作办公室

目 录

第一章 导论 (1)
 第一节 研究背景与主要研究问题 (1)
 第二节 研究框架与主要概念界定 (4)
  一 研究框架 (4)
  二 主要概念界定 (5)
 第三节 研究思路与方法 (9)
  一 研究思路 (9)
  二 研究方法 (10)
 第四节 研究创新与不足 (10)
  一 主要创新 (10)
  二 主要不足 (12)

第二章 理论基础与相关研究述评 (14)
 第一节 理论基础：马克思地租理论 (14)
  一 马克思地租理论 (14)
  二 国外相关研究 (16)
  三 国内相关研究 (18)
 第二节 土地征收相关研究 (21)
  一 土地制度和土地征收制度的讨论 (21)
  二 征地拆迁中的冲突与博弈 (23)
  三 征地补偿与土地增值分配 (28)
  四 农村土地制度与征地制度改革建议 (30)
 第三节 社会学相关研究 (33)

第三章　城郊农用地征收中的博弈与利益分配 (37)
第一节　农村土地制度与农用地地租属性 (37)
一　产权制度与征收制度 (38)
二　农用地地租属性 (46)
第二节　相关主体的利益诉求 (49)
一　农民的利益 (49)
二　地方政府的利益 (52)
三　中央政府的利益 (56)
第三节　农民完全配合征收与补偿标准的棘轮效应 (58)
一　主要假设 (59)
二　农民完全配合地方政府土地征收 (60)
三　征地补偿标准的棘轮效应 (67)
第四节　农民抵制征收与地方政府的策略选择 (71)
一　农民的策略：现实情况考察 (72)
二　农民抢栽抢建与地方政府应对 (76)
三　农民拖延时间与地方政府应对 (79)
四　完全信息情况下农民与地方政府的策略选择与利益分配 (84)
五　不完全信息情况下农民与地方政府的策略选择与利益分配 (89)
第五节　政策建议 (99)
第六节　本章小结 (104)

第四章　城郊宅基地征收中的博弈与利益分配 (108)
第一节　宅基地的相关制度和土地增值属性 (108)
一　宅基地的相关制度 (108)
二　土地增值属性 (110)
第二节　农户完全配合征收情况下的利益分配 (112)
第三节　农户抵制征收情况下的利益分配 (114)
一　完全信息、真实投入与分离均衡 (115)
二　不完全信息、甄别与讨价还价 (121)
第四节　政策建议 (130)
第五节　本章小结 (134)

第五章 城郊集体经营性建设用地入市中的地方政府行为与利益分配 (136)

第一节 集体经营性建设用地入市及相关研究 (136)
一 集体经营性建设用地入市改革的历程 (136)
二 集体经营性建设用地入市与土地征收的相似性 (139)
三 相关研究述评 (142)

第二节 城郊集体经营性建设用地入市中的地方政府行为 (150)
一 主要假设 (150)
二 地方政府对入市土地总量的控制 (151)
三 地方政府对入市土地用途的控制 (154)

第三节 案例分析：试点地区考察 (158)
一 土地增值收益分配情况 (158)
二 试点地区入市规模差异 (164)
三 土地用途的控制与变通 (165)

第四节 政策建议 (167)

第五节 本章小结 (168)

第六章 城郊土地征收中的地方政府与村干部委托代理与利益分配 (170)

第一节 村自治组织权力分配与村干部利益 (170)
一 村两委的权力分配 (170)
二 村干部角色与委托代理 (172)
三 城郊土地征收中村干部的利益 (177)

第二节 双重委托代理下的冲突与问题 (179)
一 地方政府与村干部 (179)
二 村民与村干部 (182)

第三节 地方政府对村干部的选择 (184)
一 完全信息下的事前选择 (184)
二 不完全信息下的事前选择 (187)

第四节 地方政府与村干部之间的委托代理 (192)
一 单目标任务情况下的委托代理 (192)
二 多目标任务情况下的委托代理 (196)

第五节 政策建议 …………………………………………（200）
第六节 本章小结 …………………………………………（201）

参考文献 ……………………………………………………（204）

后　记 ……………………………………………………（212）

第一章 导论

在未来相当长的时期内城市建设和发展对土地的需求会呈现持续增长的趋势，现有城市土地规模根本无法满足需求，需要通过征收农村土地的方式来增加城市建设用地。通常，城市扩张是沿着中心向外围的路线，城市郊区的农村土地会逐渐转变为城市建设用地。由于城郊土地转变为城市建设用地会带来土地大幅增值，土地增值就成为各方争夺的重点。不同的土地增值收益分配方式会直接影响参与主体的利益，并对土地征收进程、土地资源配置效率和城市化进程产生重要影响，因此，城郊土地征收中的利益分配是一个具有重要研究价值的问题。

第一节 研究背景与主要研究问题

中国正处于城镇化高速发展阶段，人口从农村向城市、从小城镇向中心城市和都市圈迁移是一个长期趋势。中国城镇常住人口比重已经由2000年的36.22%增长到2022年的65.22%，平均每年增长1.30%，同期城镇常住人口数量也从4.59亿人增长到9.21亿人，增长了100.65%，年均增长速度高达4.51%。[1] 从已经完成城镇化阶段的发达国家的经验来看，城镇化的初期发展比较缓慢，一旦达到中期，城镇化的速度会显著加快。通常一个国家或经济体的城镇人口比重超过30%就开始进入到城镇化中期，在城镇人口比重达到70%之前，城镇化会保持相对较高的增速。2022年，

---

[1] 通过《中国统计年鉴2021》和《中华人民共和国2022年国民经济和社会发展统计公报》相关数据计算。

中国常住人口城镇化率虽然已经超过60%，但户籍人口的城市化率仅为45%左右，差额为2.93亿农民工。中国的农民工并没有真正在城镇定居，如果让农民工及其子女真正成为城镇居民，就需要提供相应的住宅和公共服务，这些都需要城镇提供大量的土地。城镇化快速推进的同时也是工业和服务业快速发展的时期，这些产业的发展也会增加对城镇土地的需求。

城镇化的第一个显著特征是房地产业快速发展和对建设用地需求的快速增长。城镇化过程中，房地产及相关行业都会呈现出快速增长趋势，行业需求的增加来自城镇人口的增加，改善性需求增加和投资性需求增加。在1998年之前，福利分房是中国城镇居民获得住房的主要方式，商品房占住房供应的比例很低，城镇居民的住房条件较差，人均住宅建筑面积仅为18.66平方米。随着住房福利分配制度的取消，我国房地产市场进入快速发展阶段。房地产业的快速发展直接增加了土地购置的规模，1998年房地产开发企业购置的土地规模为10109.32万平方米，2007年增加到40245.85万平方米，2011年达到历史最高，为44327.44万平方米，近几年虽有所下降但依然维持在高位。[①]

城镇化的快速发展也伴随着工商业的发展和对公共设施需求的增加，这都会增加土地需求，直接表现为房地产开发中非住宅部分的增长和城市基础设施投入的增加。1998年，房地产企业新开工面积中非住房面积仅为3750.4万平方米，2017年则增加到50555.99万平方米。[②] 随着城镇人口增加和房地产业的快速发展，政府必须提供相应的基础设施，即使保持原有人均水平不变的情况下，也会形成大规模的土地需求。农村人口向城镇迁移，小城镇、小城市人口向大城市和都市圈迁移，以及城镇居民对居住条件改善的需求，直接的结果就是城市土地变得越发紧张。除此之外，我国地方政府还要承担本地经济发展的责任，本地 GDP 增长成为考核官员政绩的重要指标。吸引投资是短期内快速提高本地 GDP 增速的直接有效的手段。各地政府就纷纷通过低价提供土地的方式来吸引投资，地方政府需要获得新增土地的迫切性就更为强烈。

[①] 通过《中国统计年鉴2021》和《中华人民共和国2022年国民经济和社会发展统计公报》相关数据计算。

[②] 通过《中国统计年鉴2021》和《中华人民共和国2022年国民经济和社会发展统计公报》相关数据计算。

近十几年来，为了满足相关行业发展和居民对土地的需求，我国城市规模快速扩张。2000—2021年，城市建成区面积从2.24万平方千米增加到6.24万平方千米，城市建设用地面积从2.21万平方千米增加到5.94万平方千米，城市居住用地面积从8661.09平方千米增加到18617.91平方千米，工业用地面积从5768.9平方千米增加到11336.75平方千米。土地征用成为补充城市建设用地不足的主要手段，从2002年到2020年，城市总征用土地面积为39863.58平方千米，其中征用耕地的面积为18107.61平方千米。[1]

城市规模快速扩张所需土地的主要来源为城郊土地，城郊土地基本上是农村集体土地。《土地管理法》明确规定："城市市区的土地属于国家所有。农村和城市郊区的土地，除由法律规定属于国家所有的以外，属于农民集体所有。"[2]《土地管理法》的规定说明，城市周边的土地基本都是农村土地，城市的扩张只能是将农村土地转变为城市建设用地。由于中国实行了严格的耕地保护制度，如征收永久基本农田，永久基本农田以外的耕地超过35公顷的，其他土地超过70公顷的，都需要国务院批准，还需要符合相关的指标要求。城市范围扩张不可能是简单地将城郊的农村土地直接变更为城市建设用地，而是只能在符合法律法规要求的情况下采取逐步征收的方式。

在城郊土地已经成为地方政府新增城市建设用地主要来源的情况下，如何能够高效地征收城郊土地，如何能够合理地分配土地增值收益，如何能够减少征收环节的成本和冲突就成为一个值得研究的重要问题。城郊土地征收过程中不仅要处理效率问题，即土地征收是否有利于促进了全社会福利增加，是否有利于促进经济增长，是否有利于城市化工业化发展，还要处理公平问题，如土地增值的分配依据、农民和地方政府应当如何分配土地增值、相关经济主体是否能够参与到土地增值分配之中，等等。如果不处理好土地征收中的公平问题，土地征收的效率就会受到影响；如果过度关注土地征收的效率问题，可能会出现影响公平甚

---

[1] 数据来源：《中国城市建设统计年鉴》历年数据整理。
[2] 全国人民代表大会常务委员会法制工作委员会编：《中华人民共和国法律汇编（2019）》，人民出版社2020年版，第275页。

至是侵犯相关主体权益的情况。

相关参与主体对城郊土地增值的分配问题不仅是一个经济问题，更因其利益争夺激烈已经发展成一个社会问题，对其进行深入研究也具有较强的社会意义。农村出现的大量上访事件和群体性事件多与土地征收相关。在土地征收过程中，农民处于劣势地位，地方政府拥有垄断征收权和部分自由裁量权，能够动用行政力量和其他资源及力量，农民拥有的资源和权力却非常有限。为了保障自身权益和争取更多利益，部分农民采取了多种方式与地方政府进行博弈，有些是较为激烈的甚至是直接对抗的。农民与地方政府采取的博弈策略，不仅会影响利益分配格局，还会对农村社会产生影响。

第二节 研究框架与主要概念界定

一 研究框架

第一章为本书的导论部分，主要为研究的背景和意义、研究思路与结构框架、研究方法、主要创新和不足等方面。

第二章给出本书研究的理论基础，并对研究主题所涉及的文献进行了述评。首先，对研究的理论基础马克思地租理论进行简要的介绍并对国内外相关研究进行述评；其次，对本书所涉及的土地征收相关的文献进行简要述评；最后，由于本书也涉及社会学的一部分研究成果，对这部分文献也做了简要述评。

第三章对城郊农用地征收中地方政府和农民的博弈行为和土地增值收益分配问题进行了研究。第一，对中国农村土地的产权制度和土地征收制度进行简要介绍，并对农用地的地租属性进行了分析。第二，分析了相关主体的利益诉求，主要包括农民的利益诉求、地方政府的利益诉求和中央政府的利益诉求。第三，对农民完全配合地方政府土地征收情况下农民和地方政府之间的土地增值收益分配情况进行了分析。第四，将农民与地方政府的博弈分为三种形式，并对每种形式进行了深入的分析。三种形式为：抢栽抢建、拖延时间和较为激烈的博弈。由于农民博弈的形式差别和激烈程度差别，地方政府也会采取差别化的应对策略。第五，给出本章的政策建议。

第四章对城郊宅基地征收中的农民和地方政府之间的博弈及土地增值收益分配问题进行了研究。首先，对与宅基地相关的制度进行了简单的梳理并分析了宅基地的土地增值属性；其次，分析农民完全配合地方政府征收情况下的土地征收数量和土地增值收益分配情况；再次，分析了地方政府将采取的应对策略或惩罚策略以及对土地征收数量和土地增值收益分配的影响；最后，给出本章的政策建议。

第五章主要研究集体经营性建设用地入市中的地方政府行为选择问题。首先，对集体经营性建设用地入市的历程进行了简要的梳理并对相关研究成果进行了述评；其次，通过构建数理模型分析了地方政府对入市土地规模和用途的控制行为；再次，以试点地区为案例对理论分析的结论进行了实证检验；最后，给出本章的政策建议。

第六章以村干部的行为为重点，研究了城郊土地征收中的委托代理问题。首先，对村干部的利益诉求进行简要的分析。村干部具有双重身份，一方面是集体土地所有者的代表，另一方面又承担着基层政权代理人的职能。由于在城市扩张过程中，城郊村的土地价值大幅上升，城郊村已经成为资源密集型村庄。因此，现实中多数城郊村村干部与占中国绝大多数的资源匮乏村庄的村干部的行为方式有显著不同，他们会借助双重身份来使个人利益最大化，甚至有些村干部已经演变为精致利己主义者。其次，运用委托代理理论对地方政府选择代理人（城郊村村干部）问题进行了研究。在完全信息和不完全信息两种情况下，地方政府会通过制定相应委托代理合同的方式选择合意的代理人。再次，对城郊土地征收中地方政府和村干部之间的委托代理问题进行了研究。在城郊土地征收中，地方政府可以根据单目标任务和多目标任务两种情况对村干部制定委托代理合同，使得城郊村村干部能够按照地方政府的意愿从事委托的工作。最后，给出本章的政策建议。

二 主要概念界定

为了使本书的内容更加清晰，也为了避免出现误解，对本书涉及的主要概念进行界定。

1. 城郊土地

本书所定义的城郊土地是指紧邻城市边界，受到城市发展辐射，具有较高升值潜力的农村集体土地，地理位置上主要是指城市近郊而不是远郊。

本书研究的城郊土地具有以下特点。第一，产权性质是农村集体土地，并没有转化为城市建设用地，类型包括农林用地、宅基地、集体经营性建设用地、农村公共用地、废弃地等。第二，紧邻城市边界或者已经在城市建设规划区范围之内，能够享受到或潜在享受到城市建设带来的益处。第三，城郊土地的范围有动态变化的特点。随着城市边界的变化，城郊土地的范围也随之变化，如以往远郊区的土地，随着城市扩张或城市建设规划调整可能就转变为城郊土地，而有些城郊土地可能随着城市收缩或城市建设规划调整转变为远郊土地。第四，不同城市或地区的城郊土地范围存在较大差异。大城市和经济发达地区的城郊土地范围较大，而小城市、小城镇和经济欠发达地区的城郊土地范围较小。第五，城郊土地的经济价值并没有完全体现出来。由于没有转化为城市建设用地，土地的经济价值并没有得到完全体现，即使农民已经将其用于商业化经营，如在城郊土地上建设商业物业用于经营或出租、将宅基地之上的住房出租，但并没有获得与城市建设用地相当的经济收益。

2. 土地征收

本书使用的土地征收全称应为农村集体土地征收。国内学者普遍接受的农村集体土地征收的概念为：国家为了公共利益的需要，在依法进行补偿的条件下，将集体所有土地及其地上权利转移为国家所有的行为。实际上执行土地征收工作的是各级地方政府，地方政府是土地征收的主体。地方政府征收土地的目的并不全是公共利益，很多城市商住开发需要的土地也主要来自土地征收。由于目前地方政府土地征收并不是完全的公益性，具有营利性的特点，有些学者就对土地征收概念进行了重新界定。在参考其他学者定义的基础上，本书界定的土地征收是指各级政府为了促进经济社会等方面的发展，将农村集体所有的土地及其地上权利转移为国家所有，土地性质也由农村集体土地转变为城镇建设用地并支付农民补偿的行为。由于相关法律法规的规定，在我国农村集体土地要转变为城市建设用地，只能通过土地征收一条途径，而征收的主体只能是政府。

2019年修订的《土地管理法》对地方政府征收农民集体所有的土地做了限制，规定了只有符合六种情形才能实行征收，但对地方政府的营利性征地行为的限制非常有限。新修订的《土地管理法》中有两种情形就是为地方政府营利性征地留出了空间，一种是由政府组织实施的扶贫搬迁、保障性安居工程建设需要用地的，另一种是在土地利用总体规划确定的城镇建设用地范围内，经省级以上人民政府批准由县级以上地方人民政府组织实施的成片开发建设需要用地的。[①] 虽然学术界普遍诟病地方政府的营利性征地行为，但从现实情况而言，无论是从地方政府财政需要、城市建设需要、各种惠民工程需要，甚至是政府开展日常工作和人员工资需要等多个角度，土地财政依然是一个重要的资金来源，且目前很难找到能够有效替代的其他来源。

3. 土地增值收益

本书所讨论的土地增值收益主要是指由于城郊土地被地方政府征收或集体经营性建设用地直接上市之后，由于土地性质改变和土地可直接用于城市建设而带来的土地增值部分。

按照马克思地租理论，地租有绝对地租、级差地租和垄断地租三种类型，本书所指的土地增值收益对应的是城郊土地垄断地租中的一部分增值收益。首先，这部分增值不是土地所有权垄断产生的，因此不是绝对地租。其次，这部分增值也不是级差地租，级差地租是对土地投资使得土地的生产效率提高而产生的地租，这部分土地增值收益并不是农民或土地经营者投资的结果，而是由于城市发展和城市投入增加，辐射到城郊土地使得土地价值上升。最后，垄断地租来自两个部分，本书所讨论的土地增值收益只是其中的一部分。第一部分是土地所处的城郊地埋位置，能够享受到城市发展带来的益处，这种益处就转化为地租的形式；第二部分是由于城郊土地是农民集体所有制土地，开发和使用受到众多限制，一旦转变为城市建设用地就能用于城市建设开发，土地的价值就会大幅增加。由于第一部分土地增值收益已经被城郊农民享受到，地方政府要征收土地通常需要保证农民这部分利益，否则征收将会遭遇较为激烈的抵制。第二部分收

---

① 全国人民代表大会常务委员会法制工作委员会编：《中华人民共和国法律汇编（2019）》，人民出版社2020年版，第285页。

益在土地征收之前并没有实现，对于任何一方而言，不经过土地产权性质的转变和用途的改变，都无法享有这部分收益。因此，第二部分收益才是本书研究的重点，如果没有特殊说明本书所指的土地增值收益都是指第二部分收益，即由于农民集体所有性质的土地转变为城市建设用地而导致的土地价值增加而带来的收益。

4. 土地增值收益分配

土地增值收益分配（有时称为利益分配）是本书研究的重点，也是城郊土地征收中的核心问题。土地增值收益分配就是指城郊农村集体土地转变为城市建设用地而产生的土地增值部分在不同主体之间的分配，参与分配的主体主要有农民、村干部、村集体经济组织、地方政府、开发商等，甚至有时还有地痞无赖、村霸和黑恶势力等。通常情况下，中央政府不直接参与土地增值收益分配或仅分享较低的比例。

土地增值收益分配状况会对多个方面产生重要影响。第一，土地增值收益分配状况会影响到城郊土地征收参与主体农民、地方政府和村干部等的切身利益，进而会影响到参与主体的行为。第二，如果土地增值收益分配结果有较大的不确定性，就会激发各参与主体采取各种策略来争夺这部分收益。从宏观角度而言，这种为了争夺剩余收益而进行的博弈不会增加全社会总财富，反而会造成社会财富浪费。第三，如果处理不好土地增值收益问题，很可能会使参与主体之间产生矛盾，甚至引发一些群体性事件，影响社会安定和谐。第四，土地增值收益分配状况会影响到土地征收的进程，进而影响城市的各方面建设。如果没有处理好土地增值收益分配问题，尤其是出现损害农民利益的情况，很容易遭到农民的抵制，这就会延长土地征收时间。在当前城市建设用地高度紧张的情况下，征收城郊土地已经成为增加城市建设用地的主要途径，如果征地过程进展缓慢势必会影响各类建设项目落地，也会对城市建设的其他方面产生影响。第五，土地增值收益分配状况也会影响我国的城市化进程。我国的城市化率已经达到65.22%，但同时还有2.93亿的农民工和3.85亿的流动人口，这部分人群虽然被统计为城镇常住人口，但绝大多数并没有真正定居在城镇，这就需要城市在未来为这部分人群提供大量的土地。土地增值收益分配状况将会影响到土地征收的效率，进而会影响到我国城镇化进程中的土地供给，也就会影响整体的城镇化进程。

第三节 研究思路与方法

一 研究思路

本书的研究思路是通过使用马克思主义政治经济学理论主要是地租理论对城郊土地征收中的利益分配问题进行深入的研究，并借鉴博弈论和信息经济学等工具分析现实中的利益争夺。在研究过程中也会借助于其他学科主要是社会学的相关研究成果，并将其中有益的部分吸收到本书之中。

本书首先确定研究的逻辑起点，就是在马克思地租理论的指导下，借助于城郊土地租金的变化与土地供给量之间的关系，给出城郊土地的供给函数。本书给出的供给函数不同于西方经济学中依据效用理论给出的供给函数，而是基于马克思地租理论。这一点是本书的逻辑起点。其次，本书将会给出在地方政府没有违反相关法律法规的情况下，城郊农民和地方政府在土地增值方面的分配情况，为下面的深入分析给出基本的框架。再次，对城郊农用地征收中的农民和地方政府行为及土地增值收益分配问题进行研究。城郊农用地在地方政府征收的土地中占据主要份额，是城市用地规模扩张的主要来源。城郊农用地征收中农民和地方政府是主要参与者，两者为了争夺土地增值收益会进行激烈的博弈。再次，对城郊农村建设用地征收中的农民与地方政府行为及土地增值收益分配问题进行研究。农村建设用地主要包括集体经营性建设用地和宅基地。2015年，在中央政府的主导下一些地区实行了集体经营性建设用地入市试点，取得了一些成绩但也存在一些问题，有必要进行深入的研究。实行城乡建设用地增减挂钩以来，很多地区为了获得城市建设用地指标，大量征收农村宅地基。相比占补平衡，征收城郊宅基地不需要经过获得指标的过程就能直接增加城市建设用地，但为了争夺土地增值收益地方政府和农民之间出现了更为激烈的博弈。最后，本书研究城郊土地征收中的委托代理问题。村干部是土地征收中重要的参与主体，他们一方面是集体土地所有者的代表，另一方面又是基层政府在农村的代理人，双重代理身份使得他们在城郊土地征收中存在特殊的行为和利益取向。

二 研究方法

本书除了使用常规的研究方法，例如规范研究和实证研究、定性研究和定量研究等，还采用了如下分析方法。

第一，马克思主义政治经济学理论与方法。本书使用的马克思主义政治经济学理论主要为地租理论。地租理论是马克思主义政治经济学的重要组成部分，对于研究土地问题具有很强的指导性。本书还会使用马克思主义政治经济学的分析和综合、归纳和演绎、逻辑的以及历史的方法，这些方法将会在具体的研究中得到体现。

第二，博弈论分析方法。博弈论是近几十年发展起来的一种应用于研究各行为主体互动关系的重要研究方法，不仅用于经济学的研究之中，而且已经广泛地应用到社会科学研究的众多领域。博弈论研究方法具有工具性特征，博弈论创始者纳什就是一位数学家，博弈论并不专属于西方经济学，也可以用于马克思主义政治经济学的应用研究之中。城郊土地征收过程就是一个参与主体之间的博弈过程，博弈论研究工具很适合应用于该问题的研究之中。

第三，行为经济学的研究方法。行为经济学认为人并不是如传统经济学认为的那样是完全理性的，而是存在大量的非理性行为。征地过程中，参与者通常会理性计算各种行为和策略的成本与收益，但在特定情形或群体之中参与者的理性行为就会出现偏差，如在征地拆迁的具体条件长期无法达成一致的情况下，参与各方就可能会出现一些非理性行为；在征地拆迁引发群体性事件的时候，也可能会出现由于环境氛围导致参与者做出非理性行为。

第四节 研究创新与不足

一 主要创新

本书的创新主要有以下几个方面。

1. 本书以马克思地租理论为理论基础，运用博弈论和信息经济学等研究工具，通过构建多个数理模型和博弈模型的方式，建立起城郊土地征收问题相对完整的分析框架，不仅能够将马克思主义经济学运用到对中国现实问题的分析之中，而且能够起到丰富马克思主义经济学理论的作用。

2. 采用数理模型的方式对城郊土地征收中的相关问题进行了研究。与现有研究成果事前给定土地征收数量和土地增值收益（即博弈中的支付）不同，本书将土地征收数量和要分配的土地增值收益作为由参与者行为决定的内生变量，这一点更符合土地征收的实际情况。本书采用的数理模型不仅分析了土地增值收益分配情况，还研究了参与者不同策略选择对土地征收数量和城市化进程的影响。

3. 对集体经营性建设用地入市中的地方政府行为进行了深入分析。中央政府主导下的集体经营性建设用地入市试点刚刚结束，现有研究中高质量的研究成果还比较少，更是缺乏对试点地区的政府行为进行深入研究的文献。本书通过对试点情况的梳理，构建了地方政府的行为模型，分析了是何种原因导致有些地方政府积极推进土地入市而有些地方政府则采取消极对待的做法，还分析了地方政府在集体经营性建设用地入市中通过规定土地用途的做法来减少对城市商住土地市场的冲击，以及对于需要以商住用途入市的土地，地方政府将采取何种策略来增加收益。本书研究的结论为：集体经营性建设用地直接入市并没有像各界认为的那样给农民带来巨大收益，农民分享土地增值收益的比例依然较低。

4. 通过构建数理模型对城郊土地征收中的村干部行为进行了深入分析。在城郊土地征收中，村干部会借助于双重身份和双重委托代理来参与土地增值收益分配，村干部成为仅次于地方政府的获益者。村干部主要通过与地方政府的委托代理和与农民的委托代理中的信息优势和信息不对称来获得收益。村干部也有动力采取与基层政府官员串谋或向其行贿的方式来攫取更多的利益。在土地征收中，某些村干部的行为已经成为引发冲突的主要原因。本书构建地方政府和村干部的两阶段委托代理模型，分析了地方政府如何在土地征收之前选择村干部，以及选择村干部代理土地征收工作后，采取何种方式对村干部的行为进行激励和监督。在对村干部代理地方政府委托事项的研究中，本书还从单目标任务委托和多目标任务委托两个方面分析了地方政府对村干部的激励问题。

二　主要不足

本书的不足主要有以下方面。

1. 由于缺乏相关的统计数据和调研数据很难获得，对于本书研究中给出的一些结论不能通过使用统计、计量等数理方法进行实证检验。例如占农村建设用地最大比例的宅基地，并没有详细的统计数据，更没有时间序列数据、横截面数据和面板数据，甚至宅基地总面积的数据也只是一个大概的数据。集体经营性建设用地面积数据也是如此。土地征收的数据也只有土地征收的总量数据和征收耕地的数据，并没有详细区分宅基地、集体经营性建设用地和农村公共用地的征收数据，更没有土地征收后具体用途的相关数据。不仅相关的统计数据不足，而且农民的补偿数据也难以获得。一方面是农民获得的补偿除了现金之外还有实物形式，如分配住房、异地土地补偿，将部分物业、土地等留给村民或村集体持有或开发等；还有一些补偿方式采取的是未来补偿或资格补偿等，如有些地区实行的"耕地换社保、宅基地换住房"，提高被征地农民的社保水平，或承诺每年领取固定收益等。这使得农民获得的征地补偿难以计算。另一方面，各级政府不愿意公布征地补偿、中间成本和土地出让的详细数据。有些学者也对一些征地拆迁项目的土地增值收益分配情况进行了测算，主要采取的是估算的方法，能够给出大致的情况，但存在不够精细、不同案例差距较大、在反映整体情况方面可能会存在较大偏差等问题。

2. 实地调研往往会遇到较大的阻力，难获得地方政府的配合与支持。在城郊土地征收中，地方政府和村干部往往处于强势地位，很容易出现被征地农民权益受损的情况。因此，在地方调研过程中，只要一提到征地拆迁，地方政府中的相关人员就表现出高度警惕，并不愿意给予支持和帮助，其中最重要的征地补偿费用、中间成本和收益情况更是属于保密性质的数据，很难获得。从地方政府相关人员提供的资料和访谈中获得的往往是征地拆迁中政府一直秉承公平、公正、公开的原则，严格按照上级政府和中央政府的相关规定执行，并兼顾被征地拆迁农民的具体实际做到了合理化和人性化，充分保证了农民的合法权益。但从与被征地拆迁的农民访谈中得到的信息却存在较大的差别，有些农户对征地拆迁过程和补偿存在较大不满，有些农户则认为政府和村干部存在贪污腐败行为，但多数只是猜测，缺乏确切的证据，其中不满情绪最严重的往往是"钉子户"和"上访户"。因此，即使是从地方政府、村干部和村民多个角度进行调研，也很难保证调研涉及的一些问题的真实性和可靠性。在对被征地拆迁农户的调研过程中，如果被当地村干部或基层官员得知，还可能会遇到阻挠，这也增加了获得真实情况的难度。

第二章 理论基础与相关研究述评

马克思地租理论是本书的理论基础，在此对马克思地租理论和国内外的相关研究成果进行简要的介绍。本书也运用了博弈论和信息经济学的一些研究成果，此方面的书籍较多，在此就不再单独进行述评，只在相关部分对一些代表性的和最新的研究成果进行简要述评。与本书相关的国内外文献主要是集中在土地征收领域和社会学的农民抗争领域，在本章也一并做简要述评。

第一节 理论基础：马克思地租理论

一 马克思地租理论

马克思地租理论是马克思主义政治经济学的一个重要组成部分。马克思将地租界定为"这个作为租地农场主的资本家，为了得到在这个特殊生产场所使用自己资本的许可，要在一定期限内（例如每年）按契约规定支付给土地所有者即他所开发的土地的所有者一个货币额（和货币资本的借入者要支付一定利息完全一样）。这个货币额，不管是为耕地、建筑地段、矿山、渔场还是为森林等支付的，统称为地租。这个货币额，在土地所有者按契约把土地租借给租地农场主的整个时期内，都要进行支付。因此，在这里地租是土地所有权在经济上借以实现即增殖价值的形式"①。马克思进一步阐释，"土地所有权依靠它对土地的垄断权，也按照相同的程度越

---

① 《资本论（纪念版）》第3卷，人民出版社2018年版，第698页。

来越能够攫取这个剩余价值中一个不断增大的部分，从而提高自己地租的价值和土地本身的价格"①。

在马克思地租理论中，地租被分为了绝对地租、级差地租和垄断地租三种类型。绝对地租是无论土地的条件优劣都要支付的地租。马克思对绝对地租是这样阐释的："来自于价值超过生产价格的余额的绝对地租，都只是农业剩余价值的一部分，都只是这个剩余价值到地租的转化，都只是土地所有者对这个剩余价值的攫取。"② 形成绝对地租的原因是土地所有权的垄断，形成绝对地租的条件是农业资本有机构成低于社会平均资本有机构成，绝对地租的实质和来源是农业工人创造的剩余价值。级差地租是指由于耕种的土地优劣等级不同而形成的地租，"级差地租是由投在最坏的无租土地上的资本的收益和投在较好土地上的资本的收益之间的差额决定的"，"级差地租实质上终究只是投在土地上的等量资本所具有的不同生产率的结果"。③ 土地优劣不同会导致等量资本投资于等面积土地产生不同的利润，这部分差额利润就是级差地租。由于农业资本有机构成低于全社会资本有机构成，农产品的价格就由土地优劣等级最低的土地生产的农产品决定。土地肥力和位置不同产生的级差地租为级差地租Ⅰ，因为农业资本家的投资提高了土地的生产率而产生的地租为级差地租Ⅱ。"级差地租Ⅱ是以级差地租Ⅰ为前提的"④，"是以同一土地上的连续投资有不同的级差生产率为基础，也就是说，在这里，和最坏的、无租的、但调节生产价格的土地上的等量投资相比，具有较高的生产率"⑤，"级差地租Ⅱ是由同一块土地上连续投资的不同生产率产生的"⑥。垄断地租是由于土地具有独特的自然条件，如能够生产某种珍贵和独特的产品，而能够获得的超额利润转化的地租。

马克思地租理论可以应用于解释各类土地形成的地租，包括建筑地段地租和矿山等自然资源地租等。随着城市的发展，越来越多的人进入城

---

① 《资本论（纪念版）》第3卷，人民出版社2018年版，第719页。
② 《资本论（纪念版）》第3卷，人民出版社2018年版，第864页。
③ 《资本论（纪念版）》第3卷，人民出版社2018年版，第759页。
④ 《资本论（纪念版）》第3卷，人民出版社2018年版，第764页。
⑤ 《资本论（纪念版）》第3卷，人民出版社2018年版，第821—822页。
⑥ 《资本论（纪念版）》第3卷，人民出版社2018年版，第838页。

市，对城市各类服务和居住的需求都会增加土地需求，土地所有者就会凭借土地所有权获得更高的地租收益。"人口的增加，以及随之而来的住房需要的增大，而且固定资本的发展（这种固定资本或者合并在土地中，或者扎根在土地中，建立在土地上，如所有工业建筑物、铁路、货栈、工厂建筑物、船坞等等），都必然会提高建筑地段的地租。"① 马克思进一步指出城市地段对地租的影响作用，"位置在这里对级差地租具有决定性的影响（例如，这对葡萄种植业和大城市的建筑地段来说，是十分重要的）"②，"对建筑地段的需求，会提高作为空间和地基的土地的价值"，"在迅速发展的城市内，……按工厂大规模生产方式从事建筑的地方，建筑投机的真正主要对象是地租"③。在马克思的地租理论中，无论何种土地，其价格都是地租资本化的形式，购买土地支付的是按照普通利润率计算的未来地租的现值。

二 国外相关研究

关于绝对地租方面，国外学者争论较多。霍华德和金（Howard & King）认为即使在农业部门的资本有机构成上升到社会平均水平时，绝对地租也不会消失，绝对地租是垄断利润的一种形式，其具体数值取决于供求关系而不是价值理论。④ 特赖布（Tribe）认为之所以会有一些研究者将绝对租金解释为垄断租金，是因为他们认为地租是土地所有者截取的额外利润，而不是成本的一部分。⑤ 伊克诺麦克斯（Economakis）认为马克思的绝对地租需要与垄断价格相结合才具有合理性。在存在垄断价格的时候，市场价格是由最劣等土地的生产价格加上"政治租金"决定的，级差地租中不仅包括马克思所认为的级差地租而且包括"政治租金"⑥。伊文斯（Evans）对绝对地租形成的原因给出了新的解释，他认为当存在较少的土

---

① 《资本论（纪念版）》第3卷，人民出版社2018年版，第875页。
② 《资本论（纪念版）》第3卷，人民出版社2018年版，第874页。
③ 《资本论（纪念版）》第3卷，人民出版社2018年版，第875页。
④ Howard M. C., King J. E., *The Political Economy of Marx*, Harlow: Longman, 1985, p. 147.
⑤ Tribe K., "Economic Property and the Theorisation of Ground Rent", *Economy & Society*, Vol. 6, No. 1, 1977, pp. 69 – 88.
⑥ Economakis G. E., "On Absolute Rent: Theoretical Remarks on Marx's Analysis", *Science & Society*, Vol. 67, No. 3, 2003, pp. 339 – 348.

地被出租时，就会出现限制资本在土地的投入的情况，这就造成农业资本有机构成低于全社会资本有机构成，因此就形成了绝对地租存在的条件。① 法恩（Fine）认为土地资本有机构成提高会被级差地租Ⅱ的作用所阻碍，因此就决定了剩余价值在农业部门以绝对地租形式保留的程度。②

关于级差地租领域的研究，国外马克思主义学者并没有太多得发展。法恩（Fine）采用相互独立的方式计算级差地租Ⅰ和级差地租Ⅱ，级差地租Ⅰ会对同等质量的土地产生影响，级差地租Ⅱ则依据于超额资本的生产率来进行计算。他认为级差地租和绝对地租都是由于土地所有权的垄断使得超额利润能够保留在农业部门，级差地租取决于农产品个别价值和市场价值的差异，绝对地租则取决于农产品市场价值和生产价格的差异。③ 鲍尔（Ball）对法恩的文章进行了回应，他认为应当细化马克思的级差地租理论。他指出级差地租Ⅰ的来源是土地肥力的差异，没有土地投资和积累的因素，级差地租Ⅰ能够保留在土地所有者手中是因为土地的所有权和有限性限制了投资的规模。级差地租Ⅱ能够存在的原因是土地所有权和经营权的分离使得土地投资的超额利润能够暂时保留在租地农场主手中，但是最终级差地租Ⅱ会转化为级差地租Ⅰ。④

国外马克思主义学者也使用了地租理论对城市土地问题进行了研究。大卫·哈维（David Harvey）认为土地及其建筑物具有区域垄断性、不可或缺性、用途多样性，这些特性就使得土地所有者依据土地所有权的垄断获得其他资本所有者一样的收益。城市土地的价值还会受到制度安排和权力关系的影响。⑤ 大卫·哈维进一步指出土地已经转化为金融资产，对资本积累和资本配置发挥着重要的作用，并引起资本主义经济产生一系列更

---

① Evans Alan, "On Minimum Rents: Part 1, Marx and Absolute Rent", *Urban Studies*, Vol. 36, No. 12, 1999, pp. 2111–2120.
② Fine B., "On Marx's Theory of Agricultural Rent", *Economy and Society*, Vol. 9, No. 3, 1980, pp. 327–331.
③ Fine B., "On Marx's Theory of Agricultural Rent", *Economy and Society*, Vol. 9, No. 3, 1980, pp. 327–331.
④ Ball M., "On Marx's Theory of Agricultural Rent: A Reply to Ben Fine", *Economy & Society*, Vol. 9, No. 3, 1980, pp. 304–326.
⑤ David Harvey, *Social Justice and the City*, Baltimore: Johns Hopkins University Press, 1973, pp. 156–159.

为严重的问题。① 约翰内斯（Johannes）认为城市土地租金水平受到经济增长方式和经济管制方式的影响，地租水平和资本积累程度之间是相互促进的关系，投资流动情况也会对地租水平产生重要的影响。在后福特时代，企业对生产的灵活性和市场临近性要求越来越高，因此，地理位置对于企业的重要性也越来越高，城市中心地带的租金即级差地租Ⅰ的水平也就会显著提高。而在后福特时代，政府放松了对城市土地用途和规模的管制，这样在一些偏远地区就可能建立起新的商业中心，级差地租Ⅱ的水平也会提高。②

三 国内相关研究

国内学者对马克思地租理论的研究有两次热点时期，第一次是20世纪60年代，第二次是20世纪80—90年代。20世纪60年代，国内学术界掀起了一次研究和讨论马克思主义地租理论的热潮。这一时期，国内学者关于地租的研究主要集中在社会主义是否存在级差地租，地租理论是否能够适用于初级农业生产合作社以及地租的具体形态、土地报酬性质、农产品价格决定等问题的讨论。③ 1960年之后，上述关于地租理论的讨论越发激烈，一些高质量的研究成果开始涌现。《江汉学报》1961年第一期和1962年第二期、《中国经济问题》1962年第十期、《教学与研究》1963年第一期对这一问题进行了集中讨论，《经济研究》《学术月刊》《学术研究》等杂志也刊登了相关的研究论文。这是我国经济学界关于马克思地租理论最为集中也是最为激烈的一次讨论。

第二次是改革开放之后一直到20世纪90年代。这一时期，市场作为一种资源配置方式逐步被引入国民经济运行体系之中，地租理论的研究也

---

① David Harvey, *The Urbanization of Capital*, Oxford: Basil Blackwell, 1985, pp. 63-89.
② Johannes Jäger, "Urban Land Rent Theory: A Regulationist Perspective", *International Journal of Urban and Regional Research*, Vol. 27, No. 2, 2003, pp. 233-249.
③ 相关研究可以参见卫兴华《关于资本主义地租理论中的一些问题》，《经济研究》1956年第1期；陈秋梅、卫兴华、宁玉山、赵之农：《关于初级农业生产合作社的地租形态和土地报酬问题》，《教学与研究》1956年第10期；章奇顺、孟氧：《关于初级社地租与土地报酬问题的理论探讨》，《教学与研究》1956年第12期；卫兴华：《关于初级社的地租和土地报酬问题——和章奇顺、孟氧同志商榷》，《教学与研究》1957年第2期；赵靖：《社会主义农业中的级差地租问题》，《北京大学学报》（人文科学）1957年第3期。

进入了新阶段。首先引发争论的是社会主义阶段是否存在地租。熊映梧（1983）指出土地资源税是土地所有权在经济上的实现，在社会主义阶段存在绝对地租。[1] 洪远朋（1983）指出，在"大包干"的集体经济中地租的体现形式是土地使用费，全民所有制企业中地租的体现形式是土地使用税，居民住宅的地租体现形式是地产税，合资企业中地租的体现形式是土地估价。[2] 朱剑农（1983）指出社会主义城市也存在着级差地租，级差地租Ⅰ取决于地理位置，级差地租Ⅱ取决于建筑物上的投资。[3] 蔡继明（1985，1988）认为社会主义仍然存在土地所有权的垄断，存在土地所有权和使用权的分离，因此存在地租，体现的是劳动者在一定范围内对生产资料的共同占有和平等使用。[4]

最近的三十年，关于地租理论的研究涉及多个方面，研究的热度虽有所下降，但也不断有新的研究成果涌现。梁华和徐传民（1986）[5]、陈征（1993，1995）[6] 和马壮昌（1995）对城市绝对地租、级差地租产生的条件、形式、特点以及计算等方面做了研究。[7] 李国荣（1992）提出要使用地租地价对城市土地资源配置进行调节，从而提高土地利用的集约化程度。[8]《中国城市土地使用与管理》课题组（1992）[9] 和陈征（1995）[10] 已经开始探讨地租和房地产市场之间的关系，并提出地租是地价的基础，土地批租是我国房地产市场的主要特点之一，要通过市场的方式来配置城市

---

[1] 熊映梧：《马克思的生产价格理论、地租理论与社会主义经济建设》，《学术月刊》1983年第5期。
[2] 洪远朋：《试论社会主义绝对地租——读〈资本论〉札记》，《社会科学研究》1983年第5期。
[3] 朱剑农：《社会主义城市地租问题》，《财经问题研究》1983年第6期。
[4] 蔡继明：《社会主义地租问题探索》，《农业经济问题》1985年第4期；蔡继明：《绝对地租存在的条件、来源和量的规定》，《价格理论与实践》1988年第2期。
[5] 梁华、徐传民：《试论城市级差地租的定量分析》，《学术月刊》1986年第8期。
[6] 陈征：《论社会主义城市绝对地租》，《中国社会科学》1993年第1期；陈征：《社会主义城市级差地租》，《中国社会科学》1995年第1期；陈征：《论社会主义城市垄断地租》，《经济学家》1995年第3期。
[7] 马壮昌：《论城市级差地租》，《当代经济研究》1995年第1期。
[8] 李国荣：《我国城市土地优化配置与地租调节机制》，《学术月刊》1992年第10期。
[9]《中国城市土地使用与管理》课题组：《我国城市的土地使用制度及其改革》，《中国社会科学》1992年第2期。
[10] 陈征：《地租·地价·地产市场——兼论我国城市地产市场的特点》，《福建师范大学学报》（哲学社会科学版）1995年第1期。

土地资源。杨继瑞（1997）①、戚名琛（1994）② 和邵捷传（1996）③ 提出城市绝对地租是源于内涵扩大再生产或集约经营水平较高条件下的利润被平均化前的扣除。洪银兴和葛扬（2005）指出土地有偿使用是土地所有权在经济上实现的一种形式，是取得土地使用权的经济条件，是土地价格的一种具体形式。④ 杨沛英（2007）运用级差地租理论对我国农地流转问题进行了研究。⑤ 张衔（2007）通过建立完全信息动态博弈模型和农产品产量—价格动态模型，给出农业资本有机构成达到或超过社会平均资本构成后会导致绝对地租消失，租地农场主将不可能租种土地。⑥ 朱奎（2007）运用动态一般均衡分析工具，将剩余价值、资本有机构成、地权流转等变量内生化，建立了关于农业和非农业绝对地租与级差地租的一个分析框架。⑦ 周立群和张红星（2010）分析了区位租、投资租和管制租的来源及演变，并对其土地非农化机制下的地租分配做了比较。⑧ 曹飞（2013）认为农地转化为城市用地是农业地租和城市地租的连接点，城市房地产业将土地这种可变资本引入而使得资本有机构成大大下降。⑨ 徐熙泽和马艳（2011）通过数理的方式将劳动主观条件的变化引入地租理论模型，分析了技术进步对劳动客观条件和主观条件同时发生作用这一内涵资本有机构成变化对地租理论的影响。⑩ 张青和袁铖（2013）运用地租理论分析了农村土地承包经营权流转。⑪ 戴双兴和朱立宇（2017）通过构建模型的方式

---

① 杨继瑞：《城市绝对地租的来源及形成机理》，《中国社会科学》1997年第5期。
② 戚名琛：《论地租地价对城市土地利用的调节作用》，《中国土地科学》1994年第S1期。
③ 邵捷传：《地租和地价是国家直接掌握的宏观经济调控的杠杆》，《中国土地科学》1996年第S1期。
④ 洪银兴、葛扬：《马克思地租、地价理论研究》，《当代经济研究》2005年第8期。
⑤ 杨沛英：《马克思级差地租理论与当前中国的农地流转》，《陕西师范大学学报》（哲学社会科学版）2007年第4期。
⑥ 张衔：《农业资本有机构成与绝对地租——"垄断价格绝对地租说"质疑》，《教学与研究》2007年第2期。
⑦ 朱奎：《地租问题的一般均衡分析》，《教学与研究》2007年第2期。
⑧ 周立群、张红星：《从农地到市地：地租性质、来源及演变——城市地租的性质与定价的政治经济学思考》，《经济学家》2010年第12期。
⑨ 曹飞：《从农地到市地的地租理论分析——兼对征地低补偿和高房价问题的思考》，《中国经济问题》2013年第1期。
⑩ 徐熙泽、马艳：《马克思地租理论的拓展及现代价值》，《财经研究》2011年第5期。
⑪ 张青、袁铖：《地租视角下农村土地承包经营权流转问题研究》，《湖南财政经济学院学报》2013年第2期。

测算了20个城市的级差地租水平。[1]

第二节 土地征收相关研究

中国正处于城市化、工业化快速发展阶段，城市建设用地需求增加和城市扩张是必然的发展趋势。要满足经济社会发展对城市建设用地不断增长的需求，就需要有农村土地转化为城市建设用地。我国农村土地转化为城市建设用地主要通过地方政府征收的方式，虽然目前已经允许集体经营性建设用地直接入市，但集体经营性建设用地只有4200万亩，仅占农村建设用地的13%左右。由于中国人均耕地面积远低于世界平均水平，保障基本的耕地数量，保证粮食安全就成为一个不可逾越的红线，但经济和社会的发展需要农村土地资源给予支撑，这就需要在两者之间进行权衡。中国的土地制度安排和土地征收的现实情况使得土地征收问题成为中国经济学界的一个热点研究领域。

一 土地制度和土地征收制度的讨论

现有的土地征收制度存在着一系列问题，受到了学术界的广泛批评。曲福田等（2001）认为非公共利益性质的征地仅仅给予集体土地原有用途补偿，是对集体土地所有者土地发展权的剥夺。土地征收补偿低不仅是对被征地农民的不公，而且由于征地补偿费低，土地开发的等候成本也就低，土地开发的时间会被延长，造成了土地资源浪费。[2] 由于征地成本低，还会出现地方政府滥用征地权和扩大征收范围的情况。[3] 国土资源部征地制度改革研究课题组（2003）指出，虽然《中华人民共和国宪法》中规定"国家为了公共利益的需要，可以依法对土地实行征收或者征用并给予

---

[1] 戴双兴、朱立宇：《基于马克思地租理论的城市宏观级差地租研究》，《政治经济学评论》2017年第6期。

[2] 曲福田、冯淑怡、俞红：《土地价格及分配关系与农地非农化经济机制研究——以经济发达地区为例》，《中国农村经济》2001年第12期。

[3] 黄祖辉、汪晖：《非公共利益性质的征地行为与土地发展权补偿》，《经济研究》2002年第5期。

补偿",但是实际上普遍存在征地范围过宽、补偿过低的情况。在征地补偿价格低的情况下,地方政府倾向于多征多用土地,获得巨额收益,土地收益已经成为一些地方政府财政收入的主要来源。[①] 陈江龙等(2004)[②]和周其仁(2004)[③]也指出政府拥有农用地转用的行政垄断权,借助与行政配置和市场配置的混合,具备了向经营城市土地的谋利组织转变的激励。钱忠好(2004)[④]、钱忠好和曲福田(2004)[⑤]指出,土地征用补偿标准偏低的另一个影响是,无法有效激发农民对土地征用的供给意愿。

土地征收制度赋予地方政府对农村土地的垄断征收权,不仅导致地方政府土地征收权滥用和农民利益损失,还产生了其他问题。陈利根和陈会广(2003)指出土地征收权已经从公益性领域扩大到经济领域,这导致征地范围过宽和征地权滥用的情况比较普遍。[⑥] 周飞舟(2006)指出土地征收已经成为地方政府增加财政收入的主要来源,经营城市已经成为地方政府的新增长点。[⑦] 周飞舟(2007)进一步指出地方政府在土地征收中和土地开发中通过财政和金融手段聚集资金,这种做法既积累了金融风险,又损害了农民的利益,积累了社会风险。[⑧] 孙秀林和周飞舟(2013)还指出地方政府逐渐走上了以土地征用、开发及出让为主的城市发展模式。[⑨] 王贤彬等(2014)则通过数理模型的方式将上述学者的观点进行了深入阐述。[⑩] 易成非和姜福洋(2014)指出,由于土地征收制度等明规则存在问

---

① 国土资源部征地制度改革研究课题组:《征地制度改革研究报告》,《国土资源通讯》2003年第11期。
② 陈江龙、曲福田、陈雯:《农地非农化效率的空间差异及其对土地利用政策调整的启示》,《管理世界》2004年第8期。
③ 周其仁:《农地产权与征地制度——中国城市化面临的重大选择》,《经济学(季刊)》2004年第4期。
④ 钱忠好:《土地征用:均衡与非均衡——对现行中国土地征用制度的经济分析》,《管理世界》2004年第12期。
⑤ 钱忠好、曲福田:《中国土地征用制度:反思与改革》,《中国土地科学》2004年第5期。
⑥ 陈利根、陈会广:《土地征用制度改革与创新:一个经济学分析框架》,《中国农村观察》2003年第6期。
⑦ 周飞舟:《分税制十年:制度及其影响》,《中国社会科学》2006年第6期。
⑧ 周飞舟:《生财有道:土地开发和转让中的政府和农民》,《社会学研究》2007年第1期。
⑨ 孙秀林、周飞舟:《土地财政与分税制:一个实证解释》,《中国社会科学》2013年第4期。
⑩ 王贤彬、张莉、徐现祥:《地方政府土地出让、基础设施投资与地方经济增长》,《中国工业经济》2014年第7期。

题,征地拆迁过程中潜规则盛行,表现为政策手段软约束和政策监控形式化。[1] 祝天智(2014)[2]、杨华(2014)[3] 和金细簪等(2015)[4] 指出农村土地征收并不是简单的地方政府剥夺和侵害农民的利益,主要问题是征地拆迁的利益分配不固定和不规范,存在巨大的博弈空间。地方政府、用地企业、村集体、农民等各参与主体都围绕着土地发展权收益进行争夺,仅仅提高农民补偿标准,不能减少和降低征地过程中的矛盾和冲突。杨华(2014)[5]、贺雪峰(2016)[6] 和耿羽(2016)[7] 通过研究土地征收中的地方政府行为指出,某些地方政府为了规避风险和降低成本,甚至引入黑恶势力、乡村"混混"来参与土地征迁工作,不仅严重侵害了农民利益,还对乡村社会文化风气、乡村治理造成了严重影响。唐健(2021)则认为虽然中国的征地制度存在各种问题,但却是与经济社会发展状况密切相关的,通过考察征地制度改革历程可以发现中国征地制度改革采取了渐进的方式。[8] 彭旭辉等(2022)采用省级面板数据分析得出,财政收支的分权对土地征收均有正向影响,财政压力会对土地征收产生影响,地方政府对土地征收具有更强的路径依赖,东部地区与中西部地区土地征收的路径依赖有较大差异。[9]

二 征地拆迁中的冲突与博弈

目前,征地拆迁问题已经成为干群冲突、农民上访和群体性事件的主

---

[1] 易成非、姜福洋:《潜规则与明规则在中国场景下的共生——基于非法拆迁的经验研究》,《公共管理学报》2014年第4期。
[2] 祝天智:《边界模糊的灰色博弈与征地冲突的治理困境》,《经济社会体制比较》2014年第2期。
[3] 杨华:《农村征地拆迁中的利益博弈:空间、主体与策略——基于荆门市城郊农村的调查》,《西南大学学报》(社会科学版)2014年第5期。
[4] 金细簪、虞晓芬、胡风培:《征地拆迁的预期意愿与行为差异研究——以浙江省杭州市为例》,《中国土地科学》2015年第6期。
[5] 杨华:《农村征地拆迁中的利益博弈:空间、主体与策略——基于荆门市城郊农村的调查》,《西南大学学报》(社会科学版)2014年第5期。
[6] 贺雪峰:《征地拆迁背景下的村庄政治》,《学习与探索》2016年第11期。
[7] 耿羽:《征地拆迁中的混混暴力市场化》,《中国青年研究》2016年第7期。
[8] 唐健:《从经济政策到社会政策:征地制度变迁解释》,《中国土地科学》2021年第5期。
[9] 彭旭辉、杨迎亚、陈春春:《中国式分权与土地征收:理论及实证》,《山西财经大学学报》2022年第2期。

要原因，学术界对这一问题给予了高度关注。对这一问题的研究，学术界主要有两种研究思路：（1）运用博弈论、高级微观经济学的研究方法分析参与主体的行为、策略选择、收益分配以及由此导致的土地资源配置效率和社会福利变化；（2）社会学和经济学相结合角度，主要采取描述性分析和案例分析的研究方法。本书首先介绍第一种研究思路的研究成果，第二种研究思路的成果将在下节社会学相关研究中予以介绍。

博弈论研究工具非常适用于征地拆迁中的冲突、参与主体行为策略的研究。早期该领域的研究成果主要集中在少数主体之间的两方静态完全信息博弈，之后发展为多主体的动态不完全信息博弈。柯小兵和何高潮（2006）使用两方博弈分析地方政府在合法征地和违法征地，农民在抵制、依从情况下各自的选择。他们通过研究发现，当违法征地被发现概率越高收益越低时，政府会选择合法征地，反之选择违法征地。农民的抵制行为会增加地方政府违法征地被发现的概率。[1] 袁枫朝和燕新程（2009）通过建立地方政府、农村集体组织、用地企业三方完全信息博弈模型，对参与主体的行为选择和土地增值收益分配情况进行了分析。他们的研究结论为：与征地模式相比，集体建设用地公开流转方式，地方政府获得的土地增值收益会减少，但却提高了全社会福利水平。[2] 王培刚（2007）通过建立集体组织、用地单位、被征地农民和中央政府的多个双边博弈模型得出，被征地农民处于弱势地位只能接受较低的补偿，巨额利益驱使和中央政府与地方政府之间的信息不对称使得中央政府的调控失灵。[3] 马凯和钱忠好（2009）对农民通过地下流转的方式进入土地市场的情况进行了分析。他们认为，对于农民直接进入土地市场的情况，在短期内地方政府具有较强的优势，会采取打击策略，但地方政府并不具有永久的打击先动优势，在无限期动态博弈中政府和农民交替为供给的领导者。[4] 谭术魁和涂

---

[1] 柯小兵、何高潮：《从三层博弈关系看土地征收制度改革——基于某大学城征地案例的分析》，《中国土地科学》2006 年第 3 期。

[2] 袁枫朝、燕新程：《集体建设用地流转之三方博弈分析——基于地方政府、农村集体组织与用地企业的角度》，《中国土地科学》2009 年第 2 期。

[3] 王培刚：《当前农地征用中的利益主体博弈路径分析》，《农业经济问题》2007 年第 10 期。

[4] 马凯、钱忠好：《中国农村集体非农建设用地市场长期动态均衡分析》，《中国土地科学》2009 年第 3 期。

姗（2009）①、谭术魁和齐睿（2010）②通过构建地方政府与农民之间的博弈模型，分析了土地征收中的冲突问题。关江华和黄朝禧（2013）通过构建农户、地方政府、宅基地使用者之间的两两博弈模型，分析了宅基地流转中的参与主体行为和利益分配问题。他们指出宅基地产权设计与农村治理结构的内在缺陷导致了全社会福利受损，地方政府和农村基层组织会凭借强制手段征收或转让宅基地，农民没有与地方政府进行讨价还价的平台。地方政府的强势地位会侵吞部分农民的利益，农户的宅基地资产在流转过程中极易受到损害。③邹秀清等（2012）使用动态模型得出，地方政府违法征地的概率随中央政府监查成本、农户维权成本上升而上升，中央政府监查的概率与地方政府违法征地的收益呈正向关系，与对地方政府的处罚呈反向关系，农户维权概率与地方政府违法征地时的收益呈正向关系，与农户维权成本、补偿标准的提高和对政绩的损害呈反向关系。④易舟和段建南（2013）指出有些地方政府将征收的具体工作委托给第三方机构，第三方机构利用信息优势欺上瞒下，可以虚报整理工作量来领取更多报酬，可以提高宅基地房屋的估价来攫取农民的额外补偿款。⑤刘艺和李新举（2013）认为无论政府以多大的概率禁止流转，村集体选择流转策略依旧是占优策略，转入方从村集体转入建设用地比从政府转入建设用地获益更高，三者在农村建设用地进入市场自由流转方面具有共同利益。⑥

还有的研究是基于讨价还价模型、合作博弈、演化博弈、双边垄断模型、鹰鸽博弈模型、委托代理模型等展开。晋洪涛等（2010）⑦、王培志等

---

① 谭术魁、涂姗：《征地冲突中利益相关者的博弈分析——以地方政府与失地农民为例》，《中国土地科学》2009年第11期。
② 谭术魁、齐睿：《中国征地冲突博弈模型的构建与分析》，《中国土地科学》2010年第3期。
③ 关江华、黄朝禧：《农村宅基地流转利益主体博弈研究》，《华中农业大学学报》（社会科学版）2013年第3期。
④ 邹秀清、钟骁勇、肖泽干、宋鑫：《征地冲突中地方政府、中央政府和农户行为的动态博弈分析》，《中国土地科学》2012年第10期。
⑤ 易舟、段建南：《农村闲置宅基地整理参与主体利益博弈分析》，《农业科技管理》2013年第2期。
⑥ 刘艺、李新举：《农村集体经营性建设用地使用权流转产生过程博弈分析》，《山东农业大学学报》（自然科学版）2013年第4期。
⑦ 晋洪涛、史清华、俞宁：《谈判权、程序公平与征地制度改革》，《中国农村经济》2010年第12期。

(2013)①、熊金武等（2013）② 通过使用讨价还价模型分析了土地增值收益在地方政府、农民和企业之间的分配情况。只要农民有讨价还价的能力，或者补偿不能覆盖集中居住或城市化成本，农民就会进行激烈的讨价还价。地方政府采用的策略原则，如功利主义或者平等主义原则，也会对农民讨价还价收益产生影响。农村土地征收的博弈通常是非合作博弈，合作博弈也是一个分析视角。毛燕玲等（2015）通过建立多个农户与地方政府宅基地退出的合作博弈模型，采用改进的区间 Shapley 值方法来分配土地增值收益，给出了农户的宅基地退出补偿标准和政府获取的份额。③ 程玉龙和柳瑞禹（2016）通过演化博弈模型得出的结论为：协商是解决利益冲突的方式，大幅提高被征地农民的补偿标准不能解决利益冲突问题，还可能会加剧利益冲突，补偿接近或者稍低于农户的预期将可能达到稳定的演化结果。④ 洪开荣和刘清（2018）基于利他视角来应用演化博弈研究农用地征收中地方政府和农民的策略选择。⑤ 张元庆（2016）通过构建农民集团和用地方的压力竞争模型得出，利益集团的压力效果和利益分配情况。⑥ 孙秋鹏（2013，2016，2018）通过构建双边垄断模型得出，地方政府在宅基地征收和土地出让环节处于双边垄断地位，地方政府能够以极低的价格获得农户土地。地方政府考虑到征收价格只能上升不能下降的棘轮效应，不会轻易提高征收价格。在地方政府信息不完全的情况下，"钉子户"的抵制行为会给"非钉子户"带来外部正效应。⑦ 谭术魁等（2018）

---

① 王培志、杨依山：《被征农地增值分配的动态合作博弈研究——一个讨价还价理论的视角》，《财经研究》2013 年第 3 期。
② 熊金武、黄义衡、徐庆：《农地征收补偿标准的困境解析与机制设计——基于信息不对称下的一个讨价还价框架》，《现代财经》（天津财经大学学报）2013 年第 1 期。
③ 毛燕玲、曾文博、余国松、肖教燎：《基于改进区间 Shapley 值的农村宅基地退出收益分配方法》，《中国地质大学学报》（社会科学版）2015 年第 5 期。
④ 程玉龙、柳瑞禹：《土地征收中农民与地方政府的利益博弈分析》，《资源开发与市场》2016 年第 2 期。
⑤ 洪开荣、刘清：《农地征收利益主体策略选择的演化博弈研究——基于利他偏好视角》，《数学的实践与认识》2018 年第 7 期。
⑥ 张元庆：《基于利益集团冲突模型的征地问题研究——一个贝克尔模型的应用与修正》，《技术经济与管理研究》2016 年第 4 期。
⑦ 孙秋鹏：《宅基地流转中的主体行为分析——兼论农民利益保护》，《经济评论》2013 年第 5 期；孙秋鹏：《农村建设用地征收中的收益分配与效率损失研究——兼评反对自由流转观点》，《北京社会科学》2016 年第 5 期；孙秋鹏：《宅基地征收中"钉子户"与地方政府行为分析》，《北京社会科学》2018 年第 10 期。

指出农村土地征收过程中存在着委托代理关系，村委会受到地方政府和村民的双重委托代理，但是因为"防范征地冲突外包制"是一种隐性契约，地方政府和村委会之间存在着信息不对称，容易发生逆向选择和道德风险致使委托代理关系破裂。村委会的努力程度与经济奖励正相关，也与政治社会激励强度正相关，提高经济激励和政治社会激励能够提高村委会的努力程度。① 洪开荣和孙丹（2017）②、洪开荣等（2017）③将 RDEU 鹰鸽博弈模型应用到农村征地冲突的研究之中，并进行了数值模拟。刘靖羽等（2015，2016，2018）认为在集体经营性建设用地入市中，地方监督机构和村委会之间会存在博弈。他们通过构建委托代理模型、博弈模型、鹰鸽博弈模型，分析了集体经营性建设用地入市中的寻租行为和监察行为及其影响因素。④

有少量学者通过多案例和数据分析的方式对该问题进行了研究。汪晖和陈箫（2015）通过调研并采用 Logit 模型得出，在征地过程中农民与地方政府之间的谈判普遍存在，谈判会使农民获得的补偿高于当地制定的补偿标准。除了谈判因素之外，影响实际获得补偿超过当地最高补偿的因素还有家庭人口、房屋建筑面积、儿子数量、家中是否有外出务工、家庭人均收入、家庭中干部人数、是否是村中大族。⑤ 鲍海君等（2016）⑥ 和韩璐等（2018）⑦ 通过使用两方和三方动态博弈、演化博弈分

---

① 谭术魁、赵毅、刘旭玲：《防范征地冲突中地方政府与村委会的委托代理关系研究》，《华中农业大学学报》（社会科学版）2018 年第 3 期。
② 洪开荣、孙丹：《农村征地冲突的 RDEU 鹰鸽博弈均衡分析》，《中南大学学报》（社会科学版）2017 年第 5 期。
③ 洪开荣、孙丹、赵旭：《参与方情绪对土地征收补偿策略的影响研究——基于 RDEU 演化博弈视角》，《现代财经》（天津财经大学学报）2017 年第 9 期。
④ 刘靖羽、尹奇、陈文宽：《集体建设用地流转中集体经济组织行为分析——基于鹰鸽博弈理论》，《四川农业大学学报》2015 年第 4 期；刘靖羽、尹奇、匡玥：《集体经营性建设用地入市中政府行为的博弈分析》，《河南农业大学学报》2016 年第 6 期；刘靖羽、尹奇、唐宏、张湛：《农村集体经营性建设用地入市中村委会寻租行为的监督博弈模型》，《中国科学院大学学报》2018 年第 6 期。
⑤ 汪晖、陈箫：《土地征收中的农民抗争、谈判和补偿——基于大样本调查的实证分析》，《农业经济问题》2015 年第 8 期。
⑥ 鲍海君、方妍、雷佩：《征地利益冲突：地方政府与失地农民的行为选择机制及其实证证据》，《中国土地科学》2016 年第 8 期。
⑦ 韩璐、鲍海君、邓思琪、曾新：《征地冲突中多元利益主体决策行为的演化博弈模型与实证研究》，《广东农业科学》2018 年第 12 期。

析了中央政府、地方政府和失地农民之间的博弈行为，主要是对模型结论进行了简要的实证分析，案例为地方政府征收农民土地用于城际铁路建设，结论是农民维权的实际收益与成功概率和成功收益正相关与维权成本负相关。

三 征地补偿与土地增值分配

在2019年之前，《土地管理法》规定对农户的征地补偿按照耕地被征用前三年平均年产值的6—10倍，最高可达30倍，其他土地参考耕地补偿标准。2004年颁布的《国务院关于深化改革严格土地管理的决定》规定"使被征地农民生活水平不因征地而降低"，实际上已经放宽了征地补偿的上限。在土地征收补偿方面，中国长期实行按照原有用途给予补偿的原则，并未考虑让农民参与到土地转用增值收益分配之中。2019年新修订的《土地管理法》规定各地要制定区片综合地价，并作为征地补偿的依据。从各地制定区片综合地价的实际情况来看，主要还是依据于土地原有用途，与以往的征地补偿标准差距较小。农用地征用按原用途补偿还是按照市场价格补偿本质上是哪一主体有权分享工业化城市化成果。[1] 土地增值收益不能完全归公，农民应当获得土地增值收益，这是对土地所有者放弃未来产权的补偿。[2]

因为没有全国性的征地拆迁中土地增值收益分配的总体数据，研究者主要通过调研和统计的方式来获得土地增值收益分配的具体数据。曲福田等（2001）使用某市的数据计算得出，村集体和农民通过征地补偿分别获得了价格收益中的22.1%以及26.7%。[3] 沈飞等（2004）分析了全国35个城市农村土地征收收益分配情况，农民获得的收益仅为政府收益的1/17.2—1/17.4。[4] 王小映等（2006）使用2001—2004年江苏、安徽和四

---

[1] 黄祖辉、汪晖：《非公共利益性质的征地行为与土地发展权补偿》，《经济研究》2002年第5期。
[2] 周其仁：《农地产权与征地制度——中国城市化面临的重大选择》，《经济学（季刊）》2004年第4期。
[3] 曲福田、冯淑怡、俞红：《土地价格及分配关系与农地非农化经济机制研究——以经济发达地区为例》，《中国农村经济》2001年第12期。
[4] 沈飞、朱道林、毕继业：《政府制度性寻租实证研究——以中国土地征用制度为例》，《中国土地科学》2004年第4期。

川的 145 个样本分析得出，支付农民的补偿在土地转让收益中占有的比例很低，在"招牌挂"土地中比例最低，仅为 4%—20%。中央和省一级政府获土地增值收益很少，主要集中在县、市级政府。[①] 肖屹等（2008）通过计算江苏三地征地数据得出，农民获得的综合收益仅为土地收益的 6.73%。[②] 陈莹等（2009）使用湖北省 4 市 543 户农户问卷和 83 个征收案例分析得出，农民在公益性征地获得的补偿远低于非公益性征地获得的补偿。城市等级越高，距离城市中心越近，公益性和非公益性征收之间补偿差异越大。[③] 诸培新和唐鹏（2013）通过对江苏省三个县市 2006—2011 年农用地征收情况调研得出，农民的土地收益占土地出让收益的比例为 3%—16%，地方政府的收益份额在 75% 以上。[④] 郄瑞卿等（2016）对长春、吉林、松原三个地区 2010—2013 年农用地征收与出让中的土地收益分配格局分析得出，征地补偿费仅占市场价格的 20%—25%。[⑤] 易小燕等（2017）采用利用 Shapley 值法测算江苏省万顷良田建设工程中某个农村宅基地置换项目的收益分配数据，政府获得了宅基地置换的大部分收益，农民和村集体获得的收益比例较低。[⑥] 宋戈等（2017）分析哈尔滨农户退出宅基收益分配得出，宅基地退耕增值为负，机会成本损失在农户和村集体之间分配。[⑦] 朱从谋等（2017）对义乌市"集地券"模式分析得出，政府、村集体与农民的分配比例为 40∶11∶49。[⑧] 梁流涛等（2018）对河南省的典型土地征收—出让样本的测算得出，经济发展水平

[①] 王小映、贺明玉、高永：《我国农地转用中的土地收益分配实证研究——基于昆山、桐城、新都三地的抽样调查分析》，《管理世界》2006 年第 5 期。
[②] 肖屹、曲福田、钱忠好、许恒周：《土地征用中农民土地权益受损程度研究——以江苏省为例》，《农业经济问题》2008 年第 3 期。
[③] 陈莹、谭术魁、张安录：《武汉市征地过程中的土地增值测算》，《中国土地科学》2009 年第 12 期。
[④] 诸培新、唐鹏：《农地征收与供应中的土地增值收益分配机制创新——基于江苏省的实证分析》，《南京农业大学学报》（社会科学版）2013 年第 1 期。
[⑤] 郄瑞卿、石强、窦世翔：《城镇化背景下农地非农化的土地增值收益分配机制研究——基于吉林省的实证分析》，《资源开发与市场》2016 年第 9 期。
[⑥] 易小燕、陈印军、袁梦：《基于 Shapley 值法的农村宅基置换成本收益及分配分析——以江苏省万顷良田建设工程 X 项目区为例》，《农业经济问题》2017 年第 2 期。
[⑦] 宋戈、徐四桂、高佳：《土地发展权视角下东北粮食主产区农村宅基地退出补偿及增值收益分配研究》，《自然资源学报》2017 年第 11 期。
[⑧] 朱从谋、苑韶峰、李胜男、夏浩：《基于发展权与功能损失的农村宅基地流转增值收益分配研究——以义乌市"集地券"为例》，《中国土地科学》2017 年第 7 期。

高的地段土地增值收益高，经济发展水平低的地段土地增值收益低。农民只获得不到10%的土地增值收益，地方政府获得90%以上。[①] 陈莹和杨芳玲（2018）使用湖北省17个地市（州）的数据得出，在农用地征收过程中农民获得增值收益分配额的比例低，经济发达地区农民获得的补偿高但是比例低。[②] 郭圣莉等（2022）通过分析土地征收案例得出，在政府主导的分配中农民能够获得中等的分配效益，贤能型领导和民主型村集体中农民能够获得更高的分配效益，权威型村集体中农民获得的分配收益最低。[③]

还有的研究是从农户的主观感受、认知角度来研究土地增值分配的影响。鲍海君等（2016）通过对浙江省800位农民的调查得出，不同经济水平、不同年龄阶段、不同教育背景等各类群体对征地增值收益分配有不同的反应和需求，但对于失地后生活的担忧以及分享增值的要求是共同的。[④] 吕图等（2018）从征地过程中的程序保障性角度对农民补偿水平的影响进行了实证分析，结论为征地过程中的知情权和参与权、个体特征中的村干部身份以及家庭人均年收入对征地补偿具有显著的正向影响。[⑤]

四 农村土地制度与征地制度改革建议

1. 打破地方政府对农村土地的垄断征收权，严格限制地方政府的非公益性征地行为，建立农村土地转用交易市场，允许符合相关规定的农村土地直接入市。黄祖辉和汪晖（2002）认为应当将地方政府的土地征用权严格限定在公共用途和符合公共利益的范围内，农村集体土地可以直接进入

[①] 梁流涛、李俊岭、陈常优、李小光、张米莎：《农地非农化中土地增值收益及合理分配比例测算：理论方法与实证——基于土地发展权和要素贡献理论的视角》，《干旱区资源与环境》2018年第3期。

[②] 陈莹、杨芳玲：《农用地征收过程中的增值收益分配研究——以湖北省17个地市（州）为例》，《华中科技大学学报》（社会科学版）2018年第6期。

[③] 郭圣莉、徐新明、董玉倩：《中国土地征收补偿分配效益及其影响因素——21个土地征收案例的比较分析》，《上海行政学院学报》2022年第5期。

[④] 鲍海君、方妍、雷佩：《征地利益冲突：地方政府与失地农民的行为选择机制及其实证证据》，《中国土地科学》2016年第8期。

[⑤] 吕图、刘向南、刘鹏：《程序公正与征地补偿：基于程序性权利保障的影响分析》，《资源科学》2018年第9期。

土地市场，采用土地发展权和土地用途管制对农用地用途转换进行限制，公共目的的征地补偿应充分考虑土地的市场价值。① 周其仁（2004）提出要发展农地转用市场，将政府征地行为严格限制在公益用地范围，并按照市价进行补偿，农民可以以市场价转让土地用于非农建设。② 蒋省三和刘守英（2003）提出应当促进农村集体建设用地规范、有序、健康地流转，形成城乡统一的土地市场，政府应当以税收的方式，而不是以土地出让金的方式获得土地增值收益。③ 钱忠好和曲福田（2004）④、刘守英（2008）⑤ 提出要打破政府土地征用垄断，在符合计划和用途管制的前提下，允许非农建设用地直接入市，赋予农民宅基地及其房屋所有人完整的物权，允许自由交易。但是也有学者认为对土地征收制度的修改并不能消除征地冲突，可能出现新的征地制度改变了农民的预期而引发更不可控的利益博弈与征地冲突。⑥

2. 提高征地补偿标准，完善征地拆迁相关规章制度。多数学者认为，应当提高土地征用补偿标准，完善土地征用补偿机制，采用市场定价的方式对农民进行补偿，公益性和非公益性征地的补偿标准应当相同。黄祖辉和汪晖（2002）认为对于非公共利益性质的征地项目，在补偿内容中应当增加土地发展权补偿内容。⑦ 鲍海君和吴次芳（2002）则认为补偿要考虑到土地的生产性收益和非生产性收益，并对其他相关的损失给予补偿。⑧ 党国英（2004，2005）指出应当增加农民在征地过程中的谈判权，这样会提高农民分享土地增值的比例，并尝试建立"国家失地农民账户"和"国

---

① 黄祖辉、汪晖：《非公共利益性质的征地行为与土地发展权补偿》，《经济研究》2002年第5期。
② 周其仁：《农地产权与征地制度——中国城市化面临的重大选择》，《经济学（季刊）》2004年第4期。
③ 蒋省三、刘守英：《农村集体建设用地进入市场势在必行》，《安徽决策咨询》2003年第10期。
④ 钱忠好、曲福田：《中国土地征用制度：反思与改革》，《中国土地科学》2004年第5期。
⑤ 刘守英：《中国的二元土地权利制度与土地市场残缺——对现行政策、法律与地方创新的回顾与评论》，《经济研究参考》2008年第31期。
⑥ 贺雪峰：《如何理解征地冲突——兼论〈土地管理法〉的修改》，《思想战线》2018年第3期。
⑦ 黄祖辉、汪晖：《非公共利益性质的征地行为与土地发展权补偿》，《经济研究》2002年第5期。
⑧ 鲍海君、吴次芳：《关于征地补偿问题的探讨》，《价格理论与实践》2002年第6期。

家失地农民保障基金"①。周诚（2006）认为土地增值不能完全归公也不能完全归私，应当公私兼顾。②黄卓等（2014）认为应当借鉴台湾的留地安置模式，这种做法将有助于化解目前征地过程中出现的众多矛盾。③华生（2015）认为应当学习和借鉴日本、韩国和我国台湾地区的成功经验，采取在政府、农民和利益相关者之间分享土地增值收益的做法。为了顺利快速推进城市化建设，当前农民分享土地增值的比例会相对较低。④靳相木和陈箫（2017）认为现有的补偿应当是在"被征收人的所失—征收人的所得"之间选择一个平衡点，在土地补偿、劳动力安置、社会保障、就业扶助等多个方面对农民进行综合补偿安置。⑤靳相木和李梦微（2022）指出新修订的《土地管理法》将征地补偿安置协议前置于征收申请环节，使得法律意义上的征收权演变成"协议征收"，引发了被征地农民的小范围抱团、"钉子户"增多和地方政府铤而走险的行为。⑥但有的学者认为提高征地拆迁补偿并不能减少由此引发的冲突，土地私有化更是培养了一批不劳而获的食利者。⑦

还有研究给出了农民应当分享的土地增值比例。鲍海君（2009）认为农民分享土地增值收益的比例应当在30%—50%之间⑧，梁流涛等（2018）则认为在35%—45%之间⑨，但张广辉和魏建（2013）则认为土地产权变革并不是影响土地分配格局的关键，在法律层面上提高失地农民

---

① 党国英：《关于征地制度的思考》，《现代城市研究》2004年第3期。党国英：《当前中国农村土地制度改革的现状与问题》，《华中师范大学学报》（人文社会科学版）2005年第4期。
② 周诚：《土地增值分配应当"私公共享"》，《中国改革》2006年第5期。
③ 黄卓、蒙达、张占录：《基于"涨价归公"思想的大陆征地补偿模式改革——借鉴台湾市地重划与区段征收经验》，《台湾农业探索》2014年第3期。
④ 华生：《破解土地财政，变征地为分地——东亚地区城市化用地制度的启示》，《国家行政学院学报》2015年第3期。
⑤ 靳相木、陈箫：《美国土地整合中的钉子户问题及其启示》，《浙江大学学报》（人文社会科学版）2017年第3期。
⑥ 靳相木、李梦微：《征地补偿安置协议前置及其效力扩张的制度风险与因应解决方案》，《农业经济问题》2022年第6期。
⑦ 贺雪峰：《提高征地拆迁补偿标准，谁是受益者？》，《社会观察》2013年第1期。
⑧ 鲍海君：《城乡征地增值收益分配：农民的反应与均衡路径》，《中国土地科学》2009年第7期。
⑨ 梁流涛、李俊岭、陈常优、李小光、张米莎：《农地非农化中土地增值收益及合理分配比例测算：理论方法与实证——基于土地发展权和要素贡献理论的视角》，《干旱区资源与环境》2018年第3期。

所获利益份额和加强政府的法律执行力度才是重点①。

3. 土地征收制度符合中国现实情况，不需要调整和变化，应当注重相关法律、规章制度落实执行。杨华（2014）认为土地增值收益分配制度是合理的，征地拆迁中出现的问题和冲突不是土地制度和征地制度引起的，是地方政策不合理及实践中具体操作不当引发的。改革的方向应当是，制定相关制度和措施缩小利益博弈空间，限制强势主体的谋利行为，保护弱势主体的基本权益。②杨华和罗兴佐（2016）进一步指出，在征地拆迁中有些农民会为了提高补偿而故意将事情"闹大"，迫使地方政府提高补偿。应当让农民能够平等地参与到征地拆迁之中，充分尊重多数农民的意见和建议。应当制定相应制度为农民提供能表达诉求的合理的、正规的渠道，而不是让农民通过"闹大"来得到政府的重视，甚至通过"闹大"来要挟政府谋取私利。③

第三节　社会学相关研究

与本书研究内容直接相关的社会学文献主要集中于底层抗争研究领域。与西方主流社会学研究以精英为代表、组织化为形式、专业分工为特点的抗争研究不同，20世纪80年代有些学者提出了"底层研究"。底层与精英的活动处于不同的政治场域，他们之间的政治活动并不相同。对底层抗争的原因，通常的理解是为了生存和利益，更多是为了维持生计的基本权利和观念。应星（2007，2009）在此基础上提出了中国底层抗争除了为了生存和利益，还会"因气抗争"，这里的"气""主要是指中国人在蒙受冤屈、遭遇不公、陷入纠纷时进行反击的驱动力，是中国人不惜一切代价来抗拒蔑视和羞辱、赢得承认和尊严的一种人格价值展现方式"④。农民

---

① 张广辉、魏建：《土地产权、政府行为与土地增值收益分配》，《广东社会科学》2013年第1期。
② 杨华：《农村征地拆迁中的利益博弈：空间、主体与策略——基于荆门市城郊农村的调查》，《西南大学学报》（社会科学版）2014年第5期。
③ 杨华、罗兴佐：《农民的行动策略与政府的制度理性——对我国征地拆迁中"闹大"现象的分析》，《社会科学》2016年第2期。
④ 应星：《"气"与中国乡村集体行动的再生产》，《开放时代》2007年第6期。应星：《"气场"与群体性事件的发生机制——两个个案的比较》，《社会学研究》2009年第6期。

的抗争有时候并不是仅仅为了维权或者为了"气"以及公平正义，还会存在"谋利型"[1]和"要挟型"[2]的情况。社会底层的农民很难发起有组织和革命性的抗争，但是并不是没有抗争，这种抗争是一种"日常抗争"，被斯科特（Scott）定义为"弱者的武器"[3]。李连江与欧博文（1997）提出中国底层农民的抗争主要采取"依法抗争"[4]，于建嵘（2003）则提出中国底层农民的抗争已经开始由"依法抗争"向"以法抗争"发展，[5] 应星（2007）则认为中国底层农民的抗争是没有政治诉求和目的的，组织性虽有所提高但依然是小范围和松散的，应称之为"草根动员"[6]。在此基础上，有学者提出了"作为武器的弱者身份"[7]、"韧武器抗争"[8]、"依势抗争"[9]、"以身抗争"[10]、"以死抗争"[11] 等。

征地拆迁中的冲突、博弈和利益分配问题也是社会学学者关注的一个研究领域，也涌现了一些研究成果。齐晓瑾等（2006）指出，在征地拆迁中，村干部承担了国家政策的"代理人"、村庄权力的主要掌控者、集体资源的实际操纵者、内部利益分配的主导者，他们利用多重角色和各种权力为自己谋取利益。他们进一步指出，村干部态度的强硬与否，与背后是否有一个内聚力很强的村干部组织有关。资源越丰富、资产越多的乡村，对村干部职位

---

[1] 田先红：《从维权到谋利——农民上访行为逻辑变迁的一个解释框架》，《开放时代》2010年第6期。
[2] 饶静、叶敬忠、谭思：《"要挟型上访"——底层政治逻辑下的农民上访分析框架》，《中国农村观察》2011年第3期。
[3] 〔美〕詹姆斯·C.斯科特：《弱者的武器》，郑广怀、张敏、何江穗译，凤凰出版传媒集团、译林出版社2007年版，第33—56页。
[4] 李连江、欧博文：《当代中国农民的依法抗争》，吴国光主编《九七效应》，香港太平洋世纪研究所1997年版，第142页。
[5] 于建嵘：《农民有组织抗争及其政治风险——湖南省H县调查》，《战略与管理》2003年第3期。
[6] 应星：《草根动员与农民群体利益的表达机制——四个个案的比较研究》，《社会学研究》2007年第2期。
[7] 董海军：《"作为武器的弱者身份"：农民维权抗争的底层政治》，《社会》2008年第4期。
[8] 折晓叶：《合作与非对抗性抵制——弱者的"韧武器"》，《社会学研究》2008年第3期。
[9] 董海军：《依势博弈：基层社会维权行为的新解释框架》，《社会》2010年第5期。
[10] 王洪伟：《当代中国底层社会"以身抗争"的效度和限度分析——一个"艾滋村民"抗争维权的启示》，《社会》2010年第2期。
[11] 徐昕：《为权利而自杀——转型中国农民工的"以死抗争"》，载北京天则经济研究所主编《中国制度变迁的案例研究（广东卷）（第六集）》，中国财政经济出版社2008年版，第268—318页。

的争夺越激烈。村民抗争有"合法"形式和"非合法"形式，如果超出了村干部所能控制的范围，地方政府和村干部就会采取对村中精英"招安"的做法，对村民进行内部分化或让步。[1] 祝天智（2014）通过实地调研得出，地方政府和农民互相指责对方的行为不合法，但又以更加不合法的行为加以应对。祝天智总结的基层政府采取的策略有：给予个别抵制的农民优惠条件；发动乡村各类社会关系网络对抵制的农户进行游说；对群体抗争采取引诱大部分，孤立少数骨干分子，打击带头者；有些地方政府会利用政府暴力工具对顽固者威胁、恐吓，甚至直接使用暴力；有些地方政府甚至会运用体制外暴力，包括使用流氓、地痞、"混混"和黑恶势力。农民采取的策略主要有：为增加补偿，突击抢栽抢建；突击迁移户口、结婚等；贿赂地方官员、村干部增加补偿面积和提高补偿标准；自发组成小团体，由核心人员统一指挥实行抵制，利用外部力量和媒体、舆论的力量；采取"缠""闹"的方式；以法律、政府条例为依据进行抗争，多采取上访和申诉的方式；最激烈的是采取以命相搏的方式。博弈的结果是，引发博弈和矛盾不断升级，"恶人"和"坏人"在征地拆迁中获得最大收益。一些地方政府为了规避征地拆迁中的相关风险，将征地拆迁业务承包给拆迁公司，拆迁公司则通过雇佣"混混"和"恶人"的方式来强迫农民同意征地拆迁。[2] 杨华（2014）[3]、杨华和罗兴佐（2016）[4] 认为与公众和多数学者预想的不同，农民并不反对征地拆迁，而是盼望能够被征地拆迁。农民为了获得更多的补偿会采取"闹大"的策略，一旦"闹大"，地方政府就面临来自上一级政府和社会舆论的压力，倾向于无原则妥协，就成为公众通常所说的"大闹大解决，小闹小解决，不闹不解决"。农民通过"闹大"来获得更多补偿的行为会起到负面示范效应。郭亮（2015）[5] 和耿羽（2016）[6] 指出一些地方政府通过"行政包干"的方

---

[1] 齐晓瑾、蔡澍、傅春晖：《从征地过程看村干部的行动逻辑——以华东、华中三个村庄的征地事件为例》，《社会》2006年第2期。
[2] 祝天智：《边界模糊的灰色博弈与征地冲突的治理困境》，《经济社会体制比较》2014年第2期。
[3] 杨华：《农村征地拆迁中的利益博弈：空间、主体与策略——基于荆门市城郊农村的调查》，《西南大学学报》（社会科学版）2014年第5期。
[4] 杨华、罗兴佐：《农民的行动策略与政府的制度理性——对我国征地拆迁中"闹大"现象的分析》，《社会科学》2016年第2期。
[5] 郭亮：《土地征收中的"行政包干制"及其后果》，《政治学研究》2015年第1期。
[6] 耿羽：《征地拆迁中的混混暴力市场化》，《中国青年研究》2016年第7期。

式将征地拆迁工作委托给村委会，或者将征地拆迁业务承包给拆迁公司，拆迁公司则通过雇佣"混混"的方式来完成征地拆迁。这些地方政府的做法将矛盾和冲突的发生场域以及相应的政治风险转移了出去，在一定程度上消解了地方政府与农民之间的直接对抗，但是也消解了基层组织的公共性，并非一种合理稳定的治理机制。贺雪峰（2016）认为将征地拆迁事项委托给村委会，是地方政府通过给村干部剩余索取权的方式来激励村干部完成征地拆迁工作，主要有增加村干部的补偿额，将征地拆迁工作包干给村干部，增加村中公共土地或剩余土地的补偿款，允许村干部承包土地拆迁和土地平整的相关工程。村干部使用各种手段完成征地拆迁工作，其中既包括正式规则，也包括乡村社会的潜规则，甚至也会有灰色手段和动用黑社会等违法手段。在村干部积极协助地方政府征地拆迁的情况下，征地拆迁的效率大大提高，但代价是农户的利益又受到了剥夺，农村的政治生态和社会生态又进一步恶化。[1] 郑晓茹和陈如（2017）认为农民已经由"不按套路出牌"的闹大向"套路式"抗争转变。农民的"闹大"不再是盲目的，而是通过"深思熟虑"和"精心挑选"的行为来引起政府关注，希望将事件和诉求纳入地方政府的议事议程之中。在"套路式"抗争中，村中的政治精英和能人发挥着组织、带领、策划的作用。"套路式"抗争不再是情绪宣泄的暴力冲突，也不再是单一农户的单打独斗，而是有组织、有策划、有措施、有目的的群体性抗争。[2]

社会学领域对农村底层抗争问题的研究相对详细、深入，但是由于学科的研究方法和范式的原因，在农村土地征收领域，缺乏相对系统的研究成果，有些研究虽然也分析村土地征收中各主体之间的冲突和博弈问题，但要么是以案例为主，要么是没有深入。

---

[1] 贺雪峰：《征地拆迁背景下的村庄政治》，《学习与探索》2016年第11期。
[2] 郑晓茹、陈如：《征地冲突中农民的"套路式"抗争行为：一个解释的框架》，《湖北社会科学》2017年第2期。

第三章　城郊农用地征收中的博弈与利益分配

城郊土地主要为两种类型，农用地和农村建设用地。农用地是指直接用于农业生产的土地，包括耕地、林地、草地、农田水利用地、养殖水面等。[①] 地方政府征收的城郊土地中绝大部分为农用地，农用地要转化为城市建设用地必须经过地方政府征收环节，并且土地征收还要符合规划要求、农用地占用指标要求和得到相应级别的土地管理部门批准。农村建设用地是指农村集体经济组织和农村个人用于非农业生产建设和生活使用的土地，包括宅基地、公益性公共设施用地和经营性用地。在土地征收环节，农村建设用地与农用地的区别在于不需要农用地占用指标，只要符合城乡建设用地增减挂钩。本章研究城郊农用地征收中的地方政府和农民之间的博弈和利益分配问题，后两章研究农村建设用地的相关问题。

第一节　农村土地制度与农用地地租属性

中国实行的是城乡分割的二元土地制度，城市土地为国家所有，农村土地为集体所有。国家对农村土地的用途也做了严格的规定，不仅农村土地只有经过政府征收才能转变为城市土地，而且农用地只能用于农业生产很难转化为农村建设用地，农村建设用地也不能出租和转让给本集体经济组织之外的单位或个人（2020年后，集体经营性建设用地可有条件地直接

[①] 在本书中，农用地的概念和范围界定采用了《土地管理法》中的定义。

入市）。本节首先简要介绍农村土地管理制度和土地征收制度，然后对农用地的地租属性进行分析。

一　产权制度与征收制度

中国的农村土地制度不同于城市土地制度，农村土地归农村集体所有。目前实行的城乡土地产权制度和管理制度主要来自1982年《中华人民共和国宪法》中的相关规定和《土地管理法》中的相关规定。1982年《中华人民共和国宪法》规定："农村和城市郊区的土地，除由法律规定属于国家所有的以外，属于集体所有；宅基地和自留地、自留山，也属于集体所有；国家为了公共利益的需要，可以依照法律规定对土地实行征用；任何组织或者个人不得侵占、买卖或者以其他形式非法转让土地。"[1] 1988年宪法修正案中增加了"土地的使用权可以依照法律的规定转让"[2]。2004年宪法修正案中将土地征用制度修改为"国家为了公共利益的需要，可以依照法律规定对土地实行征收或者征用并给予补偿"[3]。2019年新修订的《土地管理法》删除了从事非农业建设使用土地的，必须使用国有土地或者征为国有的原集体土地的规定，即从事非农建设可以使用农村土地，为集体经营性建设用地入市开辟了空间。新修订的《土地管理法》还规定，集体经营性建设用地的土地所有权人可以通过出让、出租等方式将土地交给单位或者个人使用，就是以法律的形式允许集体经营性建设用地不经过政府征收环节，不用转变为国有建设用地，直接进入土地市场。从各地集体经营性建设用地改革的实际情况来看，能够入市的集体建设用地首先要符合土地利用总体规划和城乡规划，其次为了防止出现集体经营性建设用地大批入市或出让价格过低影响到城市土地市场，地方政府会控制土地入市的节奏。从已经入市的集体经营性建设用地供地类型来看，主要集中在土地增值较低的工业用地方面，而土地增值较高的商业用地和住宅用地的

---

[1] 全国人民代表大会常务委员会法制工作委员会编：《中华人民共和国法律汇编（1979—1984）》，人民出版社1985年版，第8页。

[2] 全国人民代表大会常务委员会法制工作委员会编：《中华人民共和国法律汇编（1985—1989）》，人民出版社1991年版，第2页。

[3] 全国人民代表大会常务委员会法制工作委员会编：《中华人民共和国法律汇编（2004）》，人民出版社2005年版，第47页。

比例较低。土地增值收益并不是全部归农村集体经济组织，地方政府还会通过固定的分成来获得土地增值收益。新修订的《土地管理法》还对政府可征收土地的情况做出了规定，大幅减少了地方政府可征收土地的范围。只有六种情况能够行使土地征收权，这六种情况中有五种属于基于公益性的征收行为，另外一种是在土地利用总体规划确定的城镇建设用地范围内的成片开发。[①] 目前，中国实行的土地制度主要源自1982年《中华人民共和国宪法》的相关规定，经过历次修正，土地制度基本没有改变，城市土地归国家所有，农村土地归集体所有，政府依然拥有对农村土地的垄断征收权，仅放开了对集体经营性建设用地入市的限制。

政府征收农村土地的补偿标准由《土地管理法》中的相关条款确定，

---

① 新修订的土地管理法中规定："为了公共利益的需要，有下列情形之一，确需征收农民集体所有的土地的，可以依法实施征收：（一）军事和外交需要用地的；（二）由政府组织实施的能源、交通、水利、通信、邮政等基础设施建设需要用地的；（三）由政府组织实施的科技、教育、文化、卫生、体育、生态环境和资源保护、防灾减灾、文物保护、社区综合服务、社会福利、市政公用、优抚安置、英烈保护等公共事业需要用地的；（四）由政府组织实施的扶贫搬迁、保障性安居工程建设需要用地的；（五）在土地利用总体规划确定的城镇建设用地范围内，经省级以上人民政府批准由县级以上地方人民政府组织实施的成片开发建设需要用地的；（六）法律规定为公共利益需要可以征收农民集体所有的土地的其他情形。"新修订的《土地管理法》对地方政府土地征收的范围进行了强制性的规定，并删除了禁止农村集体经济组织以外的单位或者个人直接使用集体建设用地的相关规定，允许符合条件的集体经营性建设用地直接入市。学术界和社会各界认为这是打破地方政府对农村土地征收权和城市土地一级市场供给权垄断的开始。

实际上，此项改革对地方政府的农村土地垄断征收权和城市一级市场垄断供给权的冲击较小，基本上没有改变地方政府在土地市场的垄断地位。土地征收范围的规定对地方政府土地征收并没有造成实质性的影响，第五项中的"在土地利用总体规划确定的城镇建设用地范围内，经省级以上人民政府批准由县级以上地方人民政府组织实施的成片开发建设需要用地的"实际上就是之前地方政府征收土地的主要范围。新修订的《土地管理法》中的一个重要突破是允许集体经营性建设用地直接入市，但集体经营性建设用地在农村建设用地中所占比例较低，主要是在20世纪80年代发展乡镇企业遗留下来的，约占农村建设用地的13%，并且这些土地基本上已经被工商业使用。近三十年来各地地方政府基本上不允许农村新增集体经营性建设用地。

集体经营性建设用地直接入市并没有对地方政府城市一级土地市场构成冲击，也没有影响到地方政府对本地城市建设用地供给权的垄断。从改革试点地区的实际情况来看，入市的集体经营性建设用地主要为工业用地，很少有商住用地，因为各地提供工业用地的价格较低甚至低于地方政府的土地成本。

因此，本书依然认定地方政府拥有农村土地垄断征收权和城市土地一级市场的垄断供给权。全国人民代表大会常务委员会法制工作委员会编：《中华人民共和国法律汇编（2019）》，人民出版社2020年版，第285页。

补偿标准的核心是按照土地原用途进行补偿，农民不能获得土地转用增值。1987年施行的《土地管理法》中规定：征用耕地的土地补偿费为该耕地被征用前三年平均年产值的三至六倍；征用其他土地的补偿费标准，由省、自治区、直辖市参照征用耕地的补偿费标准规定；安置补助费为该耕地被征用前三年平均每亩年产值的二至三倍，最高不得超过被征用前三年平均年产值的十倍；土地补偿费和安置补助费的总和不得超过土地被征用前三年平均年产值的二十倍。[1] 1988年修订的《土地管理法》虽有所调整，规定国有土地和集体所有土地使用权可以依法转让，国家依法实行国有土地有偿使用制度。[2] 1998年修订的《土地管理法》中明确规定，国家依法实行国有土地有偿使用制度，建设单位使用国有土地，应当以有偿使用方式取得。关于征地补偿方面，此次修订的《土地管理法》中明确指出按照被征用土地的原用途给予补偿，并给出征用耕地的补偿费用包括三部分，土地补偿费、安置补助费以及地上附着物和青苗的补偿费。此次修订提高了征地补偿标准：征用耕地的土地补偿费为该耕地被征用前三年平均年产值的六至十倍（原规定为三至六倍）；安置补助费标准为该耕地被征用前三年平均年产值的四至六倍（原规定为二至三倍），最高不得超过被征用前三年平均年产值的十五倍（原规定为十倍）。[3] 2004年修订的《土地管理法》对于征地补偿方面没有突破，仍然沿用原有的补偿标准，之后国务院出台了一些相关规定，突破了原有的限制。2004年出台的《国务院关于深化改革严格土地管理的决定》中提出"使被征地农民生活水平不因征地而降低"，"土地补偿费和安置补助费的总和达到法定上限，尚不足以使被征地农民保持原有生活水平的，当地人民政府可以用国有土地有偿使用收入予以补贴。省、自治区、直辖市人民政府要制订并公布各市县征地的统一年产值标准或区片综合地价，征地补偿做到同地同价"[4]，这实际

---

[1] 全国人民代表大会常务委员会法制工作委员会编：《中华人民共和国法律汇编（1985—1989）》，人民出版社1991年版，第144—145页。
[2] 全国人民代表大会常务委员会法制工作委员会编：《中华人民共和国法律汇编（1985—1989）》，人民出版社1991年版，第463页。
[3] 全国人民代表大会常务委员会法制工作委员会编：《中华人民共和国法律汇编（1995—1999）》，人民出版社2000年版，第1113页。
[4] 《国务院关于深化改革严格土地管理的决定》，中华人民共和国自然资源部官网，2004年10月12日，http：//f.mnr.gov.cn/201702/t20170206_1435391.html，2023年5月9日。

上提高了农民可获得的补偿标准,即突破了土地被征收前三年平均年产值三十倍的上限。2006 年发布的《国务院关于加强土地调控有关问题的通知》中进一步规定:"征地补偿安置必须以确保被征地农民原有生活水平不降低、长远生计有保障为原则。被征地农民的社会保障费用,按有关规定纳入征地补偿安置费用,不足部分由当地政府从国有土地有偿使用收入中解决。社会保障费用不落实的,不得批准征地。"①

2019 年《土地管理法》再次修订,删除了按照被征用土地原用途给予补偿的规定,取而代之的是,"征收农用地的土地补偿费、安置补助费标准由省、自治区、直辖市通过制定公布区片综合地价确定"②。2019 年新修订的《土地管理法》中提出的区片综合地价早在 2004 年颁布的《国务院关于深化改革严格土地管理的决定》中就已经提出,当时提出的区片综合地价实际上依然是以产值倍数为基准,但同时也考虑到"地类、产值、土地区位、农用地等级、人均耕地数量、土地供求关系、当地经济发展水平和城镇居民最低生活保障水平等因素"③。2005 年国土资源部发布的《关于开展制订征地统一年产值标准和征地区片综合地价工作的通知》中提出,"东部地区城市土地利用总体规划确定的建设用地范围,应制订区片综合地价;中、西部地区大中城市郊区和其他有条件的地区,也应积极推进区片综合地价制订工作;其他暂不具备条件的地区可制订征地统一年产值标准"④。这一时期,区片综合地价标准还在推广阶段。2010 年,国土资源部颁布的《关于进一步做好征地管理工作的通知》中则要求全面实行征地统一年产值标准和区片综合地价,并要求各地每 2 至 3 年对征地补偿标准进

---

① 《国务院关于加强土地调控有关问题的通知》,中华人民共和国中央人民政府官网,2006 年 8 月 31 日,http://www.gov.cn/zhengce/content/2008 - 03/28/content_ 2431.htm? ivk_ sa = 1024320u,2023 年 5 月 9 日。
② 全国人民代表大会常务委员会法制工作委员会编:《中华人民共和国法律汇编(2019)》,人民出版社 2020 年版,第 287 页。
③ 《关于完善征地补偿安置制度的指导意见》,中华人民共和国自然资源部官网,2004 年 11 月 3 日,http://f.mnr.gov.cn/201702/t20170206_ 1436824.html,2023 年 5 月 9 日。
④ 《关于开展制订征地统一年产值标准和征地区片综合地价工作的通知》,中华人民共和国自然资源部官网,2005 年 7 月 23 日,http://f.mnr.gov.cn/201702/t20170206_ 1436972.html,2023 年 5 月 9 日。

行调整，逐步提高征地补偿水平。① 2019年修订的《土地管理法》中则确定了制定区片综合地价应当综合考虑的主要因素有"土地原用途、土地资源条件、土地产值、土地区位、土地供求关系、人口以及经济社会发展水平等"，并要求至少每三年调整或者重新公布一次。②

中央政府为了防止农用地被大量占用，实行了严格的农用地保护制度。人多地少、人均耕地占有面积低是中国长期面对的现实。为了保证粮食安全，中央政府实行了全世界最严格的耕地保护制度。1987年施行的《土地管理法》中规定，国家建设征用耕地一千亩以上，其他土地二千亩以上的，由国务院批准。③ 1998年修订的《土地管理法》中明确提出，十分珍惜、合理利用土地和切实保护耕地是我国的基本国策，严格限制农用地转为建设用地，控制建设用地总量，对耕地实行特殊保护；④ 地方各级人民政府编制的土地利用总体规划中的建设用地总量不得超过上一级土地利用总体规划确定的控制指标，耕地保有量不得低于上一级土地利用总体规划确定的控制指标；省、自治区、直辖市人民政府编制的土地利用总体规划，应当确保本行政区域内耕地总量不减少。⑤ 1998年修订的《土地管理法》中第四章专列了耕地保护内容，并明确提出，"要求非农业建设经批准占用耕地的，按照'占多少，垦多少'的原则，由占用耕地的单位负责开垦与所占用耕地的数量和质量相当的耕地"⑥。《土地管理法》规定要求，"省、自治区、直辖市人民政府应当严格执行土地利用总体规划和土地利用年度计划，采取措施，确保本行政区域内耕地总量不减少；耕地总量减少的，由国务院责令在规定期限内组织开垦与所减少耕地的数量与质

---

① 《关于进一步做好征地管理工作的通知》，中华人民共和国自然资源部官网，2010年6月26日，http://f.mnr.gov.cn/201702/t20170206_1435721.html，2023年5月9日。
② 全国人民代表大会常务委员会法制工作委员会编：《中华人民共和国法律汇编（2019）》，人民出版社2020年版，第287页。
③ 全国人民代表大会常务委员会法制工作委员会编：《中华人民共和国法律汇编（1986）》，人民出版社1988年版，第73—74页。
④ 全国人民代表大会常务委员会法制工作委员会编：《中华人民共和国法律汇编（1998）》，人民出版社1999年版，第75页。
⑤ 全国人民代表大会常务委员会法制工作委员会编：《中华人民共和国法律汇编（1998）》，人民出版社1999年版，第79页。
⑥ 全国人民代表大会常务委员会法制工作委员会编：《中华人民共和国法律汇编（1998）》，人民出版社1999年版，第82页。

量相当的耕地,并由国务院土地行政主管部门会同农业行政主管部门验收"①。中央大幅上收了征用土地权限,征用基本农田,基本农田以外的耕地超过三十五公顷的和其他土地超过七十公顷的由国务院批准。2019年修订的《土地管理法》依然延续严格的耕地保护政策,进一步强化了永久基本农田保护,同时也适当下放了部分农用地转用审批权限。

  1998年修订的《土地管理法》和中央实行的一系列土地管理制度对我国农村土地和国有土地都产生了深远的影响。我国实行了层层分解的严格的土地转用总量控制,使得地方政府很难通过各种手段规避中央对地方占用农用地的管控。中央发放的土地转用总量指标数量极少,根本无法满足地方经济社会发展对土地的需求。为了既保护农用地不被过度侵占,又为地方经济社会发展提供土地,中央实行了"耕地占补平衡"制度。"耕地占补平衡"要求地方政府占用耕地必须进行相应的补充,并且对占用耕地的补充数量和质量都进行了严格的规定。1998年颁布的《土地管理法实施条例》中还详细规定,建设占用土地,涉及农用地转为建设用地的,应当符合土地利用总体规划和土地利用年度计划中确定的农用地转用指标,并鼓励地方进行土地整理增加耕地,土地整理新增耕地面积的百分之六十可以用作折抵建设占用耕地的补偿指标。"耕地占补平衡"制度实施之后,国务院和国土资源部又相继出台了一系列规定,并对实践中出现的占多补少、占优补劣等问题发布了多个紧急通知。由于要征用农用地必须有相应的指标,并且还要对所占农用地进行补充,指标数量不足和可供补充农用地资源紧张就成为限制城镇尤其是发达地区城镇增加城镇建设用地的最主要制约因素。

  在保证耕地面积和质量不因城市扩张和经济建设占用土地而减少方面,"耕地占补平衡"制度已经无法满足城乡对建设用地的需求,因此中央出台了城镇建设用地增加要与农村建设用地减少相挂钩的政策,简称"增减挂钩"。2004年出台的《国务院关于深化改革严格土地管理的决定》中首次提出了"鼓励农村建设用地整理,城镇建设用地增加要与农村建设用地减少相挂钩"。2005年,国土资源部出台的《关于规范城镇建设用地

---

① 全国人民代表大会常务委员会法制工作委员会编:《中华人民共和国法律汇编(1998)》,人民出版社1999年版,第82—83页。

增加与农村建设用地减少相挂钩试点工作的意见》中明确给出了"增减挂钩"的工作要求、工作原则、主要任务、主要内容、项目管理和配套政策等。该文件给出的"增减挂钩"是指"依据土地利用总体规划,将若干拟复垦为耕地的农村建设用地地块（即拆旧地块）和拟用于城镇建设的地块（即建新地块）共同组成建新拆旧项目区（以下简称项目区）,通过建新拆旧和土地复垦,最终实现项目区内建设用地总量不增加,耕地面积不减少、质量不降低,用地布局更合理的土地整理工作"[①]。2008年,国土资源部又出台了《城乡建设用地增减挂钩试点管理办法》,对各地"增减挂钩"试点进行了明确的规定和指导。首先,要实行"增减挂钩"试点工作必须经国土资源部批准,未批准地区不得采取类似"增减挂钩"的做法。其次,"增减挂钩"的项目区要在试点市、县行政区内设置,并且对项目区内部的地块面积和耕地进行了规定,"项目区内建新地块总面积必须小于拆旧地块总面积,拆旧地块整理复垦耕地的数量、质量,应比建新占用耕地的数量有增加、质量有提高"。对于试点地区国土资源部会下达"增减挂钩"周转指标,"周转指标分别以行政区域和项目区为考核单位,两者建新地块的面积规模都不得突破下达的挂钩周转指标规模"[②]。简要概括,要成为试点地区,"增减挂钩"必须在项目区内部,不能跨区域设立项目区,建新地块总面积必须小于拆旧地块总面积,而且新增的耕地数量和质量必须高于占用耕地的数量和质量,建新地块的面积规模不能突破周转指标规模。2006年全国范围内开始的宅基地整理,如天津的"宅基地换房"、浙江的"两分两换",上海的"宅基地整理"和重庆的"地票"都是"增减挂钩"的具体形式。目前,"占补平衡"和"增减挂钩"已经成为地方政府增加城市建设用地的主要方式。2018年,国务院颁布了《跨省域补充耕地国家统筹管理办法》和《城乡建设用地增减挂钩节余指标跨省域调剂管理办法》,明确"占补平衡"和"增减挂钩"增加的补充耕地指标和"增减挂钩"节余指标可以跨省流动,提高了土地资源的配置效率。

---

① 《关于规范城镇建设用地增加与农村建设用地减少相挂钩试点工作的意见》,中华人民共和国自然资源部官网,2005年10月11日,http://f.mnr.gov.cn/201702/t20170206_1436124.html,2023年5月9日。
② 《城乡建设用地增减挂钩试点管理办法》,中华人民共和国自然资源部官网,2008年6月27日,http://f.mnr.gov.cn/201702/t20170206_1436480.html,2023年5月9日。

2006年开始的以"增减挂钩"为主的农村建设用地整理，为地方政府增加城市建设用地提供了重要来源，各级地方政府普遍展开了村庄合并、宅基地置换、农村新型社区建设和直接征收宅基地，但是也引发了一系列问题。当时引发的主要问题有，违规违法征地拆迁，擅自扩大试点范围、突破用地指标、循环使用周转指标、违背农民意愿，农民没有知情权和参与权，补偿标准低，挪用截留补偿款，补偿不到位，补偿形式单一等。针对这一情况，2010年国务院出台了《关于严格规范城乡建设用地增减挂钩试点切实做好农村土地整治工作的通知》，要求相关各地区和各部门严格规范"增减挂钩"试点，切实做好农村土地整治工作。同时，由于地方政府在"增减挂钩"试点和农村建设用地整理过程中，存在片面追求增加建设用地指标和过度逐利的行为，导致征地拆迁中农民和地方政府之间不断发生对抗，农民上访不断增加，尤其是不断出现群体事件和人员伤亡的恶性事件。2010年，国务院颁布了《关于进一步严格征地拆迁管理工作切实维护群众合法权益的紧急通知》，明确提出要坚决制止和纠正违法违规强制征地拆迁行为，征地前要进行公告，要征求群众意见，群众的合理要求必须要妥善解决。没有按照有关规定公布征地补偿标准的地区必须于2010年6月底之前公布实施，补偿标准偏低的必须尽快调整提高。对于采取逼迫搬迁、"株连式拆迁"、"突击拆迁"、"暴力拆迁"等方式违法强制拆迁的，要严格追究有关责任单位和责任人的责任。对引发征地拆迁恶性事件、大规模群体性上访事件的，要追究有关领导和直接责任人的责任，构成犯罪的，要依法严厉追究刑事责任。同年，国土资源部发布的《关于进一步做好征地管理工作的通知》中提出要全面实行征地统一年产值标准和区片综合地价，并要求每2至3年对征地补偿标准进行调整，逐步提高征地补偿水平。征收农民土地，要保证农民的知情权、参与权、申诉权和监督权，要保证征收标准和征收程序落实到位，征收补偿款支付到位。2011年和2013年，国土资源部出台了《关于切实做好征地拆迁管理工作的紧急通知》和《关于严格管理防止违法违规征地的紧急通知》，对相关问题提出了进一步的要求。

通过上文的梳理，中国城镇要征收城郊土地面对的制度约束主要有：城郊土地为农村土地归农村集体所有，要用于城镇非农建设必须经过地方政府征收环节（虽然新修订的《土地管理法》允许集体经营性建设用地不经过征收环节可以直接入市，但集体经营性建设用地只占农村建设用地面积的13%左右，而且政策刚推出影响有限）；地方政府的征地需要符合土地利用总体规划和土地利用年度计划；地方政府征收城郊农用地必须有农用地转用计划指标，指标规模由中央政府确定并逐级下放；占用耕地必须予以补偿，实行"占多少，垦多少"；通过"增减挂钩"增加城乡建设用地必须得到自然资源部（原国土资源部）的批准成为试点地区，而且必须在项目区内不能跨项目区实行增减挂钩；占用永久基本农田需要得到国务院批准，通常地方政府征收城郊土地时要绕开永久基本农田；采取区片综合地价来确定征地补偿标准，地方政府可以根据实际情况提高征地补偿标准。

二 农用地地租属性

2022年年底，我国共有耕地12760.1万公顷，园地2012.8万公顷，林地28352.7万公顷，草地26427.2万公顷，湿地2357.3万公顷。[①] 在这五类土地中数量最多的为林地，占比为39.43%，其次为草地，占比为36.75%，耕地的占比仅为17.74.%，园地的占比为2.80%，湿地的占比为3.28%。由于林地通常位于山区，如果用作城市建设用地，土地平整和基础投入的成本较高，牧草地基本上处于远离城市的地区，城郊土地主要是农村建设用地和耕地也有部分园地和坑塘水面占地。本书在分析城郊农用地的地租属性时以分析耕地、园地和坑塘水面占地为主。

城郊农用地的地租中有绝对地租、级差地租和垄断地租。马克思在其地租理论中指出，无论生产条件优劣的土地都要支付地租，根本原因是土地所有权的垄断。我国农村土地归集体所有，如果从所有权角度绝对地租应当归农村集体经济组织，但是我国实行了农村家庭联产承包责任制，《土地管理法》规定农民从集体经济组织承包土地，土地承包经营期限为三十年，农民事实上拥有在不改变土地用途前提下的绝大部分产权和全部的收益权。农民可以通过土地经营权流转的方式来获得农用地的地租收益。目前，几乎所有的农用地都已经承包给（分给）了本集体经济组织成

---

① 《中国自然资源统计公报2022》，中华人民共和国自然资源部官网，2023年4月，https://www.mnr.gov.cn/sj/tjgb/202304/P020230412557301980490.pdf，2023年5月9日。

员，农民已经成为农用地地租的享有主体。城郊农用地的绝对地租就是出租最劣等土地获得的租金收益，所有的城郊土地至少获得绝对地租以上的租金收益。

城郊土地的级差地租是等量资本投资于等面积的不同级别的土地上所产生的不同利润，因此就要向拥有土地承包权的农民支付不同的地租，是土地承租者向出租者支付的超额利润。这个超额利润是由高于最劣等地的土地生产的农产品个别生产价格低于按劣等地个别生产价格决定的社会生产价格的差额决定。城郊农用地级差地租的来源主要有：土地的肥力程度和使用类别；土地的资本投入；位置差别。城郊农用地天然存在差别，有些土地适合用作耕地，有些土地适合用作林地，有些土地则适合用作园地，即使是同类土地中也存在着等级差别，有些土地相同的投入能带来更高的产出，有些土地则产出相对较低。城郊农用地除了自然属性造成的差别之外，还会由于资本投入产生不同的生产率。城郊农用地的所有者或经营者可以通过对土地进行投入，如提高土地的灌溉设施投入，增加养护投入，提高土地的肥力，增加土地的设施投入等来提高土地的产出效率。这些投入已经转化为土地的生产能力，并且固化于土地之中，或单独转让贬值严重，只能通过土地未来收益或级差地租的方式回收。

城郊土地的地理位置差异也是决定垄断地租的主要因素。城郊土地生产的农产品并不只用于农民自己消费，绝大多数农产品需要运送到城镇，地理位置的差异性会直接影响到农产品的运输成本。距离消费市场较近和位置便利的农用地生产的农产品就具有运输成本的优势，这种优势不会成为土地租种者的收益，而是转变为城郊土地承包经营权拥有者的地租收益。地理位置的优势不仅体现在交通运输成本方面，距离市场较近和运输便利的农用地还可以用于种养殖某些不易保存和运输的特种农产品，这些农产品能够带来更高的经济收益，这些超过农业资本平均收益的更高收益会转变为垄断地租。城郊农用地中有极少土地因为拥有独特的自然条件能够生产出某些珍贵的产品，如生产某些珍贵的药材，某些品质独特的农产品或者生长一些特殊的农作物等，这些珍贵的产品能够在市场上获得较高的价格。这些具有独特自然条件的土地就能够获得垄断地租。正如马克思所指出的，"一个葡萄园在它所产的葡萄酒特别好时（这种葡萄酒一般说来只能进行比较小量的生产），就会提供一个垄断价格。由于这个垄断价格（它超过产品价值的余额，只决定于高贵的饮酒者的财富和嗜好），葡萄种植者将实现一个相当大的超额利润。这种在这里由垄断价格产生的超额利润，由于土地所有者对这块具有独特性质土地的所有权而转化为地租，并以这种形式落入土地所有者手中"[1]。

近十几年来，休闲农业在城郊附近大量出现，成为增加农民收入的重要渠道，其依据的土地的地租也大幅上升。休闲农业是利用农村的景观资源和农业生产环境，发展观光、休闲、娱乐和旅游的一种新型农业生产经营业态。休闲农业以农业生产经营为基础，农业生产经营必须以土地为基础，剔除生产经营必须付出的成本和投资者要获得的平均收益，由于实行新业态而增加的收益就转化为土地承包权拥有者农民的地租收益。目前，国内休闲农业经营者90%为农民自己，城郊农民是休闲农业的经营主体。城郊农民在主动流转土地或土地被征收时，会将休闲农业提供的地租计算到流转或征收价格之中。[2]

通过数学公式的方式可以清楚地界定农用地地租各部分组成。本书设定绝对地租为r_a，由于土地上种植的农产品差异形成的级差地租为r_k，由于土地等级不同和肥力不同形成的级差地租为r_g，由于土地的地理位置不同形成的垄断地租为r_l，由于拥有独特的自然条件能够生产出某些珍贵的产品而形成的垄断地租为r_m，由于从事休闲农业形成的地租为r_L，其他原因形成的地租为r_o。本书还设定城郊农用地获得的总地租为r。由于本章主要研究城郊农用地征收问题，土地征收涉及征收价格，如果按照土地原有用途进行征收，土地所有者农民所能够接受的价格就是土地未来收益资本化的现值。城郊单位面积农用地未来收益的资本化现值就可以表示为：

$$p_{\text{Re}} = \frac{r}{i} = \frac{r_a + r_k + r_g + r_l + r_m + r_L + r_o}{i} \quad (3-1)$$

其中，p_{Re}为基于地租计算的单位面积农用地流转或被征收的保留价格，即如果价格低于p_{Re}，农民就不会将土地流转出去；如果征收价格低

---

[1] 《资本论（纪念版）》第3卷，人民出版社2018年版，第876—877页。
[2] 休闲农业中使用的农业土地包括农用地和农村建设用地，提供住宿餐饮服务所使用的是农民的宅基地。本章主要研究农用地征收问题，所以对农用地之外的土地增值不做相关研究。

于 p_{Re}，地方政府将会面对来自农民强烈的抵制。i 为农业资本的平均收益率，由于农民的投资渠道较少，农业的投资回报率低，i 的数值相对较低。通过公式（3-1）可以得出，如果按照农用地地租的资本化现值进行补偿，影响补偿价格的因素主要是 i 和 r，在 i 保持不变的情况下，p_{Re} 将主要受 r 的影响。

城郊的农用地转化为城市建设用地，尤其是转化为商业或住宅用地之后，土地价值会大幅上升。城镇土地价值主要由土地所处的地理位置决定，相同条件下的地理位置越好的土地就能够获得更高的地租。除了地理位置之外影响城镇土地地租的因素还有经济发展水平、土地用途、土地供求状况、周边基础设施和政府实行的土地管理制度等。本书使用 R 来表示单位面积城郊农用地转化为城镇用地后的地租收益，并且存在 $R>r$，对于城镇土地所有者或使用者（相当于将土地自己租给自己），地租的资本化现值可以表示为：

$$P = \frac{R}{i} \qquad (3-2)$$

第二节 相关主体的利益诉求

地方政府征收城郊农用地过程中会涉及多个相关主体，主要包括：地方政府、农民、村干部、中央政府。土地征收中涉及的相关主体利益诉求并不相同，有些主体之间甚至存在着利益冲突。在分析地方政府征收城郊农用地问题之前有必要对相关主体的利益诉求进行简要分析，有关村干部利益和行为的分析将在第六章进行。

一 农民的利益

农民并不拥有农村土地的所有权，只拥有农村土地的承包经营权。农村土地归村集体所有，农民同时又是村集体成员。从产权交易角度而言，地方政府要征收农村土地，交易对手应当是产权所有人村集体，只要和村集体达成协议就可以进行土地征收。实际上，实行家庭联产承包责任制后，土地基本上都已经承包给农民，村集体真正掌握的土地数量已经微乎其微，农民已经成为土地的实际占用者。在不改变用途的情况下，农民已经获得了土地的收益权和处置权。地方政府要征收城郊农用地的交易对手不仅有村集体，还有拥有土地承包经营权的农民。

作为城郊农用地经营权承包者和农村集体经济组织成员的农民，在土地征收过程中的利益主要来自地方政府给予的征地补偿。《土地管理法》中规定地方政府给予农村集体经济组织和农民的征地补偿包括三个部分：土地补偿费、安置补助费以及地上附着物和青苗的补偿费。理论上土地补偿费是补偿土地产权转移，安置补助费是用来补偿从事农业生产经营活动的农民，地上附着物和青苗的补偿费是补偿所有者（农民）损失的，但是对于农民而言，严格区分这些补偿的意义不大。农民衡量补偿多少是按照土地征收造成的损失和政府总补偿的情况。如果农民获得的补偿款高于损失，农民在土地征收中的利益是增加的，反之则利益受损。

从损失补偿角度，农民获得的补偿不仅包括土地租金收益的资本化现值，还应当包括生活成本上升、人力资本损失和风险补贴。上文已经提到，城郊农用地会带来多种形式的地租收益，其中不同等级、用途的土地会得到不同的地租收益，从资产转让角度就会形成不同的价格 p_{Re}。这只是从地租角度确定的土地流转或被征收需要给予的补偿价格，而且是愿意转让或被征收的农民所能接受的保留价格。在地方政府成片大规模征收城郊农地时，往往涉及众多农民，农民能够接受的补偿价格不仅仅包括土地地租的资本化现值。农民的农用地被征收后，农民的生活成本会显著增加。农用地不仅给农民带来收入，也能够为农民提供部分日常消费的用品，农用地被征收后农民将要在市场上购买这些用品，直接增加农民的生活成本。有些地区征收农用地的同时也征收宅基地，农民要么进入城镇居住，要么在政府提供的集中社区居住，生活成本将会大幅上升。如果农民的宅基地没有被征收，农民的居住地没有变化，也要面临由于农用地转化为城市建设用地之后生活成本的上升。地方政府征收城郊农用地之后，将会加大对被征用土地的投入和周边基础设施投入，社会资本和外来人员的流入也会大幅增加，这种辐射效应就会增加当地农民的生活成本。城郊农用地被征收后，原有从事农业生产经营的农民将不得不转换职业，农民在农业领域积累的知识和技能不再具有市场价值。虽然，地方政府会为农民提供就业培训和就业渠道，但是农民获取新的职业技能和进行就业转换需要投入更多的时间和精力。土地被征收后,农民面对的风险会增加,其中最主要的为失业风险。虽然,中央政府要求地方政府在征收农地时,必须将失地农民纳入社会保障体系,但从已经实施的地区来看普遍存在保障水平低的情况。

通过对农民在被征收土地过程中的损失情况分析可以得出,农用地供给的最低价格,即保留价格应当包括：单位农用地地租资本化的现值 p_{Re},农户家庭生活成本上升的折现值 Lc,每户农户的人力资本损失 Hc,每户家庭的风险补贴 Rs。农户单位城郊农用地的最低转让或征收价格可以表示为：

$$p_i = p_{Rei} + \frac{Lc_i}{q_i} + \frac{Hc_i}{q_i} + \frac{Rs_i}{q_i} \qquad (3-3)$$

其中,p_i 为农户 i 的单位农用地的最低转让或征收价格,p_{Rei} 为农户 i 单位农用地地租资本化的现值,Lc_i 为农户 i 家庭生活上升的折现值,Hc_i 为农户 i 的人力资本损失,Rs_i 为农户 i 的风险补贴,q_i 为农户 i 转让或被征收的农用地数量。通过公式（3-3）可以得出,农民能够接受的单位城郊农用地的转让价格或征收价格,一方面取决于农用地本身能够带来的收益 p_{Rei},另一方面也取决于农户家庭生活成本上升幅度、农户家庭人力资本损失、农户家庭风险补贴、家庭人数、家庭从事农业生产人数和被征收农用地数量。通常家庭人口数越多、从事农业生产劳动力越多、非农收益占比越少、家庭所拥有的农用地数量越少,p_i 的数值越高,反之越低。所以,在地方政府征收城郊农用地时,有些家庭抚养比高、从事农业生产人数多、非农收入占比低的农户更倾向于争取更高的补偿。

通过公式（3-3）可以得出城郊农用地的供给函数。因为土地自然条件、生产的产品、投资差异、农民个体差别,会形成差别的 p_i,按照 p_i 从小到大的顺序排列,就形成了 p 和可供给土地数量 q 之间的对应关系,并且 q 是 p 的增函数,这就是采取保留价格确定的农民城郊农用地供给函数,表示为：

$$p = p(q) \qquad (3-4)$$

公式（3-4）的形式与西方经济学相同,但却有着本质的差别,这里是采用地租资本化和农民损失弥补的思路,是基于农民放弃农用地的等价补偿。

二 地方政府的利益

在城郊农用地征收中，地方政府获得的首要收益是经济利益。中国的城乡二元土地制度、对农村土地转用的限制和城镇建设用地一级市场的供给规定，使得农村土地转为城镇用地必须经过地方政府征收和城镇新增建设用地必须由地方政府供给，即地方政府拥有农村土地垄断征收权和城镇建设用地垄断供给权。地方政府凭借双边市场的垄断地位获得超额收益。如果将地方政府看作一个整体，地方政府的经济收益将是财政收入最大化。在征收城郊农用地并在城镇土地市场出让过程中，地方政府获得的收益主要为：土地出让净收益，土地转让过程中产生的税费收入，土地购买者对土地进行开发对政府税费的增加，土地使用者的生产经营活动为地方政府提供的税费增加。前三项收益是地方政府获得的直接收益，最后一项是地方政府获得的间接收益。

土地出让收益已经成为地方政府重要的收入来源，并且与一般公共预算收入相比，土地出让收入在使用方面有更大的自由度。2021年中国政府一般公共预算收入中土地和房地产相关税收达到20793亿元，占到一般公共预算收入的10.27%，这还不包括约7000亿元的房地产企业主营业务税金及附加。2021年的土地使用权出让收入为87051亿元，相当于一般公共预算收入的42.98%。土地和房地产相关税收与土地使用权出让收入总共为107844亿元，占到全年财政总收入的35.27%。[1] 有些地区土地使用权出让收入、土地和房地产相关税收已经超过一般公共预算收入。无论从中国整体的财政收入结构还是地方政府的财政收入情况，财政对土地的依赖越来越强。对地方政府而言，与一般公共预算收入相比，土地使用权转让收入的另外一个优势是具有更大的使用灵活度。地方政府可以依据经济社会发展目标和地方政府面临的现实问题安排支出，而一般公共预算收入则要求有明确的支出安排，因此有"吃饭靠财政，建设靠土地"的说法。通过土地和金融相结合使地方政府能够获得更多的可支配资金。地方政府可以以土地抵押的方式向银行贷款，并使用银行贷款进行基础设施建设和土

---

[1] 《2021年财政收支情况》，中华人民共和国财政部官网，2022年1月29日，http://gks.mof.gov.cn/tongjishuju/202201/t20220128_3785692.htm，2022年9月8日。

地征收，通常能够获得两倍以上的银行资金，大幅提高了地方政府推动经济建设的速度。

土地出让收入和通过土地招商引资已经成为地方政府主要官员提高政绩的重要支持。通过征收农村土地并转化为城市建设用地不仅能够增加财政收入，还能够在短期内提高本地的经济增长速度和就业率，还能够为民生保障、城市建设和其他工程提供资金支持，进而为地方政府主要官员带来更多的政绩。首先，能够推动房地产业的发展，提高经济发展速度。房地产具有产业链较长和引致需求多的特点，在国民经济中占有较高的比重，房地产业的发展必定会显著提高当地的经济增长速度。其次，在全国招商引资竞争中，土地资源成为吸引投资的一个重要方面。提供廉价土地已经成为地方政府争夺投资的重要手段。地方政府招商引资竞争的主要是制造业投资，这类企业对选址具有一定的灵活性，可以在多个地区综合权衡和选择。制造业企业确定投资地点会综合考虑多种因素，其中土地成本和基础设施是一个重要方面。地方政府为了吸引投资就会低价甚至低于成本来提供土地。从经济利益角度可能有些项目未来提供的财政收入无法弥补损失，但是对于地方政府主要官员而言，能够短期内提高本地经济增长速度，能够增加官员的政绩。再次，通过运作土地能够提高本地就业率和全社会消费需求。农村土地转化为城市建设用地之后无论是用于商业和住宅开发还是用于招商引资，都会增加本地的投资，进而增加本地的就业。另外，城郊土地被征收后，会减少自给自足经济和转变就业结构。被征地农民会获得一定数额的补偿款，有些农民会迁往城镇居住，生活消费支出会增加，即使没有转移到城镇居住的农民由于土地被征收，原有的自给自足模式已经被打破，也会增加消费支出。土地被征收后，从事农业生产经营活动的农民就不得不转向二三产业就业，这些农民的福利水平可能下降，但是地区的产出水平会增加。最后，土地出让收入为地方政府改善民生、城市建设和形象工程建设提供资金支持。中国多数的地方政府如果仅依赖于一般公共预算内收入只能够维持政府一般性职能的运转，很难有剩余资金用于改善民生和城市建设。近些年，中央政府一再强调要加强民生领域的投入，中央财政投入民生领域的力度也不断加大，但中央投入通常要求地方政府也提供配套资金。在一般公共预算内收入较为紧张的情况下，土地出让收入就成为资金的重要来源。城市建设也需要大笔资金投入，在中央政府对地方政府发债规模严格控制的情况下，土地出让和土地抵押贷款就成为地方政府获得资金的主要方式。

通过征收并出让土地，也能够直接提高政府相关人员的经济利益。从土地征收环节开始，相关人员就能拥有一定的权力和灰色收益。土地征收过程中有些补偿具有一定的弹性，主管征收的官员和工作人员就具有一定的自由裁量权，就有可能获得一定收益。土地征收后要完成供地，需要对土地进行整理并做到"三通一平""五通一平"或"七通一平"，涉及相关工程招标和发包，这些都可能转化为相关官员的权力和收益。土地出让环节和土地使用环节还涉及众多的审批和许可，这都为权力进入市场提供了通道。虽然，近年来中央高压反腐的态势和强度没有降低，但与土地相关的工程建设等仍然是贪污腐败和违法犯罪的高发领域。即使没有贪污腐败等违法收入，土地出让收入增加也能够提高本地官员和相关人员掌控的财政资源、在职消费和福利待遇等。

地方政府征收城郊农用地要付出一定的成本，但只占土地转让收益中较低的比例。地方政府的征地成本主要是给予农民的征地补偿、土地整理和提供必要基础设施的成本。这部分成本与土地出让收益相比是很低的。农民获得的土地补偿占到土地出让收益的10%左右，只有极少的土地征收项目农民获得的补偿能够达到30%左右。目前，中央政府规定只有将被征地农民纳入社会保障之中才能批准地方政府的征地申请，但是各地普遍存在保障水平低的情况。虽然，中央规定地方政府须将被征地农民的社会保障资金一次性存入指定账户，但与获得的土地出让收入相比只占很少的比例。

地方政府征收城郊农用地受到的主要制约来自中央政府的相关规定。地方政府要征收城郊农用地首先要有农用地转用计划指标，要符合土地利用总体规划和土地利用年度计划，还要通过"占补平衡"的方式进行补偿，如果在征地范围内有基本农田必须经过国务院批准，基本农田以外的耕地超过35公顷的，其他土地超过70公顷的，也需要国务院批准。"增减挂钩"成为近年来地方政府增加城市建设用地的重要方式，但"增减挂钩"需要得到自然资源部（原为国土资源部）的批准，并且受到"增减挂钩"周转指标额度的限制。原国土资源部发布的《关于进一步规范城乡建设用地增减挂钩试点工作的通知》中明确规定："不得随意扩大试点范围，不得擅自突破规划，不得突破周转指标规模，未经批准擅自开展挂钩试点，增加建设用地的，要追究责任，并相应扣减土地利用年度计划指标。"[1] 2008 年，原国土资源部颁布的《城乡建设用地增减挂钩试点管理办法》中进一步规定："国土资源部定期对试点工作进行检查，对未能按计划及时归还指标的省（区、市），要限期整改，情节严重的，暂停挂钩试点工作；对于擅自扩大试点范围，突破下达周转指标规模，停止该省（区、市）的挂钩试点工作，并相应扣减土地利用年度计划指标。"[2]

地方政府征收城郊农用地并将其转化为城市建设用地，一部分用于城市公共服务和基础设施，这些土地主要采取划拨的方式，很难直接为地方政府带来经济效益，另一部分则通过"招拍挂"的方式转化为工商业和居民住宅用地，地方政府能够从中获得经济效益。本部分主要分析能够为地方政府直接带来较高土地出让收入的商业用地和居民住宅用地的出让。工业用地出让市场存在地方政府之间招商引资的竞争和未来财税收入的弥补，土地出让收入较低，公益性土地使用基本不带来收益，是城市土地使用规划和基本功能实现必须具备的，本部分暂不对其进行研究。地方政府位于土地供给和土地需求的中间，既是城郊农用地征收者，也是城市土地供给者，因此地方政府的收益函数可以表示为：

$$Re = P(q)\alpha q + Tq - p(q)q - Cq \qquad (3-5)$$

其中，Re 为地方政府征收城郊农用地并在城市土地市场转让后的总收益，$P(q)$ 为地方政府面对的城市商业用地和居民住宅用地的需求函数，需求价格 P 为土地供给数量 q 的减函数，α 为城郊农用地中可用于商业用地和居民住宅用地比例，且 $0 \leq \alpha \leq 1$，$p(q)q$ 为依据农民供给函数给予的征地补偿，Tq 为征收 q 数量的城郊农用地能够为地方政府带来的未来税费增加的现值，不包括土地出让之前获得的税费收入，Cq 为征收 q 数量的城郊农用地付出的土地整理成本，包括用于商业用地和居民住宅用地配套的基础设施和公共设施的成本。

---

[1] 《关于进一步规范城乡建设用地增减挂钩试点工作的通知》，中华人民共和国自然资源部官网，2007 年 7 月 13 日，http://f.mnr.gov.cn/201702/t20170206_1436312.html，2019 年 9 月 11 日。

[2] 《城乡建设用地增减挂钩试点管理办法》，中华人民共和国自然资源部官网，2008 年 6 月 27 日，http://f.mnr.gov.cn/201702/t20170206_1436480.html，2019 年 9 月 11 日。

三 中央政府的利益

在保证经济稳定增长方面，中央政府和地方政府之间具有一致性。中国正处于工业化和城市化高速发展阶段，原有的城市规模不能满足经济社会发展对土地的需求，就需要农村为城市提供新增土地。如果严格限制城市规模或者征收农村土地的数量，就会造成城市用地紧张，城市土地价格高涨，增加工业化和城镇化的成本，减缓经济增长速度。中央政府非常清楚经济增长的重要性，一定要保障中国经济能够维持在相对较高的增长水平，防止经济增长出现大起大落，尤其是在经济增长进入新常态之后，增长率会比以往略有降低，调结构和稳增长要同步进行，其中最为重要的是稳增长，如果没有稳定的经济增长，其他经济目标将很难达成。保持较高的和稳定的经济增长水平，对中央政府而言有众多有利方面：可以为中央提供更多的财政收入，能够增加民生方面的投入，能够有资金开展一些具有战略意义的投入，也可以通过经济增长来缓解和解决一些经济社会发展过程中存在的问题。对于地方政府而言，经济增长也会增加本地财政收入，尤其是在城市土地供给被当地政府垄断的情况下，经济增长会带来土地租金的大幅增加，地方政府就可以获得高额的土地出让收益。从全国的数据来看，2021年房地产相关税收与土地使用权出让收入总共为107844亿元（其中土地使用权出让收入为87051亿元），占到全年财政收入的35.27%。[①] 土地出让金收入和其他房地产相关收入已经成为中国财政收入的重要来源。如果经济增长速度出现较大的下滑，中央政府和地方政府面临的不仅是一般性财政收入减少和财政支出增加，而且会严重地影响到土地出让收入，土地出让收入会比一般性财政收入下降的幅度更大，因此保证经济稳定增长一直是中央政府和地方政府的第一要务。

与地方政府相比，中央政府还会关注粮食安全，防止经济出现大起大落，保障社会稳定。地方政府为了发展本地经济，希望能够获得尽可能多的新增土地资源，也就是征收尽量多的农村土地。如果没有中央政府的强令要求，地方政府不会关注粮食安全问题。为了保证粮食安全而保有较多

---

① 《2021年财政收支情况》，中华人民共和国财政部官网，2022年1月29日，http://gks.mof.gov.cn/tongjishuju/202201/t20220128_3785692.htm，2022年9月8日。

的农用地会影响本地区的经济增长水平,产出的粮食则可以在全国范围内运输销售,也就是说,本地区负担了保证粮食安全的成本,但收益却被其他地区分享,所以地方政府不具备保证粮食安全的积极性。中央政府则要从全局出发,既要保证经济稳定增长,又要防止因为经济利益过度占用耕地影响到粮食安全。中央政府采取的行为方式就是在保证粮食安全的前提下,为地方政府提供经济建设和社会发展所需要的土地。地方政府只能在中央政府给定的范围内征收和利用农村土地,一旦越线必将遭到中央政府的惩罚。中央政府控制地方征用农村土地的类型和节奏的措施有:设置严格的永久基本农田保护制度和农用地保护制度,防止地方政府为了发展本地经济而威胁到粮食安全;通过指标等方式对全国的征地规模和农用地转用规模实行总量控制,防止出现大规模土地征收和土地供给的情况;在不减少农用地的情况下,通过"占补平衡"和"增减挂钩"为地方政府提供新增土地来源;通过控制土地征收审批进度和土地违法违规的查处力度来调控地方政府征收和供给土地的节奏;将土地作为宏观调控的手段之一,降低宏观经济波动。

综上所述,在地方政府征收城郊土地以及其他农村土地方面,中央政府要保证粮食安全,要保证粮食安全就要保证农用地数量不减少、质量不下降,但是同时还要为地方政府经济社会发展提供土地资源。如果实行完全严格的农用地转用限制,地方政府获得新增土地的成本将会大幅上升,地方经济增长就会受到影响,进而影响到全国经济增速。因此中央政府的收益函数可以确定为:

$$RE = f(Q) - V(Q) + Ne(Q) \tag{3-6}$$

其中,RE 为全国地方政府征收农村土地并转化为城市建设用地后,中央政府获得的净收益。因为中央政府分享地方政府土地使用权出让收益的比例很低,所以假定中央政府并不能从地方政府的转让中直接受益。Q 为全国农村土地征收数量。$f(Q)$ 为地方征收农村土地并转化为城市建设用地后中央政府获得的正收益,为征收数量 Q 的增函数,且随着征收数量增加边际收益递减,$f'(Q)$ 为 Q 的减函数。中央政府的收益主要来自土地征收数量增加而促进的地方经济增速提高,中央可以从中获得更多的税收收入,能够减少对地方的转移支付,能够将更多的支出交由地方政府来承担。$V(Q)$ 为征收农村土地给中央政府带来的损失,主要来自两个方面:农用地减少对粮食安全造成的威胁和失地农民增多可能造成的社会不稳定。随着农村土地征收数量上升，两方面的风险都会增加，因此 $V(Q)$ 为 Q 的增函数，$V'(Q)$ 为 Q 的增函数。$Ne(Q)$ 为土地征收（供给）增加使得土地使用者福利增加和全社会成本降低。因为农村土地征收和城市土地供给被地方政府垄断，中央政府也能够直接和间接地从地方政府的垄断中获得收益，因此土地征收数量 Q 不会达到全社会最优水平 Q^*。理论上，$Ne(Q)$ 的表达式应当为 $Ne(Q^*-Q)$，Q^* 为全社会最优的土地征收数量，Q^*-Q 值越大说明土地资源配置效率越低和全社会福利损失越大。在中央控制土地征收数量和地方政府垄断农村土地征收权和城市土地一级市场供给权的情况，一定会存在 $Q < Q^*$。如果中央政府在选择最优土地征收数量时不考虑 $Ne(Q)$，那么确定的最优土地征收数量 Q^e 会相对较小，必然存在 $Q^e < Q^*$，即中央政府中意的土地征收数量将会小于全社会最优的土地征收数量。

第三节 农民完全配合征收与补偿标准的棘轮效应

城郊农用地由于地理位置靠近城市，土地较为平整，地上覆盖物少，单位面积涉及的谈判对象人数少，成为城市扩充建设用地和土地征收的首选。城郊农用地受到城市化发展的直接辐射，土地增值较为显著。但是，由于城郊农用地被限制了用途，土地所有者并不能享受到土地增值收益。在没有征收的情况下，城郊农用地获得的依然是农业用途带来的价值，农用地的市场价值根本无法与工商业用地的市场价值相比，城郊农民都希望农用地能够被政府征收，这样至少能够获得农业用途中最高收益的补偿，而且还有机会参与到土地用途转换增值收益部分的分配之中。城郊农民的心理并不是像一些学者认为的反对土地征收，而是盼望着自己承包的土地能够纳入政府征收范围之内，之所以会出现农民不愿意或抵制地方政府土地征收的情况，这并不是真实意愿表达，而是想通过这样的策略获得更多的征地补偿。本节首先给出研究的假设前提，该假设前提不仅适用于本节，也适用于下一节的研究；其次，分析在农民完全配合地方政府土地征收情况下，农民和地方政府的收益，土地征收数量，以及对城市土地市场价格和土地资源配置效率的影响;最后,分析土地征收价格存在的棘轮效应及其影响。

一 主要假设

为了便于研究城郊农用地征收过程中地方政府和农民之间的博弈问题,需要根据中国的现实情况对行为主体面临的约束条件和行为作出一些假设。这些假设并不是为了预先得出某些结论,也不是仅仅为了简化分析,而是通过设定某些符合现实情况的假设,更好地反映现实中存在的问题,也能够通过层层深入的分析更好地揭示经济现象背后的深层原因。在此部分,本书对地方政府和农民做如下假设。

(一)地方政府

1. 本书所指的地方政府是做出城郊农用地征收决策,执行征收过程,并能够将所征收的农用地转化为城市建设用地并出让的主体,其中最为重要的是此级地方政府能够获得土地征收收益和土地用途转换带来的未来增加的相关税费收益。如果该级地方政府没有获得土地征收的绝大部分收益,而是被上一级(或下一级)政府获得,那么上一级(或下一级)政府就是本书所研究的地方政府。

2. 地方政府是理性经济人,以本级政府的财政收入最大化为目标。地方政府主要官员的利益与本级政府的财政收入直接相关,为了简化分析不再单独设定主要官员的目标函数。实现本地区经济快速增长,尤其是在"竞争锦标赛"中获胜也是地方政府的一个重要目标。经济增长目标与财政收入目标具有很强的相关性,但在有些情况下也有所差别,有差别的地方本书会具体说明。

3. 地方政府征收城郊农用地过程中不存在违法违规的情况。此假设可能与土地征收的实际情况有所差别。在当前中国,各地政府为了能够尽快实施和完成土地征收,都或多或少地存在违法违规征收土地的情况。此假设的目的是分析现有土地征收制度存在的问题。

4. 地方政府征收城郊农用地会受到来自法律法规和规章制度的多种制约,只有符合这些要求才能展开土地征收工作。地方政府征收城郊农用地需要符合土地利用总体规划和土地利用年度计划,必须有农用地转用计划指标或"占补平衡"指标或"增减挂钩"获得的指标,占用永久基本农田需要得到国务院批准。

5. 地方政府征收的城郊农用地全部用于城市土地一级市场出让,不存在折损,不做公益性和非公益性用地区分,都认定为非公益性用地。

6. 地方政府可以选择征收或者终止征收,农民可以抵制地方政府的土地征收行为,但是农民不能单方面终止征收。

(二)农民

1. 本书中的农民是与地方政府进行土地征收谈判的对手,不存在村集体一级自治组织,不存在村集体留存或截留征地补偿款,征地补偿款全额发放给被征地农民。

2. $p(q)$ 为没有地方政府土地征收情况下农民内部流转土地的市场供给函数,$p(q)$ 为 q 的增函数。

3. 农民可以通过各种方式来抵制土地征收,农民的目的并不是要终止交易,而是通过抵制来获得更多的征地补偿。

4. 农民是理性经济人,采取的任何行为和策略的目的都是利益最大化,不存在为了"出气"或"要个说法"而采取的非理性行为。[①] 农民即使采取违法违规的方式抵制地方政府的土地征收,也是在利益最大化计算后做出的理性选择。

二 农民完全配合地方政府土地征收

观点 3.1:在农民完全配合地方政府土地征收的情况下,地方政府将获得全部土地转用增值收益。与农民内部流转价格相比,农民的收益也会增加,这主要是因为土地征收数量远超农民内部流转数量,而不是农民参与到土地转用增值收益分配之中。在地方政府垄断城郊农用地征收权的情况下,进入城市土地市场的土地数量远小于农用地可直接入市的土地数

[①] 在土地征收过程中,农民与地方政府之间的抗争有些并不是出于理性考虑的结果,有些确实是为了"出气""要个说法"或为了"面子",本书将此种情况排除在讨论的范围外,是考虑到本书主要从经济学角度进行研究,非理性行为虽然也已经进入经济学研究范畴,但更多的是社会学和人类学研究的领域,另外,非理性抗争行为在征地拆迁中也存在,有时还能成为媒体和社会关注的重点事件,但在征地拆迁中所占有的比例依然相对较小,农民还是更多地采取理性抗争。非理性抗争的相关研究可参考应星《"气"与中国乡村集体行动的再生产》,《开放时代》2007 年第 6 期;应星《"气场"与群体性事件的发生机制——两个个案的比较》,《社会学研究》2009 年第 6 期。

量，城市土地使用者就要接受更高的土地价格，客观上减缓了中国的城市化进程。地方政府征收的城郊农用地数量不仅受到地方政府收益最大化的影响，还受到中央政府耕地保护政策的影响，这进一步减少了城市可供土地数量，也降低了农民获得的征地补偿。

地方政府要将城郊农用地转化为城市建设用地，并不是只要征收并改变土地性质就可以了，还需要满足一些约束条件。首先，地方政府征收的城郊农用地要符合土地利用总体规划和土地利用年度计划。如果地方政府要征收的城郊农用地不在城市土地利用总体规划范围之内，就需要修改总体规划，这就需要拥有审批权限的政府部门批准，批准权通常在国务院和省级相关部门手中。其次，地方政府征收城郊农用地必须要符合相应的指标要求。中央政府为了保护农用地，防止因为城市扩张和工商业发展大量占用农用地，威胁粮食安全，实行了严格的耕地保护制度。地方政府征收城郊农用地，就要有占用耕地的指标，指标的来源有三个主要渠道，即中央政府或上级政府分配、自己生产和从外部购买。中央政府会向省、直辖市、自治区下放农用地转用指标，省、直辖市、自治区再将获得的指标逐级下放。地方政府从中央政府和上一级政府获得的农用地转用指标数量非常有限，根本无法满足需求。地方政府主要通过"占补平衡"的方式来生产指标。地方政府要征收城郊农用地，就会减少本地区的耕地面积，按照中央的要求就需要补充相同数量和相同质量的耕地，能够新增的耕地就成为指标，这些指标就具有价值。如重庆的"地票"，"地票"并不对应真实的实物资产，而是能够占用农用地的指标或资格，类似于美国土地市场的发展权。通过开发耕地的方式获得的农用地转用指标，会受到可开发耕地资源的限制。地方政府获得指标的另一种方式就是向其他地区购买耕地"占补平衡"指标。县市级政府可以向本省范围内其他地区购买指标，而省域之间的指标流动是在2018年之后。2018年，自然资源部出台了《城乡建设用地增减挂钩节余指标跨省域调剂实施办法》①，允许余的耕地占用指标跨省流动，但

---

① 《城乡建设用地增减挂钩节余指标跨省域调剂实施办法》，中华人民共和国自然资源部官网，2018年7月30日，http://gi.mnr.gov.cn/201808/t20180808_2161764.html，2023年5月9日。

指标流出仅限于深度贫困地区所在省份，指标流入仅限于部分经济发达的省份，并且不是指标供求双方直接交易，而是要以自然资源部为中间环节。最后，地方政府要征收城郊农用地有时还要获得中央政府的批准。地方政府要征收的城郊农用地很可能包含永久基本农田，因为《土地管理法》规定"各省、自治区、直辖市划定的永久基本农田一般应当占本行政区域内耕地的百分之八十以上"[1]，地方政府很难将永久基本农田都调整到远郊地区。永久基本农田转用建设用地，批准权在中央政府，《土地管理法》规定"永久基本农田转为建设用地的，由国务院批准"[2]。因此，多数情况下，地方政府征收的城郊农用地规模将会受到最大可征收量的限制，最大征收量并不是城郊可供农用地数量有限导致的，而是由以永久基本农田为核心的农用地保护制度所决定的。

地方政府拥有城郊农用地的垄断征收权和城市建设用地一级市场的垄断供给权，地方政府可以运用其垄断地位获得最大化收益。地方政府并不能完全行使其垄断权力，因为地方政府的土地征收要受到中央政府制定的相关法律法规的限制，这就会直接影响到地方政府征收城郊农用地的规模。地方政府的收益最大化函数可以表示为：

$$\max_{q} P(q)q + TP(q)q - p(q)q - Cq - Ind(q)q \\ s.t. \quad q_{\min} \leqslant q \leqslant q_{\max} \tag{3-7}$$

其中，$P(q)$ 为地方政府面对的城市土地市场需求函数，$TP(q)q$ 为地方政府在土地出让之后获得的未来税费增加的现值，这里的 $TP(q)q$ 并不包括土地出让过程中增加的税费，而是土地出让之后增加的税费，其中包括直接的税收和间接的税收增加，直接的税收主要是指房地产企业增加的相关税收，间接的税收主要是指由此增加的生产和消费引发的税收。$p(q)$ 为农民在没有政府征收情况下的土地供给函数。由于农村土地归村集体所有，村集体成员只有土地的承包权并不拥有所有权，$p(q)$ 可以表示为承包权永久性转移的供给函数。Cq 为地方政府征收城郊农用地

---

[1] 全国人民代表大会常务委员会法制工作委员会编：《中华人民共和国法律汇编（2019）》，人民出版社2020年版，第282页。

[2] 全国人民代表大会常务委员会法制工作委员会编：《中华人民共和国法律汇编（2019）》，人民出版社2020年版，第284页。

过程中付出的成本，其中包括土地平整成本、基本公共设施建设和联通的成本、规划设计成本、招拍挂成本和提供其他一些基础设施的成本，C 为某固定常数。$Ind(q)q$ 为能够使得城郊农用地转化为城市建设用地所要付出的指标成本。$q_{\min}$ 为达到经济规模的最小征收量，如果地方政府征收的城郊农用地小于此规模，将会使得相应的建设规划无法落地，地方政府将会放弃征收。$q_{\max}$ 为地方政府一定时期内能够征收的城郊农用地的最大数量。在一定时期内，地方政府能够征收的城郊农用地在 $q_{\min}$ 和 $q_{\max}$ 之间。

在不考虑约束条件的情况下，对公式（3-7）求一阶导数，得出满足无约束条件下公式（3-7）最大化的条件为：

$$(1+T)P'(q^e)q^e + (1+T)P(q^e) = p'(q^e)q^e + p(q^e) + C + Ind'(q^e)q^e + Ind(q^e) \quad (3-8)$$

其中，q^e 为无约束条件下满足地方政府收益最大化的城郊农用地征收量。$(1+T)P'(q^e)q^e + (1+T)P(q^e)$ 为地方政府征收城郊农用地的边际收益，$p'(q^e)q^e + p(q^e) + C + Ind'(q^e)q^e + Ind(q^e)$ 为地方政府征收城郊农用地的边际成本。由于 $P'(q)<0$，因此有 $(1+T)P'(q)q+(1+T)P(q)<(1+T)P(q)$，地方政府的边际收益函数小于市场需求函数。由于 $p'(q)>0$，因此有 $p'(q)q+p(q)+C+Ind'(q)q+Ind(q)>p(q)+C+Ind'(q)q+Ind(q)$，地方政府的边际成本函数大于市场供给函数。设定在没有政府双边垄断的情况下，市场交易决定的土地交易数量为 q^E，则存在 $q^e<q^E$，即政府征收的数量要小于市场自由交易的数量，经济含义为由于存在政府的土地市场双边垄断权，将会降低城郊农用地转化为城市建设用地的数量，降低了土地资源配置效率，也阻碍了城市化进程。对公式（3-8）进行变换可以得到地方政府征收城郊农用地数量的表达式：

$$q^e = \frac{(1+T)P(q^e) - p(q^e) - C - Ind'(q^e)q^e - Ind(q^e)}{p'(q^e) - (1+T)P'(q^e)} \quad (3-9)$$

在公式（3-9）中，地方政府征收的城郊农用地数量 q^e 主要取决于土地供求弹性，土地供求弹性越大，征收的土地数量越多，反之则越少。另一个影响地方政府征收城郊农用地数量的因素是指标成本，指标成本的影响为 $Ind'(q^e)q^e + Ind(q^e)$，这是地方政府土地征收中增加的边际成本，这个成本呈现递增的趋势,尤其是在一些可补充耕地资源有限的地区,通过购买的方式也无法满足指标需求,这部分成本增加会大幅度减少地方政府征收城郊农用地的数量。

通过图形能够更清晰地得出,由于地方政府双边垄断地位造成的土地供给数量减少和福利损失。如图 3-1 所示,地方政府面对的城市土地一级市场的收益曲线为 $(1+T)P(q)$,对应的边际收益曲线为 $(1+T)[P(q)+P'(q)q]$,地方政府面对的市场成本曲线为 $p(q)q+C+Ind(q)q$,对应的边际成本曲线为 $p'(q)q+p(q)+C+Ind'(q)q+Ind(q)$。边际成本曲线和边际收益曲线的交点为 $e0$,$e0$ 对应的城郊农用地征收数量为地方政府收益最大化的征收数量 q^e。地方政府征收城郊农用地对应的土地成本价格为 p^{e0},农民获得的补偿价格为 $p^{e0}-C-Ind(q^e)$,地方政府土地转让价格为 P^{e0},存在 $P^{e0}>p^{e0}$,因此农民获得的补偿相对较低,差价部分被地方政府获得。如果在交易过程中,不存在地方政府,土地供需双方直接交易,对应的土地成交数量为 q^E,这时农民获得的补偿为 $p^E-C-Ind(q^E)$,则存在 $p^E-C-Ind(q^E)>p^{e0}-C-Ind(q^e)$,农民能够获得更高的补偿。由于地方政府以垄断者身份介入市场,市场交易量将会小于 q^E,这就不仅降低了农民获得的土地补偿,同时也使城市土地使用者支付的价格从 p^E 上升到 P^{e0}。农民获得的补偿价格下降的程度还取决于农民土地供给函数的弹性,弹性越小,下降的幅度越大,反之则越小。城市土地使用者支付的土地价格上升的程度还取决于土地需求函数的弹性,弹性越小,上升的幅度越大,反之则越小。地方政府获得的土地收益以减少城郊农用地转化为城市建设用地的数量为代价,这就直接降低了土地资源的配置效率,增加了城市部门和个人的成本,最终减缓了中国的城市化进程。通过征收城郊农用地并在城市土地市场上转让,地方政府获得的收益为 $P^{e0}abp^{e0}$ 四边形的面积,如果地方政府没有介入土地交易,这部分收益应当由农民和城市土地使用者所获得。除此之外,地方政府的土地征收还造成社会总福利损失了
$\int_{q^e}^{q^E}[(1+T)P(q)-p(q)-C-Ind(q)]dq$。

下面分析存在约束条件 $q_{min} \leq q \leq q_{max}$ 的情况下,地方政府征收城郊农用地的数量、征收价格和城市土地一级市场价格的变化。如果地方政府收益最大化征收数量 q^e 正好处于 $[q_{min},q_{max}]$ 之间,约束条件对地方政

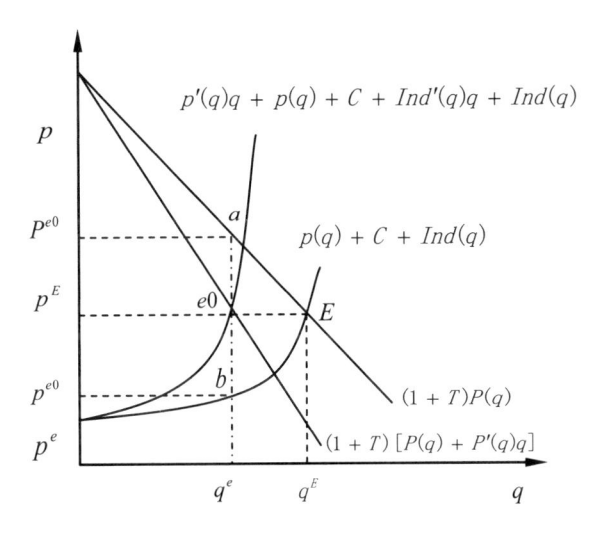

图 3-1　无约束条件下农民完全配合地方政府征收

府的土地征收并不产生影响。如图 3-2 所示，约束条件并不影响城郊农用地征收数量，也不影响支付给农民的土地补偿和城市土地使用者支付的价格。

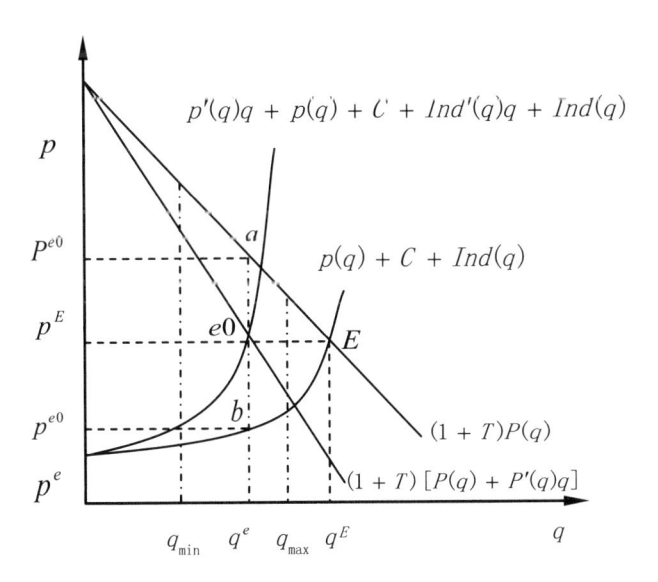

图 3-2　约束条件下农民完全配合地方政府征收（1）

如果 $q^e < q_{min}$，由于地方政府收益最大化征收数量没有达到规模效应的最低门槛，所以地方政府将会放弃土地征收，这种情况在中西部地区较为普遍。中西部地区经济发展水平相对较低，城郊农用地转化为城市建设用地的增值空间非常有限，土地出让收益往往无法弥补土地征收成本，因此地方政府征收的土地数量将较少。另外，城郊土地征收后，地方政府要进行配套的基础设施建设，只有土地面积达到一定规模，基础设施的效益才能够得到体现，分摊到单位面积土地的基础设施成本才能较低。如果征收的城郊农用地没有达到最低数量，则会出现单位面积土地分摊的基础设施成本过高，地方政府无法增加收益，地方政府将不会征收土地。

如果 $q^e > q_{max}$，约束条件将会对地方政府的农用地征收发挥作用。如图 3-3 所示，地方政府收益最大化的城郊农用地征收数量 q^e 大于可达到的最大征收数量 q_{max}，地方政府只能征收数量 q_{max} 的城郊农用地。绝大多数东部城市和中西部大城市面临的就是这种情况。这些地区的城郊农用地如果转化为城市建设用地将会出现较大幅度的土地增值，但是由于连续多年扩张城市建设用地，能够开发为耕地满足"占补平衡"要求的土地已经非常有限，征收城郊农用地数量已经受可获得的农用地转用指标数量的严重限制。因此，这些地区就主要通过将农村建设用地复耕为农用地来换取指标，来增加城郊农用地转用为城市建设用地的数量。在实际中，除了在"增减挂钩"项目区内，要征收城郊农用地首先要补充相同质量和数量的耕地，即"先补后占"。全国各地实行的"宅基地整理""宅基地换房""合村并居"和"地票"等的主要目的都是获得农用地转用指标。随着指标需求数量的增加，生产指标的成本会快速增加，在有些地区指标的价格已经超过了给予被征地农民的补偿。以重庆农村土地交易所的地票交易为例，2008 年首张地票交易的价格为每亩 8 万多元，到 2022 年地票的价格已经达到每亩 20 万元左右。①

受到农用地转用指标的限制，地方政府征收的城郊农用地数量将会进一步减少，农民获得的征地补偿也会进一步下降，城市土地使用者支付的

---

① 《2022 年第 5 批次（总第 158 批次）地票交易结果公告》，重庆农村土地交易所官网，2023 年 4 月 21 日，https：//www.ccle.cn/info.html#/infoDetail? id = 16241&left = 32，2023 年 5 月 12 日。

土地价格也会进一步提高，土地资源配置效率进一步下降，城市化速度进一步减缓。如图3-3所示，由于受到最大可征收土地数量的限制，地方政府能够征收的城郊农用地数量由q^e下降到$q_{\max}$，农民获得的征地补偿价格为$p^{e1} - C - Ind(q_{\max})$，补偿价格小于地方政府收益最大化价格$p^{e0} - C - Ind(q^e)$，城市土地使用者支付的总价格也将由$P^{e0}$上升到$P^{e1}$。全社会福利损失也会进一步增加，由$\int_{q^e}^{q^E}[(1+T)P(q) - p(q) - C - Ind(q)]dq$增加到$\int_{q_{\max}}^{q^E}[(1+T)P(q) - p(q) - C - Ind(q)]dq$，增加了$\int_{q_{\max}}^{q^e}[(1+T)P(q) - p(q) - C - Ind(q)]dq$。

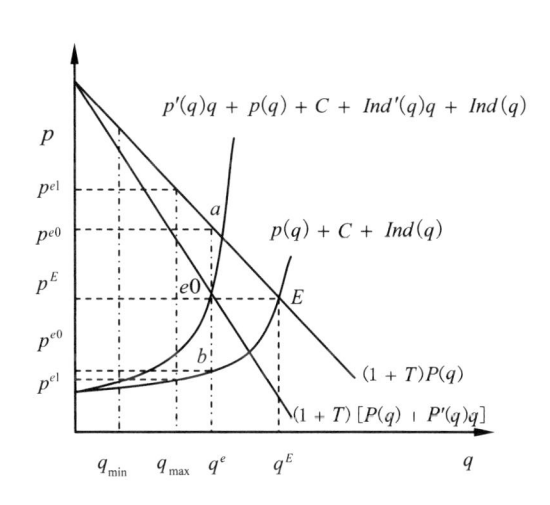

图3-3 约束条件下农民完全配合地方政府征收（2）

三 征地补偿标准的棘轮效应

观点3.2：农民能够接受的最低补偿具有棘轮效应，即补偿标准只能上升，不能下降。如果地方政府收益最大化征收的土地数量大于棘轮效应对应的土地数量，土地征收补偿标准将高于农民能够接受的最低补偿标准，棘轮效应将不会发挥作用。如果地方政府收益最大化征收的土地数量小于棘轮效应对应的土地数量，农民将只接受最低补偿，农民的收益增加，地方政府的收益减少。

地方政府给予农民的征地补偿由四部分组成：土地补偿（主要依据区

片综合地价)、地上农作物补偿、农业设施及附属物的补偿和农民安置支出(包括农民的社保支出和就业安置支出)。目前,全国各地基本上都已经公布了新的征地补偿标准,即区片综合地价,似乎土地征收补偿已经有了标准,然而实际的补偿并不完全依据区片综合地价。区片综合地价只是给出了征地补偿的指导标准,地方政府可以依据实际情况进行调整,但征地补偿原则上不能低于区片综合地价。从实际情况来看,各地制定的区片综合地价参考的主要是土地原有用途(农业用途)的价值,只有地价较高的地区适当地提高了区片综合地价标准,但依然与同等位置的城市建设用地有较大的差距。区片综合地价给出的补偿标准只是土地占用补偿,各地区还会根据耕地上作物、农业设施及附属物的价值进行补偿。农民的社保支出和就业安置支出是中央政府要求地方政府征收农用地之后必须履行的责任。由于我国民生领域存在大量的历史欠账,即使不征收土地,政府也应当履行相关责任。因此,此部分支出并不能全部计入地方政府的土地征收成本,而且此部分支出在地方政府的土地征收补偿中占比也相对较低,故本书在后续研究中将不单独考虑此部分成本支出。

从农民心理角度,征地补偿标准存在显著的棘轮效应。棘轮效应最早是物理学的概念,后被引入到经济学领域,主要是说人的消费习惯形成之后具有不可逆性,消费上升容易下降难。本书将棘轮效应引入征地补偿中是指,农民只能接受以往或周边类似地段中的最高补偿标准,如果低于农民心里能够接受的这一补偿标准,农民会坚决抵制土地征收。征地补偿标准是农民和地方政府关注的重点,地方政府不会轻易提高征地补偿标准,农民则希望尽量提高所能获得的补偿。农民会对征地补偿有一个预期标准,以往土地征收补偿标准和周边类似情况所获得的补偿,会成为农民形成预期标准的重要依据。通常城郊村会经历多次土地征收,每次补偿标准都会有所差别,农民会根据以往的补偿情况形成对新征地的补偿预期。农民不仅会根据本村集体以往的补偿形成补偿预期,还会参考周边被征收土地的补偿情况。农民形成的预期补偿标准,并不是依据以往补偿标准和周边类似土地征收的平均情况,而是依据所经历和所了解的以往土地征收中的最高标准。函数表达式可以表示为:$p^{min} = \max(p_1, p_2, p_3, \cdots, p_x, \cdots, p_{n-2}, p_{n-1}, p_n)$,$p^{min}$为农民能够接受的最低的土地征收补偿价格,$p_x$为农民所经历和所了解的相似地理位置土地征收补偿价格,即农民能够接受的土地征收补偿价格，只能上升不能下降，存在棘轮效应。在没有地方政府土地征收情况下或农民配合地方政府土地征收的情况下，城郊农用地的供给函数为 $p(q)$，求 $p(q)$ 的反函数为 $q(p)$，则 p^{min} 对应唯一的土地供给数量 $q^{min} = q(p^{min})$。地方政府的收益最大化函数可以表示为：

$$\max_{q} R_G = \begin{cases} P(q)q + TP(q)q - p(q^{min})q - Cq - Ind(q)q & \text{当 } q \leqslant q^{min} \\ P(q)q + TP(q)q - p(q)q - Cq - Ind(q)q & \text{当 } q > q^{min} \end{cases}$$

$$s.t. \quad q_{min} \leqslant q \leqslant q_{max}$$

$$(3-10)$$

其中，R_G 为地方政府征收城郊农用地的总收益，总收益的函数表达式分为两种形式，取决于 q 的具体取值。公式（3-10）的最大化求解过程为，对公式（3-7）求解确定地方政府收益最大化对应的城郊农用地征收数量 q^e，然后比较 q^e 与 q^{min} 的大小关系。当 $q^e > q^{min}$ 时，地方政府的收益函数为 $R_G = P(q^e)q^e + TP(q^e)q^e - p(q^e)q^e - Cq^e - Ind(q^e)q^e$，与公式（3-7）相比形式完全相同。地方政府支付给农民的补偿价格已经超过了棘轮效应形成的最低价格，棘轮效应没有影响到农民的土地供给行为。棘轮效应也没有对土地征收数量、农民获得的土地征收补偿、地方政府收益和城市土地市场需求者支付的价格产生影响。当 $q^e \leqslant q^{min}$ 时，地方政府征收城郊农用地的收益 $R_G = P(q^e)q^e + TP(q^e)q^e - p(q^{min})q^e - Cq^e - Ind(q^e)q^e$，农民获得的补偿为 $p(q^{min})q^e$，因为 $q^{min} \geqslant q^e$，且 $p(q)$ 为 q 的增函数，则存在 $p(q^{min})q^e \geqslant p(q^e)q^e$，即与没有棘轮效应情况下相比农民获得的补偿增加了。同时，因为地方政府要支付给农民更多的补偿，地方政府的收益下降了。存在棘轮效应情况下，地方政府土地征收数量具有不确定性，这主要取决于地方政府最优征收数量 q^e 的具体数值。对公式（3-8）进行变换得到公式（3-11）：

$$(1+T)P'(q^e)q^e + (1+T)P(q^e) - C - Ind'(q^e)q^e - Ind(q^e) = p'(q^e)q^e + p(q^e) \quad (3-11)$$

在公式（3-11）中，等式左侧可以看作地方政府的边际收益函数，等式右侧可以看作地方政府的边际成本函数。在 $q \leqslant q^{min}$ 情况下，棘轮效应的存在使得农民的土地供给函数为唯一固定常数 $p(q^{min})$，这时地方政府的边际成本也是固定的常数 $p(q^{min})$，$p(q^{min})$ 与不存在棘轮效应情况的

边际成本函数 $p'(q)q + p(q)$ 之间会存在某一数值 q^0 使得 $p'(q^0)q^0 + p(q^0) = p(q^{\min})$。当由公式 $(1+T)P'(q^e)q^e + (1+T)P(q^e) - C - Ind'(q^e)q^e - Ind(q^e) = p(q^{\min})$ 确定的 $q^e < q^0$ 时,棘轮效应的存在会减少地方政府所征收的土地数量,反之,如果 $q^e > q^0$,棘轮效应的存在反而会增加地方政府所征收的土地数量。

通过图示能够更为清晰地得出棘轮效应对土地征收和各方收益的影响。如图 3-4 所示,农民的土地供给曲线由两部分组成,在 $0 < q \leq q^{\min}$ 区间,农民的土地供给曲线为一条等于 $p^{\min}$ 的水平线,在 $q > q^{\min}$ 区间,农民的土地供给曲线为 $p(q)$。相应地,地方政府的边际成本曲线也由两部分组成,在 $0 < q \leq q^{\min}$ 区间,地方政府的边际成本曲线为等于 $p^{\min}$ 的水平线,与农民的土地供给曲线相同,在 $q > q^{\min}$ 区间,地方政府的边际成本曲线为函数 $p'(q)q + p(q)$。在图 3-4 中,由边际成本曲线 $p'(q)q + p(q)$ 和边际收益曲线 $(1+T)[P(q) + P'(q)q] - C - Ind'(q)q - Ind(q)$ 交点对应的土地征收数量为 q^e,因为 $q^e > q^{\min}$,棘轮效应没有对土地征收产生影响,土地征收数量和各方的收益都没有变化。

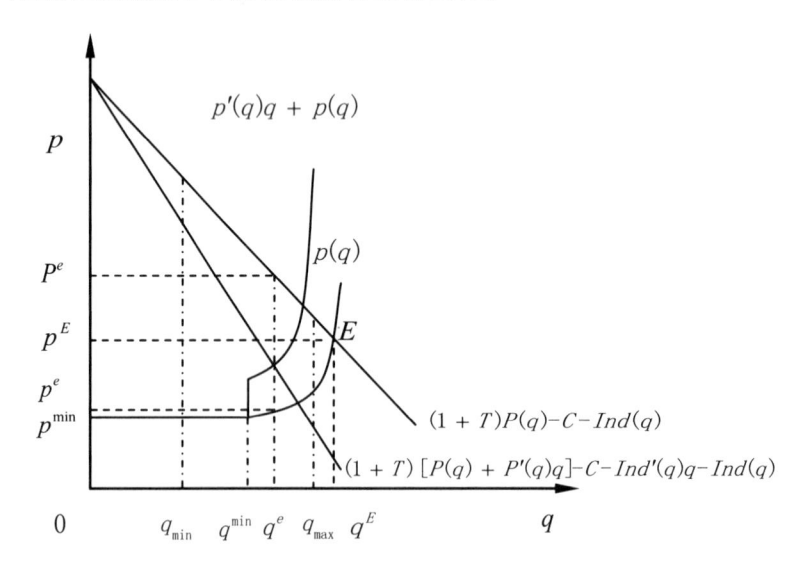

图 3-4 存在棘轮效应下的土地征收 (1)

在图 3-5 中,地方政府的土地征收受到棘轮效应的影响。地方政府的边际成本曲线 $p^{\min}$ 与边际收益曲线 $(1+T)[P(q) + P'(q)q] - C - $

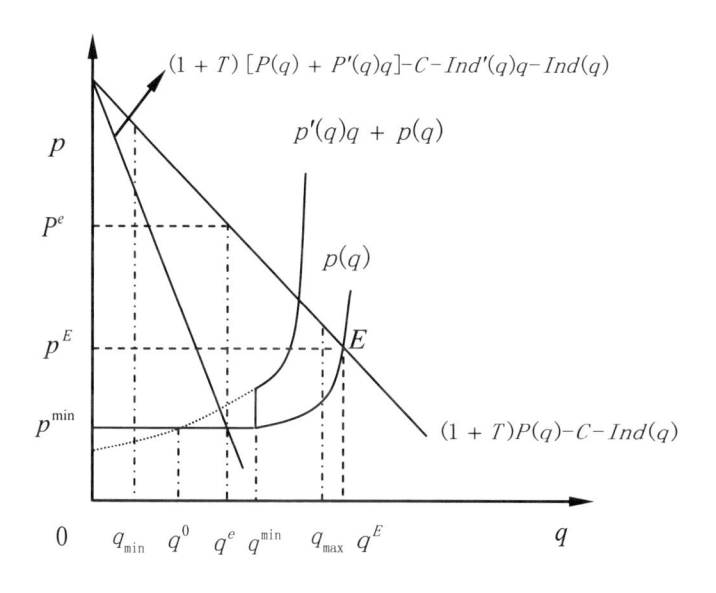

图 3-5　存在棘轮效应下的土地征收（2）

$Ind'(q)q - Ind(q)$ 的交点对应的土地征收数量为 q^e，如果 $q^e > q^0$，则由于存在棘轮效应，地方政府征收的土地数量将增加，反之，如果 $q^e < q^0$，地方政府征收的土地数量将减少，而在 $q^e = q^0$ 时，地方政府征收的土地数量不变。因为 $q^e > q^0$ 和 $q^e < q^0$ 两种情况类似，在图 3-5 中只给出了 $q^e > q^0$ 这一种情况，另一种情况不再单独给出。通过图 3-5 可以得出，由于存在棘轮效应，农民获得更高的征地补偿，地方政府由于征地补偿增加收益减少。对于城市土地需求者而言，当 $q^e > q^0$ 时，由于征地数量增加，支付的土地价格下降，反之，当 $q^e < q^0$ 时，由于征地数量减少，支付的土地价格上升，当 $q^e = q^0$ 时，支付的土地价格不变。

第四节　农民抵制征收与地方政府的策略选择

在城郊农用地征收过程中，农民通常不会完全配合地方政府的土地征收，而是采取多种策略来获得更多的补偿。本部分首先简要介绍现实情况下农民所采取的策略，之后通过对现实情况的抽象形成理论假设，并对农民的博弈和地方政府的应对进行深入分析，进而得出农民和地方政府的各种策略选择对各自收益、土地征收数量和城市土地市场价格的影响。

一 农民的策略：现实情况考察

实际情况下，农民并不会完全配合地方政府征收城郊农用地。农民抵制地方政府的农用地征收并不是因为农民反对土地征收，恰恰相反，农民非常期盼自己承包的土地能够被列入地方政府的征收范围。因为，土地一旦被地方政府所征收，农民将会获得非常可观的补偿。这里可观的征地补偿是与土地原有用途相比的，实际上农民获得的土地增值收益的比例是很低的。国内学者的实证研究支持了被征地农民获益较低的事实，如曲福田等（2001）用某市的数据得出农民获得了价格收益中的22.1%—26.7%，[1] 沈飞等（2004）使用全国35个城市数据得出农民获益水平仅为地方政府的1/17.2—1/17.4，[2] 王小映等（2006）得出的结论为，在"招拍挂"土地中农民获益比例最低仅为4%—20%，[3] 郄瑞卿等（2016）对吉林省地区的分析得出，农民获得的征地补偿费仅占市场价格的20%—25%，[4] 梁流涛等（2018）对河南省土地征收的测算结果为，农民只获得不到10%的土地增值收益，而地方政府获得90%以上。[5] 因此，农民在意识到城郊农用地一旦转化为城市建设用地会出现较大幅度的增值，就会采取多种方式来与地方政府博弈，以期获得更高的征地补偿。为了能够更深入地了解城郊土地包括农用地和建设用地征收中的现实情况，作者自2011年开始在全国多个地区进行调研，这些地区包括：山东省新泰市下属乡镇、泰安市下属部分乡镇、天津市武清区下属部分乡镇、天津市蓟县、浙江省无锡市部分乡镇、重庆市北碚区部分乡镇、北京市大兴区、江苏省常

---

[1] 曲福田、冯淑怡、俞红：《土地价格及分配关系与农地非农化经济机制研究——以经济发达地区为例》，《中国农村经济》2001年第12期。

[2] 沈飞、朱道林、毕继业：《政府制度性寻租实证研究——以中国土地征用制度为例》，《中国土地科学》2004年第4期。

[3] 王小映、贺明玉、高永：《我国农地转用中的土地收益分配实证研究——基于昆山、桐城、新都三地的抽样调查分析》，《管理世界》2006年第5期。

[4] 郄瑞卿、石强、窦世翔：《城镇化背景下农地非农化的土地增值收益分配机制研究——基于吉林省的实证分析》，《资源开发与市场》2016年第9期。

[5] 梁流涛、李俊岭、陈常优、李小光、张米莎：《农地非农化中土地增值收益及合理分配比例测算：理论方法与实证——基于土地发展权和要素贡献理论的视角》，《干旱区资源与环境》2018年第3期。

州市武进区、广东省佛山市南海区等地。下面就是通过综合调研情况，对农民采取的策略和地方政府的应对进行的总结。

1. 利用征地补偿规则，通过抢栽抢建来增加补偿物的价值。通常情况下，占地补偿的谈判空间相对较小，但土地上的作物、基础设施和其他附属物是可以变化的。地方政府确定征收某一区域的城郊农用地需要经过调研论证和决策的过程，需要一定的时间周期，这就很可能出现信息泄露的情况。有些农民由于某些原因具有信息优势，可能是身为村干部或者是与参与论证决策的地方官员有私人关系，提前获得了土地征收的信息，这些农民为了获得更多的补偿就会在承包的土地上抢栽抢建。地方政府要征收土地的信息一旦泄露就会在村内快速传播，会在短短的几天之内成为人尽皆知的"秘密"，几乎所有的村民都会效仿最早行动者的行为。在有些地区，地方政府会议刚刚讨论某一地段土地征收事项，在短短的几天内就可能会出现荒山被密密麻麻地种植了各种树木，农田上种植了各种经济作物，无法投入生产使用的大棚也拔地而起。农民的抢栽抢建行为大大增加了地方政府的土地征收成本，有些地方政府因为农民的抢栽抢建而不得不放弃土地征收。

2. 在土地丈量、清查核算作物和附属物过程中提高补偿。地方政府确定土地征收并公布征地补偿标准之后，就要对各个农户承包的土地进行丈量，并对地上作物种类数量以及地上附属物进行清查核算，在这一过程中农民会通过各种方式来增加可获得的补偿。理论上，土地丈量应当较为准确，每户农民承包的土地面积是固定的。实际上，土地丈量过程仍然有操作空间。通常土地丈量需要被征地农民、村干部、地方政府工作人员和专业丈量人员同时在场，并对丈量结果签字确认，这就起到了互相监督的作用。然而，在土地征收过程中村干部成为地方政府依靠的重要力量，村干部在土地征收中就拥有一定的话语权，与村干部关系较近的农民可能会被计算更多的面积。一些农民多计算了征地面积可能并不会增加整体的土地征收面积，可以通过减少田间道路、水渠等公共面积的方式来补偿。也就是说，一部分农民增加被计入补偿的征地面积是以公共土地面积减少为代价的，侵占了其他农民的利益。地上农作物的核算具有更大的操作空间。对于大田作物而言，不同的季节和不同的成熟程度价值会存在差别。农民会与地方政府工作人员和核算人员进行讨价还价，提高自己土地上农作物的价值。地方政府的工作人员为了节省时间尽快完成土地征收工作，通常也会满足农民的要求。对于一些经济作物，如蔬菜、果树、花卉等，尤其是小品种的经济作物，市场价值的估算空间相对较大，最终补偿的数额往往取决于农民的讨价还价能力。从事经济作物种植的农民一般在农村中处于中等收入之上，通常社会地位也处于中等之上，并且与市场联系较为紧密，因此，与普通农民相比具有更强的讨价还价能力。对于经济作物尤其是小品种经济作物的市场价值，政府工作人员和评估人员不具有完全信息，种植这些经济作物的农民就可以凭借讨价还价能力和信息优势获得更多的补偿。城郊农用地上的附属物主要是一些为增加农业产值和生产效率而投入的生产设施，如大棚、灌溉系统等，这些设施相对较好评估，但如同其他方面的补偿一样依然有可操作的空间。

3. 通过拖延的方式来增加地方政府土地征收的时间成本，迫使地方政府提高补偿。地方政府在征收城郊农用地的过程中，不仅需要征得村集体的同意，还要征得拥有土地承包权的农民的同意。在得到地方政府要征收土地的正式通知后，多数农民并不会立刻与地方政府签署协议，不会立刻同意地方政府的补偿条件，通常会先观望观望。地方政府的土地征收工作人员和村干部在做完集体动员之后，就会挨家挨户地登门做工作，多数农民通常会采取拖延的策略。在村中多数农民属于中下阶层，经济资本和社会资本都非常有限，与村干部或地方政府官员没有紧密关系，信息也相对闭塞，文化教育水平偏低，又缺乏与地方政府博弈的经验，他们通常不敢与地方政府或村干部直接对抗，拖延就是一个相对较好的策略。农民的拖延策略会使得地方政府承受较高的成本。地方政府的建设项目、招商引资都需要有土地支持，如果土地征收的时间拉长，所有的后续工作都会受到影响。地方政府要么实行强力政策，使用行政力量推进城郊农用地征收速度，要么提高征地补偿让农民尽快在协议上签字。与地方政府相比，农民采取拖延策略的时间成本相对较小，承担被地方政府惩罚的风险也相对较小，如果地方政府不动用行政力量强行推进的话，拖延策略是农民的一个较优选择。

4. 通过直接博弈的方式使地方政府增加征地补偿。按照是否遵循现有制度框架，农民的博弈方式可分为体制内博弈和体制外博弈。体制内博弈是指在现有制度框架之内，采取被制度认可的方式，最主要的特征为不触犯现有的法律法规，使用合法合规的手段表达诉求。在城郊农用地征收过程中，农民可以采取信访、调解、仲裁、诉讼等体制内的手段和途径来表达自己的诉求。因为体制内博弈方式存在时间长、费用高、不确定性大的特点，农民往往不会仅仅使用体制内博弈方式。2014年颁布的《土地管理法实施条例》中规定："对补偿标准有争议的，由县级以上地方人民政府协调；协调不成的，由批准征收土地的人民政府裁决。征地补偿、安置争议不影响征收土地方案的实施。"在城郊农用地征收过程中，农民博弈的对象往往就是县级及以上地方政府，这些地方政府既是土地征收者又是争议的最后裁决者，这就违反了仲裁者应当处于中立地位的原则。[①] 在体制内博弈的各种方式中，信访被农民普遍采用，这种方式能够使地方政府感受到来自上级政府的压力。农民通过信访或直接上访的方式向上级政府或中央政府反映当地土地征收过程中的违法违规情况，并以此为筹码与地方政府博弈。

体制外博弈是指采取合法合规之外的手段和渠道，采取违反社会规范，甚至违反法律法规的方式来表达利益诉求。在城郊农用地征收中，有些农民为了维护自身权益或者为了获得更多补偿，会采取多种体制外博弈方式。体制外博弈通常采取较为激烈的方式，比较常见的是挂国旗、打横幅、张贴标语、静坐、示威、游行、请愿，甚至是用身体和生命来阻挡地方政府的土地征收；通过在网上、手机等自媒体上发表相关言论、图片、视频等来揭露地方政府的违法违规行为，来宣传农民的疾苦，希望引起广大网民、群众和新闻媒体的关注和支持；还有一些是对政府征地人员进行侮辱、谩骂等；还有就是使用"作为武器的弱者身份"[②]，让老人、妇女、儿童等与地方政府征地人员直接对峙，以损失个人尊严、身心伤害甚至生命为代价；最为激烈的方式是直接使用武力，这种情况多发生于地方政府要强行征地时，有时对抗会造成严重的人员伤亡。对农民而言，体制外博弈具有成本高和风险大的特点，但同时也给地方政府带来了较大压力。尤其是在维稳体制下，地方政府出于怕出事的考虑，往往会选择部分或全部

---

① 新修订的《土地管理法实施条例》中删除了原有规定，并将签署征地补偿协议作为地方政府向主管部门申请土地征收的前置条件，将会减少农民对征地补偿的争议。
② 董海军：《"作为武器的弱者身份"：农民维权抗争的底层政治》，《社会》2008年第4期。

满足农民的诉求。在体制外博弈方式中，以群体形式往往更容易成功，一是因为群体在力量和能够获得的资源方面都远远大于个体，二是群体形式会对地方政府形成更大的压力，更容易使地方政府妥协。

二 农民抢栽抢建与地方政府应对

观点3.3：当抢栽抢建的收益大于成本时，理性的农民会选择抢栽抢建的策略。影响农民抢栽抢建成本收益的因素主要有支付的物质成本、人力资本、时间成本、地方政府不予补偿的风险和单位土地上抢栽抢建可获得的补偿。抢栽抢建提高了征地补偿价格，减少了地方政府征地的数量。由于一部分资源被消耗在双方的博弈之中，农民收益增加的幅度要小于地方政府收益减少的幅度。

农民采取抢栽抢建的策略，可能会从地方政府获得更多的补偿，但也需要支付一定的成本，主要为抢栽抢建支付的物质成本、人力资本、时间成本和风险成本。农民基于成本收益考虑来决定是否采取抢栽抢建的策略，如果成本大于收益，农民将不会采取抢栽抢建的策略，反之，农民将会采取抢栽抢建的策略。农民在实行抢栽抢建策略时，还要预期地方政府对农用地上的抢栽抢建是否承认和是否能够给予补偿。通常情况下，农民抢栽抢建的规模会受到土地面积的限制。假定农民在单位数量土地上能够抢栽抢建的最大规模为 cq，其中 c 为单位面积土地上抢栽抢建的成本支出。农民通过抢栽抢建可以从地方政府获得 γcq 的收益，其中 $\gamma > 1$，如果地方政府对农民的抢栽抢建全部认定，农民的收益增加为 γcq。如果地方政府严格限制抢栽抢建，并对抢栽抢建实行拆除，农民的收益将为 $-cq$。设定农民的抢栽抢建被地方政府发现拆除并不给予补偿的概率为 ρ，获得补偿的概率就为 $1-\rho$，那么农民抢栽抢建的预期收益为：

$$EU_{farmer} = (1-\rho)\gamma cq - \rho cq \qquad (3-12)$$

对公式（3-12）进行整理得到：

$$EU_{farmer} = (\gamma - \rho\gamma - \rho)cq \qquad (3-13)$$

要使农民抢栽抢建的收益为正，只需要 $\gamma - \rho\gamma - \rho > 0$，因此可以得到农民被发现了的概率和单位土地补偿收益率之间的关系为：

$$\rho < \frac{\gamma}{1+\gamma} \qquad (3-14)$$

在公式（3-14）中，可以得出农民抢栽抢建被发现的概率越高则农民的收益越低，反之则越高，单位土地补偿收益率越高，农民抢栽抢建的总收益越高，反之则越低。只有在公式（3-14）成立的情况下，农民的抢栽抢建才能获得正收益，农民才会采取抢栽抢建策略。在 $\rho > \dfrac{\gamma}{1+\gamma}$ 的情况下，农民的抢栽抢建反而减少了农民的收益，农民的理性选择是不选择抢栽抢建。本书设定的 ρ 是抢栽抢建被发现了的客观概率，实际上农民的预期往往与客观概率之间并不一致，农民的预期是有偏的。多数情况下，农民会持有更为乐观的预期，即农民预期抢栽抢建被发现了的概率可能会低于客观的 ρ，有时甚至会低很多。这就会出现有些地区大量农民抢栽抢建，而只有少数的农民获得了补偿，村民整体上损失大于收益，但抢栽抢建的情况还大量存在。还有一种情况，以往征地过程中地方政府已经大量拆除了抢栽抢建，很少有农民能够从中获益，但在新一轮土地征收到来时，还会出现一些抢栽抢建的情况，这可能要从社会心理角度给予解释。

当公式（3-14）成立时，地方政府的收益最大化可以表示为：

$$\underset{q}{Max}\, P(q)q + TP(q)q - p(q)q - Cq - Ind(q)q - (1-\rho)\gamma cq - G(q) \quad (3-15)$$

其中，$G(q)$ 为地方政府为了防止、发现和拆除农民的抢栽抢建所付出的成本，$G(q)$ 为 q 的增函数，即 $G'(q) > 0$。对公式（3-15）求一阶导数并使得最大化条件成立，可得到：

$$(1+T)P'(q^e)q^e + (1+T)P(q^e) = p'(q^e)q^e + p(q^e) + C + Ind'(q^e)q^e + Ind(q^e) + (1-\rho)\gamma c + G'(q^e) \quad (3-16)$$

在公式（3-16）中，等式左边是地方政府征收城郊农用地的边际收益，与公式（3-8）中的等式左边完全相同，公式（3-16）的等式右边与公式（3-8）的等式右边相比增加了 $(1-\rho)\gamma c + G'(q^e)$ 项，由于存在 $0 \le \rho \le 1$ 和 $G'(q) > 0$，所以 $(1-\rho)\gamma c + G'(q^e) > 0$，其经济含义为由于农民的抢栽抢建增加了地方政府土地征收的边际成本，这将会导致地方政府减少城郊农用地征收数量。通过变换公式（3-16）的形式可以得到地方政府收益最大化条件下征收城郊农用地数量的函数表达式为：

78　城郊土地征收中的利益分配问题研究

$$q^e = \frac{(1+T)P(q^e) - p(q^e) - C - Ind'(q^e)q^e - Ind(q^e) - (1-\rho)\gamma c - G'(q^e)}{p'(q^e) - (1+T)P'(q^e)}$$

(3-17)

将公式（3-17）与公式（3-9）相比，等式右边的分母相同，分子增加了 $-(1-\rho)\gamma c - G'(q^e)$，由于 $-(1-\rho)\gamma c - G'(q^e) < 0$，因此也能得出由于农民的抢栽抢建行为导致地方政府减少了城郊农用地的征收数量。由于单位征地成本上升和应对策略的成本支出造成地方政府的征地成本上升了 $(1-\rho)\gamma cq - G(q^e)$，这还不包括由于征地边际成本上升导致征收数量下降而造成的地方政府收益下降的部分。农民的收益增加了，单位土地获得的补偿价格上升了 $(1-\rho)\gamma cq - \rho cq$。其中农民用于抢栽抢建的成本支出 cq 和地方政府采取应对策略的成本支出 $G(q)$ 是社会财富的净损失，这部分财富被农民和地方政府之间的博弈消耗掉了。

通过图示的方式能够更为清晰地得出，农民的抢栽抢建行为和地方政府的应对策略对土地征收数量和各方收益的影响。在图3-6中，供给曲线Ⅰ为农民完全配合地方政府土地征收情况下的土地供给曲线，边际成本曲线Ⅰ为农民完全配合地方政府土地征收情况下地方政府的边际成本曲线，供给曲线Ⅱ为农民采取抢栽抢建行为后的土地供给曲线，边际成本曲

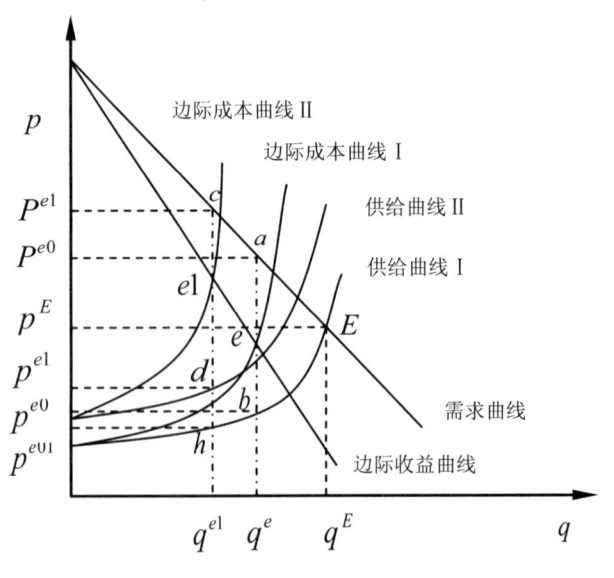

图3-6　农民抢栽抢建与地方政府应对

线Ⅱ为农民采取抢栽抢建情况下地方政府的边际成本曲线。由于农民采取了抢栽抢建行为导致供给曲线和边际成本曲线上移,供给曲线Ⅰ上移到供给曲线Ⅱ的位置,边际成本曲线Ⅰ上移到边际成本曲线Ⅱ的位置,相应地,地方政府边际成本曲线与边际收益曲线的交点由 e 转变为 $e1$,土地征收数量由 q^e 下降到 q^{e1}。由于土地供给曲线上移,农民获得的补偿价格由 p^{e0} 上升到 p^{e1},但是农民获得的单位土地补偿价格增加幅度并不是 $p^{e1} - p^{e0}$,因为为了能够获得更多的征地补偿,农民必须在每单位土地上付出抢栽抢建的成本 c,农民获得的单位土地补偿价格增加幅度为 $p^{e1} - p^{e0} - c$。从图 3-6 中也能够得出由于地方政府土地征收数量减少,城市土地需求者需要支付更高的价格。

三 农民拖延时间与地方政府应对

观点 3.4:农民可以通过采取拖延时间的方式来增加地方政府的时间成本,农民的目的是通过拖延时间来提高征地补偿。理论上,与地方政府相比,农民拥有更高的贴现率,能够忍受征地时间的延长,农民应当在博弈中处于优势地位,能够获得更多的土地增值收益份额。地方政府可以通过使用行政力量,增加农民的时间成本,降低农民的贴现率,进而削弱农民的耐心。在城郊农用地征收中,地方政府拥有的行政力量使得农民在分享土地增值收益方面处于劣势地位。

在城郊农用地征收过程中,农民经常使用拖延时间的策略来试图获得更多补偿。农民拖延时间可以采取多种方式。第一种方式是较为常用的方式,就是地方政府工作人员多次上门协商土地征收事宜,农民不拒绝土地征收但也不在征收协议上签字,即通过不拒绝也不同意的方式来延长土地征收时间。第二种方式是有些农民会提出各种各样的要求,有些要求与土地征收相关,有些与土地征收无关,目的是以此为签约条件,如果地方政府不满足其要求就不签署协议。第三种方式是通过信访、上访等方式来拖延土地征收时间。农民可以通过信访、上访等方式向上级政府或中央政府反映地方政府在土地征收过程中存在的问题,有些信访、上访反映的事情是实际情况,但有些则并非事实。有些农民就是通过这种方式来引起上级政府或中央政府的重视,一旦上级政府或中央政府对农民反映的情况予以重视,就会进行相关的调查,调查很可能会减缓或暂停地方政府的土地征收工作，客观上起到了拖延征地时间的效果。第四种方式是通过阻挠政府工作人员进入、阻挠拆迁或施工的方式来拖延时间。地方政府决定征收某个地区的城郊农用地后，就会派工作人员进驻村庄。由于公布的补偿标准不能得到村民的认可，有些村民就会组织起来，阻拦地方政府工作人员的进入。如果工作人员无法进入村庄，所有的征地工作都无法进行，征地时间就会被延长。有些地方政府在征收城郊农用地过程中，只与村集体经济组织和部分被征地农民签署了征地协议，还有一部分农民没有签署征地协议。地方政府为了加快征地的速度提前进场开始拆迁和土地平整工作，这时就可能遇到农民的阻拦。如果只是少数农民阻拦，地方政府可以采取强制性措施，如果阻拦的农民较多，且多为老、幼、病、残、孕等具有社会弱势群体标签的农民，地方政府担心可能会引发人员伤亡或群体事件，甚至经媒体报道后成为公众事件，就会自行放慢征地过程，征地时间也就会被延长。

对于农民采取的拖延时间策略，地方政府可以采取多种策略进行应对。对于上文中第一种方式，地方政府可以采取多次上门，通过村干部、亲属或熟人来做农民的思想工作。在地方政府征收城郊农用地过程中，村干部发挥着重要作用，借助村干部在村中的影响力往往会起到事半功倍的效果。村干部在村庄治理中处于核心地位，村民日常生产生活中有很多事情需要借助村干部的帮助。村干部也掌握着村庄集体资产的使用权和分配权，尤其是在中央政府和地方政府"资源下乡"之后，村干部掌握了更多资源的自由分配权。为了眼前利益和长远利益，普通村民都会忌惮村干部在村庄中的地位和作用，通常也会给村干部一些"面子"，村干部就会利用自身的优势地位，通过做思想工作的方式来迫使村民签署征地协议。村干部也会借助在地方政府征地中的作用，让地方政府工作人员做出少量让步，如多计征地面积，多计农作物和附属物的数量或提高档次。普通农民获得了更多的征地补偿，又能照顾到村干部的"面子"，通常会在征地协议上签字。有些农民与村干部之间并不存在紧密联系，或者与村干部关系不和，地方政府征地人员就会找这些农民的亲属或熟人来做工作。有些地方政府甚至将压力施加给不配合征地村民的亲属或熟人，如有些地方政府对政府或事业单位人员中有亲属不配合征地工作的，要求这些政府或事业单位人员要做通亲属的工作。

对于上文中的第二种情况，农民提出各种各样的要求，地方政府有些能满足，有些则无法满足。在地方政府征收城郊农用地过程中，农民提出的有些要求与征地有关，有些则与征地无关，有些甚至是无理要求。对于与征地有关的要求，地方政府通常会依据相关的征地规定予以解决，如果与规定要求形成较大的差距或者要求的条件过高，地方政府不会满足其要求。如果地方政府满足其要求，很可能会产生示范效应，会有更多的农民提出相同或相似的要求，这样会大幅提高征地成本。通常地方政府在征地启动初期就会公布补偿标准，并且一再强调征地补偿标准一旦公布就会严格执行，即"一把尺子量到底"。虽说是"一把尺子量到底"，但在实际征地过程中，地方政府还是能够容忍一定程度的弹性，但是如果农民提出的要求超出了地方政府可接受的程度，地方政府将不会满足。有些农民提出的要求与征地没有直接联系，如有的农民提出的条件是将其纳入低保、为家庭成员解决就业、获得宅基地指标等，有的则是纠正或补偿以往受到的不公正待遇，有的甚至是要求对某个具体的个人进行处罚，等等。地方政府会根据解决农民要求的难易程度和要求的性质进行区别对待。这样就使得某些本意是解决农民生产生活困难的政策转变为征地中满足某些农民的条件，真正需要救助和帮扶的对象却在利益平衡中被淘汰出局了。

对于上文中的第三种和第四种情况，农民是通过这种方式与地方政府进行对抗，不仅会增加地方政府土地征收的时间成本，还会增加其他成本。在第三种方式中，农民是通过信访、上访等方式来与地方政府博弈，实际上是通过增加地方政府被上级政府惩罚的风险来迫使地方政府回到谈判中来，是农民增加博弈筹码的一种方式。第四种方式，农民通常是以群体的方式与地方政府进行博弈，这种博弈方式也能够达到拖延时间的效果，但其主要目的与第三种方式相同，都是希望能够在与地方政府谈判中获得更多的筹码。因此，下面的理论分析中讨论的农民拖延时间的策略主要是指第一种和第二种方式，第三种和第四种方式将会在下一部分农民与地方政府直接抗争中进行讨论。

理论上，与地方政府相比农民更具有耐心。设定农民和地方政府的贴现率分别为 δ_1 和 δ_2，并假设农民的贴现率大于地方政府的贴现率，即 $\delta_1 > \delta_2$。本书假定 $\delta_1 > \delta_2$ 具有一定的合理性。影响贴现率的因素主要有：未来一段时间市场平均投资回报率，投资回报率越高则贴现率越低，反之则越高;可投资的投资品种类和渠道,种类和渠道越多则贴现率越低,反之则越高;对现期或短期收益的偏爱程度,偏爱程度越高则贴现率越低,反之则越高。由于城乡市场分割,在面对未来市场平均收益率方面,农民面对的主要是农业市场的平均收益率水平,地方政府面对的主要是城市工商业的平均收益率水平。农业的投资回报率显著低于城市工商业的投资回报率,因此,农民能够获得的未来市场平均投资收益率就会显著地低于地方政府能够获得的未来市场平均投资回报率。由于受到专业知识和投资经验的限制,市场上的绝大多数投资品并不适合农民,农民可投资的投资品主要是银行存款和少量的具有类似存款性质的理财产品,只能接受较低的投资收益率。相对于农民而言,地方政府对现期或短期收益的偏爱程度更高。第一,地方政府征收城郊农用地并转化为城市建设用地,主要是用于投资项目落地或土地"招拍挂"获得高额土地出让金,投资项目落地和获得高额土地出让金的迫切性相对较高。第二,地方政府之间存在激烈的政绩锦标赛竞争,土地作为地方政府可控的重要资源,不仅关系到项目落地和财政收入,而且也是地方政府在政绩锦标赛中取得竞争优势的重要影响因素。第三,随着中央政府安排地方政府执行的民生工程增多和基础设施的投入,预算内资金根本无法满足地方政府行使各项职能和完成上级政府任务的要求,土地出让收入已经成为地方政府获得财政性资金的主要方式。第四,随着中央担心地方政府负债过多,对融资平台的清理和对地方债的限制,地方政府对土地出让金的依赖程度进一步加强。第五,地方政府主要官员任期的有限性,更提高了地方政府对现期或短期收益的偏爱程度。

  地方政府会使用行政力量迫使具有耐心的农民同意地方政府的征地条件。理论上,因为农民的贴现率大于地方政府的贴现率,即$\delta_1 > \delta_2$,农民比地方政府更有耐心,因此,在博弈过程中农民处于优势地位。通过讨价还价模型可以得出相关的结论。由于地方政府首先出价,在无限期轮流出价情况下,地方政府和农民获得的土地增值比例分别为$\frac{1-\delta_1}{1-\delta_1\delta_2}$和$\frac{\delta_2(1-\delta_1)}{1-\delta_1\delta_2}$。通过公式可以得出,农民越有耐心获得的土地增值收益比例越高,地方政府越没有耐心获得的土地增值收益比例越低。由于农民和地方政府贴现率的差别，单纯从耐心角度比较，农民占据优势地位，但是地方政府可以通过各种方式来削减农民的耐心。地方政府可以通过以下方式来削减农民的耐心，降低农民的贴现率。

第一，通过舆论宣传让农民放弃通过拖延时间获得更高补偿的意图。地方政府在启动城郊农用地征收后，通常要先做政策宣传和思想动员，一方面是让农民了解土地征收的具体政策，另一方面也要让农民意识到土地征收是地方政府的大事，任何人都无法阻挡，任何拖延和抗争都不能获得额外的好处。地方政府也意识到农民会通过拖延时间的方式来争取更多补偿，地方政府通常在土地征收之初就明确提出补偿标准不会改变，要"一把尺子量到底"。这样就使得农民意识到，补偿标准并不能因为拖延时间而得到提高，当前获得的补偿与未来获得的补偿相同，在存在贴现率的情况下，农民将更偏爱当前收益。

第二，通过签约奖励的方式来降低农民的贴现率。由于存在贴现率的差异，农民会比地方政府具有更大的耐心，地方政府可以通过改变农民的现期或未来补偿的数额来改变农民的贴现率，使农民同意地方政府的征收条件。通行的做法是，地方政府给出一个具体时间点，在此时间点之前签约的农民将会获得奖励，超过这一时间节点的农民将不会获得奖励。假定按照地方政府的征地补偿标准，农民能获得补偿1，在 t_0 期截止前签约的农民将获得 Δa 奖励，到 t_1 期农民只能获得补偿1。这时由于地方实行了签约奖励的政策，t_0 到 t_1 农民的贴现率为 $\frac{\delta_1}{1+\Delta a}$，显然 $\frac{\delta_1}{1+\Delta a}<\delta_1$，农民的贴现率变小了，农民的耐心降低了，降低的程度取决于 Δa 的具体数值，Δa 数值越大，农民耐心下降的幅度越大。

第三，通过增加农民心理成本和生产生活成本的方式来降低农民的耐心。地方政府可以通过改变农民所处的环境或增加成本的方式来改变农民的贴现率。其中一个重要方式是，地方政府可以确定在签约农民达到一定比例比如说80%或90%或者全部签约之后，农民才能拿到征地补偿款。没有签署土地征收协议的农民就会感受到来自已经签署协议农民的压力，这种压力成为农民为了获得更高补偿所要付出的成本，这就会降低农民对未来收益的评价，从而降低农民的贴现率。有些城郊农用地征收往往和宅基地征收同时进行，政府可以安排已经签署征地协议的农民搬迁到新的集中社区，并对原有村落的公共设施不再进行投入和维护。没有签约的农民生活的村落会因为居民急剧减少，公共设施和服务衰落等面临生活和生产的诸多不便。地方政府采取的这种策略并没有违反相关的法律法规和中央的政策，也没有强迫农民签署征地拆迁协议，但是却大幅增加了农民拖延时间的成本，显著地降低了农民的贴现率，也就降低了农民的耐心。

第四，通过多种方式来分化和瓦解农民群体。在有些城郊农用地征收过程中，有些农民会联合起来与地方政府博弈，其中一种方式就是联合起来集体不签约，迫使地方政府在时间成本的压力下提高补偿。与个体拖延时间相比，群体拖延时间会明显增加每个农民的信心并降低个体农民面对的风险，能够起到增加农民耐心的作用。对于群体拖延时间的情况，地方政府通常提出先签约的农民会获得额外奖励，如果没有达到效果，地方政府就会与"带头者"和"核心成员"进行谈判。多数情况下，"带头者"和"核心成员"会同意地方政府给出的条件，农民群体组织就会被分化和瓦解，这也会起到削减农民耐心的作用。

四 完全信息情况下农民与地方政府的策略选择与利益分配

观点3.5：农民的资源投入量与预期收益水平、获得预期收益的概率呈正相关，与政府惩罚造成的损失、遭受地方政府惩罚的概率呈负相关。地方政府会根据农民的投入选择监察和惩罚的投入。在完全信息情况下，农民和地方政府之间的博弈存在稳定的纳什均衡。农民和地方政府之间的博弈并不是零和博弈而是负和博弈。农民和地方政府为了各自的利益最大化投入到博弈中的资源是社会财富的净损失，地方政府对农民的惩罚还造成了社会财富的进一步损失。

在征收城郊农用地过程中，地方政府有时会遇到较为激烈的个体博弈和群体博弈，农民激烈的个体博弈不仅会造成土地征收时间延长，成本上升，还会对地方政府的土地征收数量，甚至土地征收决策产生影响。这里讨论的农民博弈不同于抢栽抢建，抢栽抢建会受到单位土地面积能够容纳的农作物和附属物的限制，可以通过投入产出进行计算达到最优的投入水平。农民的博弈可以分为多种形式，可以是较为温和的信访、上访和司法救济等体制内博弈，也可以是静坐、请愿、游行示威等具有一定对抗性的博弈，也可以是激烈的对抗性博弈，如与地方政府征地工作人员直接发生言语或肢体冲突、阻拦地方政府平整土地或项目工程建设、阻拦公共交通和破坏公共秩序，等等。农民采取某些策略与地方政府进行博弈，目的是获得更多的征地补偿，表达诉求只是手段而不是目的。理性的农民通常不会采取触犯法律的行为来表达诉求，因为农民的行为一旦触犯了法律的红线，就会遭受相应的惩罚。

农民为了获得更多的征地补偿，会在计算成本收益之后确定最优的博弈投入。农民的博弈方式，无论是较为温和的还是较为激烈的，都要付出成本，这些成本包括时间成本、心理成本、资金成本等，农民投入的成本可以表示为变量 ps。农民的收益是增加的征地补偿款，与农民投入呈现正相关关系，设定函数表达式为 $R(ps)$。农民的投入存在边际收益递减的特征，即 $R'(ps) > 0$，$R''(ps) < 0$。地方政府会对农民的行为进行监察和惩罚，监察和惩罚的投入为 g。地方政府的惩罚投入不会影响农民的新增收益（补偿）$R(ps)$，但是会影响到农民获得新增收益（补偿）的概率，设农民获得新增收益（补偿）的概率为函数 $A(ps,g)$，取值范围为 $0 \leq A(ps,g) \leq 1$，$A(ps,g)$ 的值越接近于1则获得新增收益（补偿）的概率越高，反之则越低。农民获得新增收益（补偿）的概率函数 $A(ps,g)$ 是 ps 的减函数，即 $\frac{\partial A(ps,g)}{\partial ps} < 0$，其经济含义为：随着农民投入到博弈中的资源越多，农民越不容易获得补偿，也越容易遭到地方政府惩罚。农民获得新增收益（补偿）的概率函数 $A(ps,g)$ 是地方政府监察和惩罚投入 g 的减函数，即 $\frac{\partial A(ps,g)}{\partial g} < 0$，其经济含义为：随着地方政府投入到监察和惩罚的资源增多，农民获得新增收益（补偿）的概率呈现递减的趋势。农民获得新增收益（补偿）的概率为 $A(ps,g)$，那么农民就有 $1 - A(ps,g)$ 的概率不能获得补偿，农民不仅不能获得补偿，还会受到地方政府的惩罚。本书设定地方政府的惩罚给农民带来的损失为 $\varphi G(g)$，其中 $G(g)$ 为地方政府监察和惩罚的成本函数，函数 $G(g)$ 具有边际递增的性质，即 $G'(g) > 0$ 且 $G''(g) > 0$，φ 为地方政府对农民博弈投入的惩罚系数，φ 可以是一个非负常数或函数，本书设定为某一常数。当 $0 < \varphi < 1$ 时，说明地方政府在惩罚农民时并不具备成本优势，地方政府付出一单位成本时并不能使得农

民的收益下降大于一单位；当 $1 < \varphi < \infty$ 时，地方政府在惩罚农民时具有成本优势，政府付出一单位成本时能够使农民的收益下降大于一单位。实际情况中，由于拥有行政权力，并能够在与农民博弈时相对自由地使用行政权力，地方政府更具有成本上的优势。因此，依据实际情况本书设定 φ 的取值范围为 $1 < \varphi < \infty$。本书还假定所有的农民都是同质的，并且具有可加性，所有函数都是表示农民作为一个整体的成本收益和风险状况。农民的收益最大化函数可以表示为：

$$\underset{ps}{Max}\ A(ps,g)R(ps) - c(ps) - (1 - A(ps,g))\varphi G(g) \quad (3-18)$$

其中，$A(ps,g)R(ps)$ 表示存在地方政府监察和惩罚情况下，农民抗争获得补偿的期望收益，$c(ps)$ 为农民博弈投入的成本函数，具有边际成本递增的性质，即 $c'(ps) > 0$ 和 $c''(ps) > 0$，$(1 - A(ps,g))\varphi G(g)$ 为农民受到地方政府惩罚的期望收益。对公式（3-18）的变量 ps 求一阶偏导并使得等式成立，则农民收益最大化条件为：

$$\frac{\partial A(ps^e,g)}{\partial ps^e}R(ps^e) + A(ps^e,g)R'(ps^e) = c'(ps^e) - \frac{\partial A(ps^e,g)}{\partial ps^e}\varphi G(g)$$

$$(3-19)$$

在公式（3-19）等式的左边为在假定地方政府投入 g 不变的情况下，农民博弈的边际收益，相应的等式右边为农民博弈的边际成本。在公式（3-19）中，因为 $\frac{\partial A(ps,g)}{\partial ps} < 0$，$R(ps) > 0$，所以 $\frac{\partial A(ps,g)}{\partial ps}R(ps) < 0$，还因为 $R''(ps) < 0$，所以公式（3-19）等式的左边随着 ps 的增加呈现递减趋势。在公式（3-19）中，因为 $c''(ps) > 0$ 且 $\frac{\partial^2 A(ps,g)}{\partial ps^2} < 0$，所以公式（3-19）等式的右边随着 ps 的增加呈现递增趋势。因此存在某个农民最优投入 ps^e 使得公式（3-19）的等式成立。

地方政府对监察和惩罚的投入受到农民最优投入的影响，地方政府会依据农民的最优投入水平来确定自己的投入水平。本书假定地方政府不仅能够了解农民的成本收益函数并且了解农民的策略选择，因此，地方政府会将农民的收益最大化函数作为自己的反应函数。地方政府的投入 g 可以通过两个渠道来影响自己的收益水平，一个渠道是函数 $A(ps^e,g)$，另一个是 $G(g)$。地方政府的监察和惩罚农民的收益最大化函数为：

$$\underset{g}{Max}\ R(ps) - A(ps,g)R(ps) - G(g) \qquad (3-20)$$

在公式（3-20）中 $R(ps)$ 为地方政府对农民博弈不采取监察和惩罚投入情况下，支付给农民的新增补偿，$R(ps) - A(ps,g)R(ps)$ 为地方政府对农民博弈行为实行监察和惩罚情况下增加的收益。这可以从反向角度理解，如果地方政府对农民博弈行为不采取监察和惩罚投入，则地方政府需要支付 $R(ps)$，采取了监察和惩罚投入则实际支付为 $A(ps,g)R(ps)$，由于监察和惩罚投入地方政府少支付了 $R(ps) - A(ps,g)R(ps)$，这就成为地方政府的收益。对公式（3-20）的变量 g 求一阶偏导并使等式成立，则地方政府收益最大化条件为：

$$-\frac{\partial A(ps,g^e)}{\partial g^e}R(ps) = G'(g^e) \qquad (3-21)$$

其中，$-\dfrac{\partial A(ps,g^e)}{\partial g^e}R(ps)$ 为地方政府监察和惩罚农民博弈行为的边际收益函数，存在递减的趋势，$G'(g^e)$ 为地方政府监察和惩罚农民博弈行为的边际成本函数，存在递增的趋势，如果地方政府选择监察和惩罚农民博弈行为，则存在最优投入水平 g^e。也可能会出现不存在最优投入水平的情况，那就是地方政府监察和惩罚农民博弈行为的边际成本始终高于边际收益，地方政府的理性选择是满足农民的要求。在现实中，也会出现这种情况，一种是面对农民的小幅博弈行为，地方政府考虑到时间成本和其他投入，满足农民要求是理性选择；另一种是由于农民的博弈行为造成了严重的社会影响，地方政府意识到如果不能平息农民的博弈行为很可能会遭受到来自上级政府甚至中央政府的严厉惩罚，理性的选择就是满足农民的要求，并不对农民进行惩罚。将公式（3-19）和公式（3-21）组成联立方程组，表达形式如下：

$$\frac{\partial A(ps^e,g)}{\partial ps^e}R(ps^e) + A(ps^e,g)R'(ps^e) = c'(ps^e) - \frac{\partial A(ps^e,g)}{\partial ps^e}\varphi G(g)$$

$$-\frac{\partial A(ps,g^e)}{\partial g^e}R(ps) = G'(g^e)$$

$$(3-22)$$

在公式（3-22）中，存在两个变量分别为 ps 和 g，因此公式（3-22）的联立方程组存在唯一解，设该唯一解为 (ps^e, g^e)，此唯一解 (ps^e, g^e) 为地方政府和农民各自的利益最大化点，也是地方政府和农民之间博弈的纳什均衡解。与完全配合地方政府土地征收情况相比，农民的收益水平提高了，地方政府的收益水平下降了。农民和地方政府的博弈并不是一个零和博弈而是一个负和博弈，损失的是农民的博弈投入、地方政府监察和惩罚的投入以及和地方政府投入相比农民增加的损失量，函数的表达形式为 $c(ps) + (1 - A(ps,g))\varphi G(g) + G(g)$。

地方政府和农民的互动过程可以通过图示的方式表示。在图 3-7 中，农民反应曲线上的每一点都是在地方政府监察和惩罚投入一定的情况下，农民能够达到收益最大化的博弈资源投入量。农民的反应曲线为向右下方倾斜的曲线，其经济含义为农民博弈资源投入与地方政府监察和惩罚投入之间存在反向关系。当地方政府监察和惩罚投入增加时，农民的最优选择是减少博弈资源投入，反之，农民的最优选择是增加博弈资源投入。在图 3-7 中，地方政府的反应曲线上的每一点都是在农民博弈资源投入一定的情况下，地方政府收益最大化的监察和惩罚投入量。地方政府的反应曲线为向右上方倾斜的曲线，其经济含义为地方政府监察和惩罚投入与农民博弈资源投入之间存在正向关系。当农民增加博弈资源投入时，地方政府的最优选择是增加监察和惩罚投入，反之，地方政府的最优选择是减少监察和惩罚投入。在图 3-7 中，较为清晰地给出农民和地方政府如何根据对方的选择进行调整以及纳什均衡点所呈现出的稳定性特征。地方政府和农民之间的博弈过程或向纳什均衡点 (ps^e, g^e) 的调整过程如下，假定农民选择了博弈资源投入量为 ps^1，在确定农民的博弈资源投入量之后，地方政府的最优资源投入量为地方政府反应曲线对应的点 g^1，在地方政府投入资源量为 g^1 的情况下，农民的最优资源投入量为农民反应曲线对应的点 ps^2，以此类推，接下来地方政府的最优资源投入量为 g^2，农民的最优资源投入量为 ps^3。地方政府和农民的调整过程会一直持续下去，直到达到纳什均衡点 (ps^e, g^e)。在完全信息情况下，地方政府和农民都对对方的行为调整具有完全的信息，并能够合理地预测到对方的行为，并不会存在上述的调整过程，农民和地方政府之间会直接达到纳什均衡点 (ps^e, g^e)。图 3-7 中的调整过程也说明本书所得到的纳什均衡具有稳定性，任何外来的扰动导致出现偏离均衡的情况都会由博弈双方的自发力量恢复到均衡点。

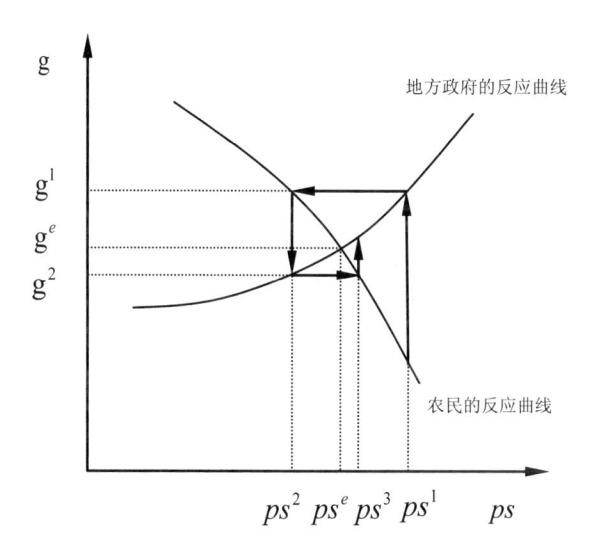

图3-7 农民与地方政府博弈互动过程

五 不完全信息情况下农民与地方政府的策略选择与利益分配

本部分和第四章的研究中将会使用信息经济学中的信号传递理论,有必要对相关研究成果做简要介绍。信号传递由 Spence 引入博弈论研究之中,采用的是教育信号来传递生产能力的方式,但是在其假设中认为教育对提高生产能力并没有影响,只是有助于向雇主传递个人能力的信号。[1] 之后,Stiglitz 和 Weiss 对信号传递和信号甄别进行了区分。[2] Engers[3]、Hughes[4] 将多信号模型引入到博弈论研究之中。Feltovich、Richmomd 和 Ted 通过构建反信号传递模型,研究了尽管最差的类型不会传递信号,但最好的类型也不传递信号,主要是因为最好的类型对高质量类型充满信

---

[1] Spence M., "Job Market Signaling", *Quarterly Journal of Economics*, Vol. 87, No. 3, 1973, pp. 355 – 374.

[2] Stiglitz J., A. Weiss, "Credit Rationing in Markets with Imperfect Information", *American Economic Review*, Vol. 71, No. 3, 1981, pp. 393 – 410.

[3] Engers Maxim, "Signaling with Many Signals", *Econometrica*, Vol. 55, No. 3, 1987, pp. 663 – 674.

[4] Hughes Patricia, "Signalling by Direct Disclosure under Asymmetric Information", *The Journal of Accounting and Economics*, Vol. 8, No. 2, 1986, pp. 119 – 142.

心,而中间类型则有传递信号的动力。[1] 信号传递领域的应用文献也较多,做出贡献的学者如:Wilson[2]、Stiglitz[3]、Grossman 和 Katz[4]、Reinganum[5]、Kihlstrom 和 Riordan[6]、Milgrom 和 Roberts[7]等。本书只是将信号传递思想应用到城郊土地征收的博弈过程中,在此只对此领域的文献做简要介绍。

1. 政府类型与农民策略选择

观点 3.6:在农民不拥有地方政府类型信息的情况下,并不存在稳定的纳什均衡。只有弱势地方政府能够接受农民的混合策略,而强势地方政府不会接受农民的混合策略。弱势地方政府有动力模仿强势地方政府的行为,如果弱势地方政府接受农民的混合策略则会暴露自己的类型,面对弱势地方政府农民的混合策略也无法达到均衡。

与地方政府相比,农民处于信息劣势地位。本书一直假定农民是理性经济人,并对地方政府征收城郊农用地拥有充分的信息,接下来的分析将要放松农民对地方政府充分信息的假定。在城郊农用地征收过程中,农民对地方政府并不具有充分的信息,与农民相比作为本地社会治理的核心,地方政府拥有信息优势。地方政府的信息优势主要体现在以下几个方面。第一,地方政府是当地经济社会各方面的主导者,承担制定和执行本地区经济和社会各方面的发展目标和规划的职能,发挥着本地经济发展和社会治理核心的作用。地方政府在本地区拥有的地位,承担的职能和发挥的作用可以影响和决定社会财富和公共资源的分配。城郊土地征收的决策、相关基础设施规划和地区发展规划都由地方政府来制定,这些信息都会影响

---

[1] Feltovich Nick, Richmomd Harbaugh and Ted To, "Too Cool for School? Signaling and Counter Signaling", *RAND Journal of Economics*, Vol. 33, No. 4, 2002, pp. 630 – 649.

[2] Wilson Charles, "The Nature of Equilibrium in Markets with Adverse Selection", *Bell Journal of Economics*, Vol. 11, No. 1, 1980, pp. 108 – 130.

[3] Stiglitz J., "The Cause and Consequences of the Dependence of Quality on Price", *The Journal of Economic Literature*, Vol. 25, No. 1, 1987, pp. 1 – 48.

[4] Grossman Gene, Michael Katz, "Plea Bargaining and Social Welfare", *The American Economic Review*, Vol. 73, No. 4, 1983, pp. 749 – 757.

[5] Reinganum Jennifer, "Plea Bargaining and Prosecutorial Discretion", *The American Economic Review*, Vol. 78, No. 4, 1988, pp. 713 – 728.

[6] Kihlstrom R., M. Riordan, "Advertising as a Signal", *Journal of Political Economy*, Vol. 92, No. 3, 1984, pp. 427 – 450.

[7] Milgrom P., Roberts J., "Relying on the Information of Interested Parties", *Rand Journal of Economics*, Vol. 17, No. 1, 1986, pp. 18 – 32.

到城郊土地的市场价值。相比于地方政府而言,农民则很难获得相关信息。第二,关系到城郊农用地征收的重要信息,相对于地方政府而言,农民更处于劣势地位。有关城郊农用地征收方面的重要信息主要包括,是否征收、何时征收、征收哪部分土地、补偿标准、补偿方式、土地征收后的用途等,这些信息要么由地方政府决定,要么地方政府有获取信息的便利。第三,地方政府更了解农民,而农民只对地方政府拥有有限的信息。在决策是否对某区域的城郊农用地征收时,地方政府通常会做相关的调查研究,调查研究不仅仅限于土地的基本情况和未来的价值,还包括现有土地承包户的基本情况,以及乡村的内部社会结构、社会治理状况和文化状况。地方政府在征收城郊农用地过程中,通常会要求村干部给予协助,村干部对村中每家每户的情况都较为了解,能够较为准确地预判出各个农民可能会采取的策略,也能够通过采取各种策略使绝大多数农民同意地方政府给出的征收条件。与地方政府对农民的信息掌握程度相比,农民并不了解地方政府的相关信息,不了解地方政府的内部运作方式、决策过程、经济社会发展规划和目标等,甚至是对所征收土地的相关政策和土地的预计用途也并不清楚。虽然,中央政府一直致力于打造政府信息公开,在征地拆迁中地方政府的信息披露已经有了很大改善,依然还存在一些信息是农民难以掌握和获得的。第四,对涉及土地征收的相关政策法规和地方性规定等信息,与地方政府相比,农民也处于劣势地位。近些年由于征地拆迁已经成为农民上访的主要原因,尤其是连续发生多起由征地拆迁引发的恶性事件,中央政府出台了一系列政策措施保障被征地农民的权益,对地方政府的一些行为进行了禁止性规定,省级政府也出台了一些配套的政策和规定。对于中央和省级政府颁布的政策法规,被征地农民也能够获得,但由于受到知识文化水平的限制,往往理解上会存在偏差,而对地方政府内部的规定农民获得起来就会存在障碍。更重要的是,法律法规、中央和上级政府的政策和规定都可能会存在模糊地带或自由裁量空间,地方政府就可以运用信息优势和自由裁量空间来进行更符合自己利益的解读和运用。限于本书研究主题和内容,在此部分并不对农民四个方面的信息劣势都进行研究,而是主要研究农民在处于第三方面信息劣势情况下,农民和地方政府的策略选择,以及由此对双方收益和城郊农用地征收的影响。

在城郊农用地征收中,如果农民采取博弈策略,那么关于地方政府是否是强势政府，或地方政府的惩罚强度就成为农民需要了解的重要信息。为了简化分析，本部分假定地方政府只有两种类型：强势政府和弱势政府。农民并不了解所面对的地方政府是强势政府还是弱势政府，只知道是强势的概率为 ρ，是弱势的概率为 $1-\rho$，其中 $0 \leqslant \rho \leqslant 1$。在相同博弈水平情况下，农民面对强势政府和弱势政府会获得不同的收益。在面对强势地方政府时，农民获得补偿的概率为 $\underline{A}(ps,g)$，农民遭到地方政府的惩罚为 $\bar{\varphi}G(g)$；在面对弱势地方政府时，农民的获得补偿的概率为 $\bar{A}(ps,g)$，农民遭到地方政府的惩罚为 $\varphi G(g)$。本部分进一步假设强势地方政府比弱势地方政府更能够降低农民获得补偿的概率，增加对农民的惩罚力度，即存在 $\underline{A}(ps,g) < \bar{A}(ps,g)$ 和 $\bar{\varphi}G(g) > \varphi G(g)$。当农民面对的是强势政府时，农民的收益函数为：

$$\underline{A}(ps,g)R(ps) - c(ps) - (1 - \underline{A}(ps,g))\bar{\varphi}G(g) \quad (3-23)$$

当农民面对的是弱势政府时，农民的收益函数为：

$$\bar{A}(ps,g)R(ps) - c(ps) - (1 - \bar{A}(ps,g))\varphi G(g) \quad (3-24)$$

比较公式（3-23）和公式（3-24），对于任何 (ps,g) 都存在公式（3-24）大于公式（3-23），相比面对强势地方政府，农民面对弱势地方政府同样的博弈投入能够获得更高的收益。农民的预期收益为：

$$\rho \underline{A}(ps,g)R(ps) + (1-\rho)\bar{A}(ps,g)R(ps) - \rho(1 - \underline{A}(ps,g))\bar{\varphi}G(g) -$$
$$(1-\rho)(1 - \bar{A}(ps,g))\varphi G(g) - c(ps) \quad (3-25)$$

在无法区分地方政府类型的情况下，农民的策略选择就会发生变化。如果面对的是强势地方政府，农民的收益函数为公式（3-23），对其求满足农民收益最大化条件得出农民的最优博弈投入为 ps^q（也可能农民在面对强势地方政府的情况下，农民博弈的收益一直低于博弈的成本，农民就会放弃博弈，此时 $ps^q = 0$）；如果农民面对的是弱势地方政府，农民的收益函数为公式（3-24），对其求满足农民收益最大化条件得出农民的最优博弈投入为 ps^r。当农民面对强势地方政府时会出现博弈获得收益的概率下降而受到惩罚增加，因此会导致博弈的边际收益减少，边际成本上升，因此存在 $ps^q < ps^r$，即与面对弱势地方政府相比，农民面对强势地方政府会减少博弈投入。当农民采取混合策略时，农民的收益函数为公式（3-25），对其求满足农民收益最大化条件得出农民的最优博弈投入为 ps^-。通过公

式（3-23）、公式（3-24）和公式（3-25）可以得出，农民的最优博弈投入存在如下关系 $ps^q < ps^- < ps^r$，即在面对弱势地方政府时农民的博弈投入水平最高，在面对强势地方政府时农民的博弈投入水平最低，采取混合策略时农民的博弈投入水平位于两者之间。同时，也能够得出农民博弈的收益水平，在面对弱势地方政府时农民博弈的收益最高，在面对强势地方政府时农民的博弈收益最低，甚至因为地方政府过于强势，农民放弃博弈，采取混合策略时农民的博弈收益位于两者之间。

强势地方政府也会根据农民的博弈来确定自己的策略选择。强势地方政府的收益函数为：

$$R(ps) - \underline{A}(ps,g)R(ps) - G(g) \tag{3-26}$$

弱势地方政府的收益函数为：

$$R(ps) - \bar{A}(ps,g)R(ps) - G(g) \tag{3-27}$$

通过对比公式（3-26）和公式（3-27），因为强势地方政府能够降低农民获得补偿的概率，相比于弱势地方政府，强势地方政府能够获得更高的收益。强势地方政府对于农民收益的变化主要通过两个方面产生影响，一个是影响农民获得补偿的概率，另一个是增加了农民遭受惩罚的损失。

在农民并不知道地方政府的类型，只知道地方政府类型概率的情况下，并不存在纳什均衡。在农民并不知道地方政府类型的情况下，农民有三种策略可以选择，一是采取面对强势地方政府的策略，二是采取面对弱势地方政府的策略，三是采取混合策略。如果农民面对的是强势地方政府，农民采取面对弱势地方政府的博弈策略，强势地方政府不会接受农民的博弈，由于农民此时投入到博弈的资源为 ps^r 大于面对强势地方政府的投入的博弈资源 ps^q，因此农民的收益将会下降。如果农民面对的是强势地方政府，农民采取混合策略投入博弈资源，那么对于强势地方政府而言，这显然也不符合其收益最大化，强势地方政府不会接受农民的博弈，农民的收益水平也会下降，这不是农民的最优选择。如果农民面对的是强势地方政府，农民也采取面对强势地方政府时投入博弈资源，此时双方能够达到稳定的均衡。如果农民面对的是弱势地方政府，农民也采取面对弱势地方政府时的博弈策略，双方都达到了收益最大化，此时能够达到稳定的均衡。如果农民面对的是弱势地方政府，农民采取了混合策略进行博弈资源投入。对于弱势地方政府而言，农民的混合策略提高了地方政府的收益水平，但是农民由于不清楚地方政府的类型而采取了混合策略，农民的收益水平下降了。当农民面对的是弱势地方政府时，农民按照面对强势地方政府的方式进行博弈资源投入，弱势地方政府会接受农民的博弈，因为相比农民知道地方政府是弱势类型，农民的博弈投入减少了，地方政府的收益增加，而农民的收益减少。综上所述，只有在农民面对的是弱势地方政府时，农民无论使用何种博弈投入，地方政府都会接受农民的博弈，因为弱势地方政府在面对农民采取的多种策略时，收益水平至少没有下降，而农民的收益水平则可能会下降。当农民面对的是强势地方政府时，农民只有采取面对强势地方政府采取的策略才能使得收益最大化，其他两种策略都会导致农民收益水平下降。

在得知农民的策略选择后，无论是强势地方政府还是弱势地方政府都会声称自己是强势类型，进而使得农民无法对地方政府的类型进行判断。在无法判断地方政府类型的情况下，农民的混合策略收益水平会下降，收益水平将不再是面对两种类型政府概率的均值，因为只有弱势地方政府会接受农民的博弈投入或出价策略，而强势地方政府不会接受，混合策略只能使得农民的收益水平下降。农民的策略只能是要么采取面对强势政府时的博弈资源投入，要么采取面对弱势地方政府时的博弈资源投入。这样在这个博弈过程中就不存在稳定的纳什均衡。

2. 信号传递与分离均衡

观点3.7：强势地方政府可以通过传递信号的方式与弱势地方政府进行区分。强势地方政府使用的信号要做到使弱势地方政府无法模仿，传递信号的成本要高于弱势地方政府与强势地方政府相比给采取博弈策略农民补偿的差额与弱势地方政府信号传递成本增加倍数的商，但要小于由于无法区分政府类型而给强势地方政府增加的成本或者两类政府给采取博弈策略农民补偿的差额，以防止强势地方政府出现偏好转移。信号传递的成本还受到外部环境的影响，在中央政府严格规范地方征地行为和加大对违法违规征地的处罚之后，显著增加了地方政府传递信号的成本，以强拆、强征、限制人身自由和打击报复等行为传递强势地方政府类型的情况显著下降。中央政府的这些做法起到了规范地方政府征地拆迁行为和提高农民地位的作用，具有积极的经济社会意义。

弱势地方政府存在将自己扮演为强势地方政府的激励，真正的强势地方政府就需要向农民传递政府类型的信息。通过上文的分析可以得出,农民并不能区分出地方政府的类型,如果采取混合策略,只有弱势地方政府才能接受农民的博弈,所以对农民而言,是否能够接受农民混合策略是一个过滤机制,能够接受的只能是弱势地方政府。弱势地方政府也拥有相关的信息,知道如果接受农民的混合策略就会暴露自己的类型,农民就会采取应对弱势地方政府的策略,那么弱势地方政府就会设法隐瞒自己的类型,模仿强势地方政府的行为。由于弱势地方政府会模仿强势地方政府的行为,农民面对的地方政府都会号称是强势类型。

本书关于地方政府的类型虽然是来自假设,但假设与实际情况也较为相似。在征收城郊农用地的启动阶段,地方政府不仅要向农民发布征地通知、补偿标准、相关政策法规,更为重要的是要让农民意识到本次征地是地方政府的重大事项,是任何人都不能阻挡的,任何阻挠和想趁机获得更多好处的人都会受到严厉处罚,即促使农民形成地方政府是强势类型的预期。如果农民真的将地方政府设定为强势类型,地方政府面对来自农民的博弈强度将会大幅减少。在征地过程中也存在这种情况,地方政府在征地过程中遇到农民的阻挠,初期通常会表现得强势。如果地方政府一遇到农民的阻挠就退让或妥协将会直接暴露自己弱势地方政府的类型,因此,即使是弱势地方政府,也要模仿强势地方政府的行为,向农民传递自己是强势地方政府的信号。随着征地进程的推进,农民和地方政府之间的博弈不断升级,地方政府的类型就会显露出来。在这个过程中,因为存在弱势地方政府传递的虚假信号,将会影响农民对地方政府类型的判断,强势地方政府为了应对农民的博弈需要支付更多的成本。

为了能够达到区分地方政府类型的目的,通常有两种方式,一种是农民主动寻求地方政府类型的信息,通过增加地方政府类型的信息来提高对地方政府类型的判断;另一种是强势地方政府通过传递弱势地方政府无法发送的信号分离地方政府类型。与地方政府相比,农民处于信息劣势地位,农民的知识文化水平普遍偏低,很难通过获得更多的信息来确定地方政府的类型。对于强势地方政府而言,如果能够传递弱势地方政府无法模仿的信号,并且信号传递的成本小于因为不传递信号造成的其他成本增加,强势地方政府就有动力来传递能够区分出地方政府类型的信息。本部分假定强势地方政府能强征土地、对农民的博弈进行强力惩罚或直接采取人身控制等强制性措施,这些措施多数都涉嫌违反相关的法律法规或中央政府、上级政府的相关规定,采取这些措施成为强势地方政府向农民传递的信号,并以此与弱势地方政府区分开来的主要方式。强势地方政府之所以能够实行这些措施,主要是因为能够获得上级政府的支持,或即使受到处罚也相对较轻,而弱势地方政府则不能做到这一点。地方政府一旦采取传递信号的策略,农民、社会公众、新闻媒体和上级政府会做出一些反应,会相应地增加地方政府的成本。强势地方政府信号传递的总成本为 $sig(a)$,且 $sig'(a) > 0$ 和 $sig''(a) > 0$,其中 a 为地方政府直接投入信号传递的人力物力成本。由于弱势地方政府模仿强势地方政府的行为,使得农民无法区分地方政府类型,增加了强势地方政府的成本,设为 Ψ,Ψ 为某一常数,或者为与时间相关的某一函数,这两种设定都不影响本部分研究的结论。

由于弱势地方政府模仿强势地方政府的行为,造成强势地方政府收益下降为 $R(ps) - \underline{A}(ps,g)R(ps) - G(g) - \Psi$。通过反向理解,强势地方政府传递信号的收益就是农民无法区分政府类型时,强势地方政府成本增加部分,因此强势地方政府的信号传递总成本应当不大于信号传递的收益,即 $sig(a) \leq \Psi$。弱势地方政府传递信号的成本为 $\Phi sig(a)$,其中 $\Phi > 1$,代表弱势地方政府要模仿强势地方政府传递信号要付出更高的成本。强势地方政府传递信号的总收益为:

$$R(ps) - \underline{A}(ps,g)R(ps) - G(g) - sig(a) \quad (3-28)$$

在公式(3-28)中,强势地方政府信号传递的收益中没有出现 Ψ 的原因为公式(3-26)中强势地方政府收益 $R(ps) - \underline{A}(ps,g)R(ps) - G(g)$ 没有考虑弱势地方政府模仿强势地方政府行为对强势地方政府收益的影响。如果考虑到这种影响,强势地方政府的收益函数为 $R(ps) - \underline{A}(ps,g)R(ps) - G(g) - \Psi$,强势地方政府采取传递信号策略后,弱势地方政府对强势地方政府的模仿将不会增加强势地方政府的成本,因此公式(3-28)中就不会出现 Ψ。强势地方政府传递的信号有效的前提条件是,弱势地方政府不会模仿强势地方政府的信号传递行为。弱势地方政府不会模仿强势地方政府传递信号的充要条件是采取传递信号策略的成本大于收益。弱势地方政府不模仿强势地方政府传递信号的条件为:

$$R(ps) - \bar{A}(ps,g)R(ps) - G(g) > R(ps) - \underline{A}(ps,g)R(ps) - G(g) - \Phi sig(a) \tag{3-29}$$

对公式（3-29）整理得到：

$$sig(a) > \frac{[\bar{A}(ps,g) - \underline{A}(ps,g)]}{\Phi}R(ps) \tag{3-30}$$

公式（3-30）是强势地方政府信号传递的成本约束，也就是说强势地方政府传递信号的成本应当大于 $\frac{[\bar{A}(ps,g) - \underline{A}(ps,g)]}{\Phi}R(ps)$，如果出现 $sig(a) \leq \frac{[\bar{A}(ps,g) - \underline{A}(ps,g)]}{\Phi}R(ps)$ 的情况，则弱势地方政府就有动力来模仿强势地方政府的信号传递行为，强势地方政府通过信号传递来区分地方政府类型的做法将不会发挥作用。通过公式（3-30）可以得出，强势地方政府的信号传递成本与农民面对两种类型地方政府获得补偿的差额 $[\bar{A}(ps,g) - \underline{A}(ps,g)]R(ps)$ 正相关，与两种类型地方政府信号传递的成本系数 Φ 负相关，即 $[\bar{A}(ps,g) - \underline{A}(ps,g)]R(ps)$ 的数值越高则 $sig(a)$ 的值越高，反之则越低，Φ 的数值越高则 $sig(a)$ 的值越高，反之则越低。对于强势地方政府信号传递的约束不仅仅是要公式（3-30）成立，还要求强势地方政府采取信号传递后的收益要大于弱势地方政府不采取信号传递的收益，如果强势地方政府采取信号传递之后的收益小于弱势地方政府不采取信号传递的收益，那么强势地方政府的最优选择依然是不传递政府类型的信号。因此，传递信号的强势地方政府的收益还要满足以下条件：

$$R(ps) - \underline{A}(ps,g)R(ps) - G(g) - sig(a) \geq R(ps) - \bar{A}(ps,g)R(ps) - G(g) \tag{3-31}$$

对公式（3-31）进行整理可以得到以下不等式：

$$sig(a) \leq \bar{A}(ps,g)R(ps) - \underline{A}(ps,g)R(ps) \tag{3-32}$$

公式（3-32）的经济含义是强势地方政府传递信号的成本不能过高，不仅要补偿超过因为无法区分政府类型而增加的成本 Ψ，而且也不能使得强势地方政府偏好弱势地方政府的收益函数。强势地方政府传递信号的成本函数 $sig(a)$ 的取值范围有两种情况，一种情况是 $\Psi \geq \bar{A}(ps,g)R(ps) - \underline{A}(ps,g)R(ps)$，则 $sig(a)$ 的取值范围应当为 $sig(a) \in$

$(\dfrac{[\bar{A}(ps,g) - \underline{A}(ps,g)]}{\Phi}R(ps), \bar{A}(ps,g)R(ps) - \underline{A}(ps,g)R(ps)]$,这一取值范围是成立的,因为 $\Phi > 1$,所以 $\dfrac{[\bar{A}(ps,g) - \underline{A}(ps,g)]}{\Phi}R(ps) < \bar{A}(ps,g)R(ps) - \underline{A}(ps,g)R(ps)$,另一种情况是 $\Psi < \bar{A}(ps,g)R(ps) - \underline{A}(ps,g)R(ps)$,则 $sig(a)$ 的取值范围应当为 $sig(a) \in (\dfrac{[\bar{A}(ps,g) - \underline{A}(ps,g)]}{\Phi}R(ps), \Psi]$。

通过上面的分析可以得出,强势地方政府能够传递政府类型的信号,能够将强势地方政府与弱势地方政府区分开,但要符合较为苛刻的条件。一方面,信号传递的成本不能太高,要使得强势地方政府有动力传递政府类型的信号,信号传递的成本又不能太低,防止弱势地方政府模仿强势地方政府的行为;另一方面,信号传递的成本不能使得强势地方政府发生偏好转移,如果信号传递成本过高,强势地方政府将会偏好弱势地方政府的收益函数,会出现强势地方政府放弃信号传递。

强势地方政府传递出政府类型的信号,弱势地方政府无法模仿强势地方政府的行为,这样就区分出地方政府的类型,博弈就存在稳定的分离纳什均衡。由于存在信号传递,农民就能够区分出地方政府的类型。农民依据地方政府是否传递信号,判断地方政府的类型,如果面对的是强势地方政府,农民的博弈资源投入为 ps^q,如果面对的是弱势地方政府,农民的博弈资源投入为 ps^r。此时,农民对地方政府的类型判断不存在不确定性,因此农民不会选择混合战略,存在稳定的分离纳什均衡。

信号传递的成本要位于一个区间内,这样就使得信号传递并不一定会发生。外部环境的变化会直接影响到信号传递的成本,增加或减少信号传递发生的概率。本书设定强势地方政府选择传递的信号主要有强拆、强征、限制人身自由和打击报复等行为,这一设定较为符合强势地方政府的特征,表现出以上特征的地方政府也会给农民传递出强势地方政府的信号。强势地方政府的信号能够有效地阻吓住一部分农民博弈,提高地方政府土地征收的效率,降低土地征收成本。地方政府传递信号的成本受到外部环境的影响,主要是社会舆论环境、法律法规等制度环境和上级政府及中央政府对地方政府行为的容忍度。近些年随着移动互联和自媒体的出现和快速普及,地方政府土地征收中的强势行为和违法违规行为能够被很快传播，甚至会引起媒体及社会公众的关注，大幅增加了地方政府采取上述行为的成本。征地拆迁已经成为农民上访的主要原因并引起了中央政府的高度关注，中央政府出台了一系列规定规范地方政府征地拆迁行为，并对违法违规和侵害农民利益的行为进行了严厉惩罚，这也加大了地方政府采取上述行为传递信号的成本。

第五节 政策建议

通过上文的分析可以得出，现有的土地制度和地方政府对城郊农用地土地征收权的垄断地位，是导致目前城郊农用地征收过程中农民获益较少的主要原因，基于此本书提出如下建议。

1. 继续推进建立城乡统一的建设用地市场改革，逐步放开符合规划要求的城郊土地转化为城市建设用地的限制，允许其直接入市，进一步缩小土地征收范围，将地方政府的土地征收限制在公益性领域。党的十八届三中全会提出了要建立城乡统一的建设用地市场，明确提出了改革的方向、重点和要求。从近十年的改革来看，农村土地制度改革持续向前推进，也取得了一些成绩。目前已经做到在符合规划和用途管制前提下，农村集体经营性建设用地可不经政府征收直接入市。土地征收范围也进一步缩小，2019年修订的《土地管理法》中把政府土地征收的范围限定在六种情况，只有在所列范围内政府才能对农村土地行使征收权。但是在建立城乡统一的建设用地市场、缩小政府土地征收范围方面还是存在一些问题。一是名义上农村集体经营性建设用地实行了与国有土地同等入市、同价同权，但在实际操作环节还是会遇到一些障碍和限制。二是为地方非公益性征地留出了空间，即"在土地利用总体规划确定的城镇建设用地范围内，经省级以上人民政府批准由县级以上地方人民政府组织实施的成片开发建设需要用地的"[1]。从实际操作层面来看，地方政府征收的城郊土地基本上都在土地利用总体规划确定的城镇建设用地范围之内，地方政府对城郊土地也多

---

[1] 全国人民代表大会常务委员会法制工作委员会编：《中华人民共和国法律汇编（2019）》，人民出版社2020年版，第285页。

采取成片建设开发。因此，未来的改革还需要进一步缩小土地征收的范围，将地方政府的土地征收限制在公共利益需要的范围之内。

逐步打破地方政府在城郊土地等农村土地征收领域的垄断地位，尤其是城郊农用地征收领域。我国实行了全世界最严格的以耕地保护为核心的农用地保护政策，农用地要转变为建设用地受到严格限制，并且规定了严格的审批程序：首先，农用地转化为建设用地需要办理农用地转用审批手续，永久基本农田转为建设用地需要国务院批准，其他农用地转用由国务院或者国务院授权的省、自治区、直辖市人民政府批准；其次，农用地的征收也规定了严格的审批程序，永久基本农田、永久基本农田以外的耕地超过三十五公顷的、其他土地超过七十公顷的需要国务院审批，其他土地的征收也需要得到省、自治区、直辖市人民政府批准。下一步改革的方向应当是，可以适当扩大省、自治区、直辖市人民政府的农用地转用审批权或扩大授权范围，仿效农村集体经营性建设用地入市的方式，逐步允许已经办理农用地转用为建设用地手续的土地，在符合土地利用规划和办理相关手续之后，不经过政府征收环节直接入市交易。

2. 用土地增值税取代当前地方政府靠征收出让来获得土地增值收益的方式，并用法律的形式明确地方政府能够获得的份额。就当前情况而言，在短期内我国地方财政和城镇建设很难摆脱对土地财政的依赖。并且，从发达国家的财政收入来看，直接来源于土地的收入也是各级政府税收的主要来源之一。与发达国家相比，我国政府以税收的形式直接来源于土地的收入比重很低，而来源于土地出让收入的却占据了较高的比例。这一方面导致我国税收来源不稳定、不合理，不仅使得城郊土地增值不是以稳定的税收形式而是买卖差额的方式进入财政收入，也增加了出台物业税等基于土地的税收难度；另一方面，以土地出让收入全额进入财政收入的方式，虚高了财政收入占国民收入的比重，土地出让收入要减去土地征收成本及其他中间环节成本才是政府获得的净收入。

用征收土地增值税取代征收出让获得土地增值收益具有众多益处。第一，可以获得稳定的税基来源，减少土地出让波动对税收稳定性的影响。第二，可以增加土地供给，缓解城市建设用地紧张，降低城市商住用地价格水平。地方政府从城郊农用地转变为城市建设用地过程中获得了稳定的税收，就没有必要参与到营利性土地的征收和出让环节，也没有必要垄断农村集体土地征收和城市土地一级市场供应。没有了地方政府对城市土地一级市场的垄断，城市土地供给就会增加，城市建设用地紧张就能得到缓解，商住用地价格水平就会下降。第三，地方政府不从转用土地的交易中直接获利，减少了政府与农民之间的冲突。土地征收尤其是营利性的土地征收很容易引发农民和地方政府之间的冲突，有些农民的长期上访也与此有关。地方政府以税收的形式参与土地增值收益分配，不再直接介入到土地买卖之中，将会大幅减少由此引发的矛盾和冲突，提高社会稳定性。第四，将更有利于保护农民的合法权益。政府不再直接参与土地交易过程，这就有利于政府保持中立地位。政府只要制定好相关的程序和规则，并加强监管，防止出现少数人侵犯农民利益的情况，就能够较好地保护农民的合法权益。第五，可以形成合理的补偿水平，减少政府公益性征地引发的冲突，提高征地效率。由于目前农村土地转变为城市建设用地被地方政府垄断，并没有形成农民分享土地增值收益的市场机制，农民能够获得多少补偿在很大程度上取决于博弈过程，农民的谈判能力越强、抗争越激烈，就能够获得更多的补偿。在政府主要通过税收的方式参与土地增值收益分配之后，政府还会出于公益性目的征收农村土地，此时营利性土地出让已经大致确定了农民的获利水平。政府可以以此为参考给予被征地农民补偿，农民也会形成补偿水平的合理预期，这将有利于减少双方的分歧，也就能够减少因征地引发的冲突，提高征地效率。

3. 建立农民参与土地增值收益分享的机制，保障被征地农民原有生活水平不降低、长远生计有保障。新修订的《土地管理法》中已经废除了按照土地原用途给予补偿的原则，修改为"征收农用地的土地补偿费、安置补助费标准由省、自治区、直辖市通过制定公布区片综合地价确定"[1]，还规定"制定区片综合地价应当综合考虑土地原用途、土地资源条件、土地产值、土地区位、土地供求关系、人口以及经济社会发展水平等因素，并至少每三年调整或者重新公布一次"[2]。此次征地补偿标准的修改是一次重大的进步，确定了农民分享土地增值收益的合法性。但从各地制定区片综

---

[1] 全国人民代表大会常务委员会法制工作委员会编：《中华人民共和国法律汇编（2019）》，人民出版社 2020 年版，第 287 页。

[2] 全国人民代表大会常务委员会法制工作委员会编：《中华人民共和国法律汇编（2019）》，人民出版社 2020 年版，第 282 页。

合地价的实际情况来看,更多地区制定的标准还是主要依据土地的原有用途,农民分享土地增值收益的比例依然较低。在地方政府没有以税收为主分享土地增值收益期间,中央政府应出台农民分享土地增值收益的最低最高标准,如规定农民获得土地增值收益的比例不得低于30%,不得高于60%,具体比例数据可以通过测算和广泛征求多方意见的方式来确定。土地增值部分的计算应当采取土地市场价格扣除原用途价值和土地整理的中间成本,中间成本的范围、标准、计算方式和最高比例要有严格的限制,防止个别地区通过增加中间成本的方式变相降低农民分享土地增值收益的比例。将农民获得的征地补偿分为原用途补偿和土地增值收益分享两部分,便于明确农民分享到的土地增值收益比例。建立区片的土地增值收益统筹机制,即不以单独地块的土地增值收益为计算标准,而是以区片或更大范围内的土地增值收益为标准,计算单位被征收土地的增值收益,防止因公益性和非公益性征地之间,非公益性征地内部土地用途不同,而出现的农民分享土地增值收益的较大差异。对于被征地农民,尤其是被征收农用地的农民,当地政府还要保障农民的收入和长远生计。当地政府要为失地农民提供与城镇居民大体相当的社会保障,要设定一些工作岗位(如园林绿化、环境卫生等公共事业部门的岗位)只能招聘和雇用失地农民,要建立更为多样实用的职业技能培训体系,增加失地农民的再就业能力,要将由于特殊原因造成家庭困难和再就业能力低下的失地农民纳入城镇居民救济体系之中。

4. 保证征地补偿标准一视同仁,减少政府和农民之间的信息不对称,确保征收过程的合法、合规、公正、透明。近十多年以来,为了防止征地过程中出现违法违规和侵害农民权益的情况,中央政府出台了多项条例和规定来规范地方政府和基层政府的征地拆迁行为,取得了一定的成效,显著减少因征地拆迁引发的恶性事件、群体事件及相关的矛盾冲突。但在个别地区的征地过程中还存在没有严格执行"两公告一登记"的程序,没有进行听证、集体讨论、现场监督和公示,或者征地程序只是走过场,被征地农民知情权和参与权保护不足的情况。因此,上级政府和相关主管部门要切实履行职责,严格监督基层政府征地的整个过程,要联合群众监督、社会舆论监督和媒体监督,对没有严格履行征地程序侵害农民合法权益的行为要坚决予以查处并立即纠正。在补偿标准上要做到"一把尺子量到底"，相同区片、相同地段的应当相同，相同品种和等级的作物、相同等级的地上附属物要严格执行相同标准。《土地管理法实施条例》中已经明确规定自征收土地预公告发布之日起，抢栽抢建部分不予补偿。这就要求一方面要做到信息保密，土地征收预公告发布之前，任何知情人不得提前泄露消息，一旦泄露消息必须采取补救措施或终止征收，对泄密直接责任人和相关责任人要严厉查处；另一方面，土地征收预公告一经发布，就要做好监督检查工作，防止任何单位或个人在征地范围内抢栽抢建。征地补偿安置公告中要设定合理的期限，在该期限内与农民签订征地补偿安置协议，当签署协议的农民超过一定比例时，如80%或90%（具体数值可以由中央或省级相关部门确定），对于未签署协议的农民的土地，可以依据相关规定申请或执行强行征收，防止个别农民通过拖延时间或漫天要价的方式影响征地进程和获得超额收益。征地过程中的公开透明是防止信息不对称的有效方式。不仅要做到征地补偿标准和方案的公开透明，而且要做到每一户获得补偿的信息也公开透明，对于一些农户现实问题和困难的照顾必须建立在规则的基础之上，对于没有相应规则规定的，但确实又是需要的，要及时制定补充规则，并要广泛征求农民和社会各界的意见建议。

5. 提高被征地农民与地方政府的谈判地位，进一步规范地方政府的征地行为，防止个别地区出现滥用行政权力的情况。农民谈判地位低和个别地方政府滥用行政权力，是征地过程中出现农民利益受损的一个主要原因。提高农民谈判地位和防止个别地方政府滥用行政权力可以从以下方面着手。第一，让社会各界参与到区片综合地价制定过程之中。《土地管理法》中规定，土地补偿费、安置补助费标准由省、自治区、直辖市制定的区片综合地价确定。农民只能是补偿标准的接受者，很难直接参与到区片综合地价的制定过程之中。就我国征地实际而言，这种做法也有其合理性，如果由各地基层政府自行制定补偿标准，很可能出现千差万别和侵害农民利益的情况，如果让农民直接与基层政府谈判来确定补偿标准，也很可能会出现漫天要价和征收过程漫长的情况。因此，可以考虑折中的办法，组成区片综合地价制定委员会，委员会构成主要包括政府相关人员、相关专家、农民代表和第三方专业机构等，由区片综合地价制定委员会制定补偿标准，并向社会公布，广泛听取各界意见。第二，制定农民可以拒绝政府补偿标准和土地征收的相应规则。面对地方政府给出的补偿标准和征地决定，农民并不能直接拒绝，只能通过拖延时间或增加政府的征收成本的方式来抵制，只有政府认为征收阻力较大时或征收成本过高时，补偿标准才能调整或土地征收才能停止。《土地管理法》中规定的也只是在多数被征地农民认为征地补偿安置方案不符合法律、法规规定的情况下，可以提请政府组织听证。农民能够预期到这种听证的结果，因此，极少有农民采取这种方式。应当制定农民的否决规则，如有超过一定比例的农民（如50%或70%）反对补偿标准或土地征收时，政府就必须修改土地补偿标准或终止土地征收。第三，进一步规范地方政府征地行为，防止滥用行政权力。中央出台了多项规定禁止地方政府违法强征、强拆，防止出现滥用行政权力的情况，但这种情况依然在个别地区出现。政府相关部门要切实履行职责，对出现的以下情况要坚决制止，并对相关责任人予以惩处，这些情况主要包括：未批先征、未征先占、少征多占、以租代征；官商结合、以权谋私；采取停水、停电、阻断交通、"株连式征迁"、"突击征迁"、"暴力征迁"、"野蛮征迁"等方式；违规使用警力和行政力量；引入地痞无赖、黑恶势力等。

第六节　本章小结

本章主要研究城郊农用地征收中的地方政府和农民之间的博弈和利益分配问题，研究的重点为在现有制度框架下博弈主体的不同行为和策略选择对各自收益、土地征收数量以及土地资源配置效率的影响。

本章首先分析了中国农村土地制度、土地征收制度和农用地的地租属性。中国实行的是城乡分割的二元土地制度，城镇土地归国家所有，农村土地归农村集体经济组织所有。对农村土地用途的严格限制和农村土地只有经过地方政府征收才能转化为城市建设用地的规定，使得地方政府拥有了农村土地的垄断征收权，也致使农民在土地征收中处于劣势地位。原有《土地管理法》中关于征地补偿方面，指导思想一直是按照土地原用途进行补偿，农民不能分享土地转用增值收益，虽然新修订的《土地管理法》提出了使用区片综合地价作为征地补偿标准，但区片综合地价制定的依据依然主要参考土地原有用途。城郊农用地的收益来自地租，土地价格可以看作未来地租的现值。城郊农用地的地租主要包括：绝对地租、种植农产品差异形成的级差地租，土地等级和肥力不同形成的级差地租，地理位置不同形成的级差地租、垄断地租，农业休闲形成的地租和其他原因形成的地租。

  本章第二节分析了城郊农用地征收中农民和地方政府利益诉求。农民的利益诉求首先是对农民损失给予补偿，主要包括对农民所承包土地的未来收益的补偿，对农民家庭生活成本上升的补偿，对农民人力资本损失的补偿和对农民风险增加的补偿。通过对农民失去土地的损失的分析可以得出农民供给土地的最低价格，也就是农民不抵制地方政府土地征收情况下的土地供给。地方政府是城郊农用地征收的主要推动者、执行者和受益者，地方政府征收城郊农用地一方面能够通过在城市土地市场出让获得高额土地增值收益，为地方政府开展的各项工作提供资金支持；另一方面，征收城郊农用地也是地方政府扩张城市建设用地，为各类项目工程落地提供保障和支持。在土地财政日益成为地方政府财政资金主要来源的情况下，由于城郊农用地相比于城郊农村建设用地征收成本更低、效率更高，地方政府更加倾向于征收城郊农用地。

  本章第三节分析了农民完全配合地方政府土地征收的情况，还分析了土地征收中存在棘轮效应的情况。在农民完全配合地方政府土地征收的情况下，地方政府将获得全部土地转用增值收益。在地方政府拥有土地垄断征收权情况下，进入到城市土地市场的土地数量远小于农用地可直接上市的土地数量，造成城市土地供给不足，城市土地使用者要接受更高的土地价格，客观上减缓了中国的城市化进程。地方政府的城郊农用地征收数量不仅受到地方政府收益最大化的影响，还受到中央政府耕地保护政策的影响，进一步减少了城市可供土地数量，也降低了农民可获得的土地征收补偿。农民能够接受的最低补偿存在只能上升不能下降的棘轮效应。如果地方政府收益最大化征收的土地数量大于棘轮效应对应的土地数量，土地征收补偿标准将高于农民能够接受的最低补偿标准，棘轮效应将不会发挥作用。如果地方政府收益最大化征收的土地数量小于棘轮效应对应的土地数量，农民将获得能够接受的最低补偿，农民的收益增加，地方政府的收益减少。

本章第四节分析了城郊农用地征收中的农民博弈和地方政府惩罚问题。本部分将农民的博弈分为三种情况：抢栽抢建、拖延时间和激烈的博弈，并通过构建数理模型的方式对每种情况进行了分析。农民的抢栽抢建会受到土地面积的限制，通常不会达到收益最大化水平。影响农民抢栽抢建成本收益的因素主要有支付的物质成本、人力资本、时间成本、地方政府不予补偿的风险和单位土地上抢栽抢建可获得的补偿。抢栽抢建提高了土地补偿价格，会减少地方政府土地征收的数量。农民采取抢栽抢建的策略会导致地方政府的收益减少，农民的收益增加，但一部分资源被消耗在双方的博弈之中。农民采取拖延时间策略进行博弈的目的是提高征地补偿。理论上，与地方政府相比，农民拥有更高的贴现率，代表农民更能够忍受征地时间的延长，农民应当在博弈中处于优势地位，能够分享更多的土地增值份额。地方政府可以通过使用行政力量，增加农民的时间成本，降低农民的贴现率，进而削弱农民的耐心。在城郊农用地征收中，地方政府拥有的行政力量使得农民分享土地增值收益方面处于劣势地位。农民通过相对激烈的方式与地方政府进行博弈，以此来获得更高的补偿。本节按照农民对地方政府类型是否拥有充分的信息分别进行了分析。在农民对地方政府类型具有完全信息的情况下，农民的博弈资源投入量与预期收益水平、获得预期收益的概率呈正相关，与政府惩罚造成的损失、遭受地方政府惩罚的概率呈负相关。在完全信息情况下，农民和地方政府之间的博弈存在稳定的纳什均衡。农民和地方政府之间的博弈不是零和博弈，而是负和博弈，损失的是双方投入到博弈的资源。在农民不拥有地方政府类型的完全信息情况下，无论农民采取混合策略还是单一策略，都不存在稳定的纳什均衡。强势地方政府可以通过传递信号的方式与弱势地方政府进行区分。强势地方政府使用的信号要做到使弱势地方政府无法模仿，使得弱势地方政府模仿强势地方政府的信号传递行为变得无利可图，但信号传递成本不能过高，防止强势地方政府出现偏好转移的情况。因此，受到成本区间的限制，信号传递的情况虽时有发生但并不普遍，尤其是中央政府严格规范地方政府的征地行为后，大幅增加了地方政府信号传递的成本，使得强拆、强征、限制人身自由和打击报复等行为显著下降。

本章第五节给出如下政策建议：进一步缩小土地征收范围，逐步放开符合规划要求的城郊土地转化为城市建设用地的限制，允许其直接入市；用土地增值税取代当前地方政府靠征收出让来获得土地增值收益的方式；建立农民参与土地增值收益分享的机制；保证征收过程的合法、合规、公正、透明；提高被征地农民与地方政府的谈判地位，防止个别地区出现行政权力滥用的情况。

第四章 城郊宅基地征收中的博弈与利益分配

宅基地是村集体无偿或支付少部分费用分配给集体成员用于农户或个人居住使用的集体所有的土地。宅基地占到农村建设用地的 70% 左右，是农村集体建设用地的最主要部分。由于中国实行城乡分割的二元土地制度，农村宅基地并不能直接转变为城市建设用地，要转化为城市建设用地必须经过政府征收环节。对于城郊宅基地，地方政府和农户都非常清楚土地已经出现大幅增值。因此，在征收城郊宅基地过程中，地方政府和农户之间可能会为了争夺土地增值展开激烈的博弈。本章首先给出与宅基地相关的管理制度、土地制度和征地补偿制度并对城郊宅基地土地增值的属性进行分析；其次，分析农户完全配合地方政府的情况下，土地增值收益分配情况；再次，将从完全信息和不完全信息两个角度对农户抵制与地方政府的策略选择及土地增值收益分配情况进行分析；最后，给出本章的政策建议。

第一节 宅基地的相关制度和土地增值属性

我国农村宅基地制度隶属于农村集体土地制度，但又有别于农用地的相关制度，有必要对其进行简要介绍。为了能够深入研究宅基地征收中的博弈与土地增值收益分配，也有必要对城郊宅基地的土地增值问题进行分析。

一 宅基地的相关制度

我国法律法规规定，农村宅基地属于农村集体所有。2004 年的《中华人民共和国宪法》规定："城市的土地属于国家所有。农村和城市郊区的土地，除由法律规定属于国家所有的以外，属于集体所有；宅基地和自留地、自留山，也属于集体所有。国家为了公共利益的需要，可以依照法律规定对土地实行征收或者征用并给予补偿。"1999年颁布的《国务院办公厅关于加强土地转让管理严禁炒卖土地的通知》中规定，农民的住宅不得向城市居民出售，也不得批准城市居民占用农村集体土地建住宅，有关部门不得为违法建造和购买的住宅发放土地使用证和房产证。2004年颁布的《土地管理法》中规定：任何单位和个人进行建设，需要使用土地的，必须依法申请使用国有土地；兴办乡镇企业和村民建设住宅经依法批准使用本集体经济组织农村集体所有的土地的，或者乡（镇）村公共设施和公益事业建设经依法批准使用农村集体所有的土地除外；农村村民一户只能拥有一处宅基地，其宅基地的面积不得超过省、自治区、直辖市规定的标准；农村村民出卖、出租住房后，再申请宅基地的，不予批准。

关于征收宅基地的补偿标准，基本上参照耕地补偿标准。2020年之前，征收耕地的补偿标准为2004年《土地管理法》中规定的，每公顷被征收耕地的安置补助费，最高不得超过被征收前三年平均年产值的15倍；土地补偿费和安置补助费的总和不得超过土地被征收前三年平均年产值的30倍。如果按照耕地的标准，按每亩平均年产值2000元计算，预计一亩耕地的征收费用最多为6万元，显然目前标准很低。2004年出台的《国务院关于深化改革严格土地管理的决定》中提出"使被征地农民生活水平不因征地而降低"，实际上提高了农民可获得的补偿标准，即突破了土地被征收前三年平均年产值30倍的上限。2006年发布的《国务院关于加强土地调控有关问题的通知》中进一步规定："征地补偿安置必须以确保被征地农民原有生活水平不降低、长远生计有保障为原则。被征地农民的社会保障费用，按有关规定纳入征地补偿安置费用，不足部分由当地政府从国有土地有偿使用收入中解决。社会保障费用不落实的，不得批准征地。"[①]农村宅基地征收补偿标准主要参考农地征收的补偿标准，因为宅基地承担

---

① 《国务院关于加强土地调控有关问题的通知》，中华人民共和国中央人民政府官网，2006年8月31日，http://www.gov.cn/zhengce/content/2008-03/28/content_2431.htm?ivk_sa=1024320u，2023年5月9日。

着农民居住和生产的双重功能，补偿标准略高于农地，地方政府通常也会新建住宅解决农民的居住问题。2020年生效的新修订的《土地管理法》中规定："征收土地应当依法及时足额支付土地补偿费、安置补助费以及农村村民住宅、其他地上附着物和青苗等的补偿费用，并安排被征地农民的社会保障费用。征收农用地的土地补偿费、安置补助费标准由省、自治区、直辖市通过制定公布区片综合地价确定。制定区片综合地价应当综合考虑土地原用途、土地资源条件、土地产值、土地区位、土地供求关系、人口以及经济社会发展水平等因素，并至少每三年调整或者重新公布一次。征收农用地以外的其他土地、地上附着物和青苗等的补偿标准，由省、自治区、直辖市制定。对其中的农村村民住宅，应当按照先补偿后搬迁、居住条件有改善的原则，尊重农村村民意愿，采取重新安排宅基地建房、提供安置房或者货币补偿等方式给予公平、合理的补偿，并对因征收造成的搬迁、临时安置等费用予以补偿，保障农村村民居住的权利和合法的住房财产权益。"[1]

关于宅基地的限定性制度框架可以概括如下：农村居民以集体成员身份无偿或者支付少部分费用取得宅基地，一户居民只能获得一处；对宅基地享有占有权和使用权，并享有部分收益权；农户转让宅基地只能在集体成员内部，不能转让给城市居民；将宅基地转化为城市用地必须通过政府征收环节，不能通过农户与土地需求者直接交易的方式。

二　土地增值属性

首先要确定的是城郊宅基地流转后增值部分是否具有地租属性。理论上，宅基地的所有权归村集体，由于宅基地是通过无偿划拨的方式归农户使用，从村集体角度而言，宅基地并没有产生地租。宅基地划给具体的农户使用后，在规定的使用范围内农户就拥有土地使用权垄断，这就提供了形成地租的条件，如地理位置、交通或环境较好的农户住宅能够获得更高的租金收入。目前，很多地区已经停止新宅基地审批，通过农村内部买卖宅基地成为农户获得宅基地的主要方式。由于使用权垄断性，转让价格中

---

[1] 全国人民代表大会常务委员会法制工作委员会编：《中华人民共和国法律汇编（2019）》，人民出版社2020年版，第287页。

除掉地上附属物的现值外还包含地租部分。城郊宅基地转变用途，尤其是被政府征收后，会出现较大幅度增值，土地增值部分均具有地租性质。

其次要确定城郊宅基地增值部分的构成。农户获得宅基地的主要方式是凭借农村集体成员身份向村集体申请宅基地，通过无偿或者象征性地支付少量费用获得不超过规定面积的土地用于建造住房、辅助用房（厨房、仓库、厕所）、庭院、沼气池、禽兽舍、柴草堆放等。在城郊宅基地流转之后，价值就包括两个部分，土地价值和地上附属物的价值。宅基地的产权属于农村集体所有，农户拥有的只是使用权，不得买卖、出租和非法转让。但是，农户对宅基地上的附属物享有所有权，拥有买卖、租赁等各项权利。根据以上规定，在没有政府征收，即农户不能改变宅基地的土地性质的情况下，宅基地的经济价值主要体现为：居住和作为家庭生产场所的价值；出租价值。由于居住和作为家庭生产场所的价值与出租价值之间具有替代性，本书假设居民的宅基地对农户只有出租价值（农户自用相当于自己租给自己），单位宅基地面积出租价值为 r，随着面积增加 r 递减。本书还假设宅基地附属物的价值为 c，为简化分析假定宅基地附属物不存在折旧。农户出售城郊宅基地的最低价格为：

$$p = c + \frac{r}{i} \qquad (4-1)$$

其中，p 为农户出售城郊宅基地的最低价格，i 为社会资本平均报酬水平，$\frac{r}{i}$ 为在农户不能改变土地性质时地租部分的资本化。政府征收城郊宅基地后，土地性质发生变化，土地价值大幅增长，表现为租金价格的大幅上升，土地转让的价格可以用未来租金的资本化表示：

$$P = C + \frac{R}{i} \qquad (4-2)$$

其中，P 为政府征收后土地的转让价格，R 为土地性质和用途变化后的租金水平。r 部分租金是与农户对城郊宅基地使用权垄断相联系，在不改变城郊宅基地土地性质的情况下，农户享有对城郊宅基地及附属物的使用权，此部分租金收入直接归农户所有。在改变土地性质和用途后的租金为 R，$R > r$，农户并不享有此种用途的使用权垄断，即如果没有政府征收，农户不能够将城郊宅基地的使用权转变为城市用地的使用权。

第二节 农户完全配合征收情况下的利益分配

租金 R 的归属涉及城郊宅基地实际占用者和使用者农户、名义上土地所有者村集体和垄断了土地征收和改变土地用途的地方政府三方主体，为简化分析，本书假设村集体不截留征地补偿，全部归农户所有。租金 R 的分配将主要在城郊宅基地使用者农户和征地者地方政府之间进行。

观点 4.1：在地方政府拥有城郊农村宅基地垄断征收权和城市土地一级市场的垄断供给权的情况下，如果农户完全配合地方政府的土地征收，农户将无法参与到土地增值收益的分配之中。由于地方政府拥有双边垄断权将导致更少的城郊宅基地转化为城市建设用地，农户将接受较低的征地补偿，城市土地使用者也将不得不接受更高的土地价格，直接降低了土地资源的配置效率，也减缓了中国的城市化进程。

地方政府拥有城郊农村宅基地垄断征收权和城市土地一级市场垄断供给权，地方政府将会按照收益最大化原则获得经济利益。地方政府征收城郊宅基地等农村建设用地的收益最大化可以表示为：

$$\max_q P(q)q + TP(q)q - p(q)q - Cq \qquad (4-3)$$

对公式（4-3）求一阶导数并满足最大化条件得到：

$$(1+T)[P'(q^e)q^e + P(q^e)] - p'(q^e)q^e - p(q^e) - C = 0 \qquad (4-4)$$

变换公式（4-4）的形式可以得到：

$$(1+T)[P'(q^e)q^e + P(q^e)] = p'(q^e)q^e + p(q^e) + C \qquad (4-5)$$

公式（4-5）的经济含义为，征收农村宅基地的边际收益等于边际成本时，地方政府收益最大化。因为 $P(q)$ 为变量 q 的减函数，所以有 $P'(q) < 0$，进而有 $P'(q)q + P(q) < P(q)$。对土地购买者而言，T 可被认为是土地购入价格的一部分，所以 $(1+T)P(q)$ 为实际的土地需求函数，这时 $(1+T)[P'(q)q + P(q)] < (1+T)P(q)$，边际收益函数小于市场需求函数。$p(q)$ 为征收数量 q 的增函数，所以 $p'(q) > 0$，也就有 $p'(q)q + p(q) + C > p(q) + C$，$C$ 被设定为土地征收过程中发生的除去支付给农户的补偿成本之外的成本，成本 C 位于公式（4-5）左右任一侧都不影响最终的均衡数量和价格水平。$p'(q)q + p(q) + C > p(q) + C$ 的含义为地方政府面对的边际成本函数高于城郊宅基地的供给函数。由于地方政府面对的边际收益函数小于市场需求函数，而面对的边际成本函数大于市场供给函数，所以决定的征收数量将会小于农户直接与土地需求者交易的数量，即 $q^e < q^E$，设定 q^E 为农户直接与土地需求者交易的数量。作为垄断征收者的地方政府将会按照征收数量对应的农户供给价格支付征收补偿。由于 $q^e < q^E$，$p(q)$ 为征收数量 q 的增函数，所以有 $p(q^e) < p(q^E)$，与自由交易相比，地方政府垄断城郊宅基地征收会导致农户获得更低的补偿价格。

相关主体的收益情况。如果地方政府没有介入到城郊宅基地的征收，也不拥有城市一级土地市场垄断供给地位，地方政府就没有获得收益，即使获得收益也是相关税收收益。地方政府介入土地交易后的收益为 $(1+T)P(q^e)q^e - p(q^e)q^e - Cq^e$，地方政府获得的收益是以土地使用者支付更高价格，农户获得更低补偿价格和宅基地流转数量减少为代价的。在没有地方政府征收的情况下，农户的收益为 $p(q^E)q^E$，因为地方政府介入到土地交易之中，并以垄断者压低价格，农户的收益为 $p(q^e)q^e$，$p(q^e)q^e < p(q^E)q^E$，农户收益减少的部分包括流转数量减少造成的收益降低和转让价格降低导致的收益减少。造成的社会福利损失为减少土地征收数量导致的土地需求者和农户福利降低，其函数形式为 $\int_{q^e}^{q^E}[(1+T)P(q) - p(q) - C]dq$。

下面可以用图 4-1 来做更为直观的说明。$P(q) + TP(q)q - C$ 为土地市场需求曲线，$p(q)q$ 为城郊宅基地供给曲线。如果没有地方政府介入市场，供求曲线决定的市场均衡价格和数量分别为 $(1+T)p^E - C$ 和 q^E，市场自发交易使得土地资源得到了最大化的利用，并且不存在社会福利损失。地方政府以双边垄断者的身份介入到交易之中，地方政府面对的边际收益曲线为 $(1+T)[P(q) + P'(q)q] - C$，边际收益曲线位于市场需求曲线下方；按照农户的供给曲线确定自己的边际成本曲线为 $p'(q)q + p(q)$，边际成本曲线位于供给曲线的上方。边际收益曲线和边际成本曲线决定的宅基地征收数量为 q^e，$q^e < q^E$，农户获得的补偿价格为 p^e，土地使用者支付的价格为 $(1+T)P^e$，显然有 $p(q^e) < p(q^E)$，农户获得更低的补偿价格，$(1+T)P^e > (1+T)p^E$，土地使用者支付更高的价格。

收益和社会福利变化。地方政府如果不介入到市场交易之中,就不会获得收益(为了方便分析,认为地方政府也不会获得税收收益)。地方政府以双边垄断者身份介入后,获得的净收益为矩形 $(1+T)P^e-Cabp^e$ 的面积,数学表达式为 $[(1+T)P^e-C-p^e]\times q^e$。由于地方政府介入,土地需求者的福利损失为四边形 $(1+T)P^e-CaE(1+T)p^E-C$ 的面积,数学表达式为 $\int_{q^e}^{q^E}[(1+T)P(q)-C]dq-[(1+T)p^E-C](q^E-q^e)+(P^e-P^E)q^e$。农户收益减少的面积为 $(1+T)p^E-CEbp^e$ 四边形的面积,函数表达式为 $[(1+T)P^E-C-p^e]\times q^e+[(1+T)P^E-C]\times(q^E-q^e)-\int_{q^e}^{q^E}p(q)$。全社会福利损失为 aEb 的面积,函数表达式与前文相同。

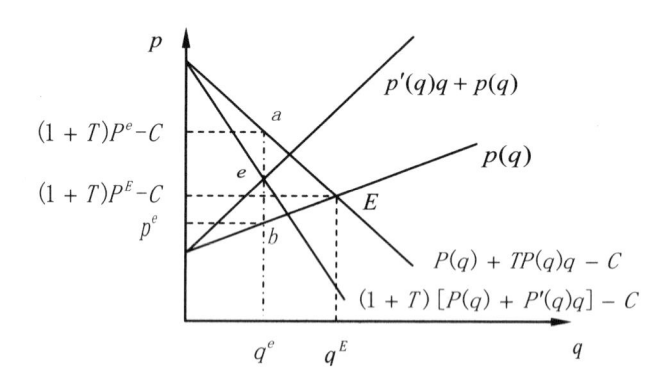

图 4-1 地方政府处于双边垄断下的市场均衡

第三节 农户抵制征收情况下的利益分配

在地方政府征收城郊宅基地过程中,往往会遭到农户的抵制,其中比较典型的就是"钉子户"的抵制行为。"钉子户"和普通农户都会采取博弈策略来增加补偿。"钉子户"和普通农户的主要区别在于,"钉子户"会在博弈中投入更多的资源采取更多的策略,表现为与地方政府之间的博弈更为激烈和持续时间更长。"钉子户"的博弈可能会成功也可能会失败,一旦成功将获得更高的收益。但在整个征地拆迁过程中能够充当"钉子户"的农民毕竟是少数,可能是因为这些农户对地方政府的惩罚有更强的忍耐能力或者更能够有效地规避惩罚带来的损失，并对可能获得的补偿拥有更高的预期。接下来，本部分将从完全信息和不完全信息两个角度对两类农户与地方政府之间的博弈和土地增值收益分配情况进行分析。

一 完全信息、真实投入与分离均衡

观点4.2：在完全信息情况下，与普通农户相比，"钉子户"能够从与地方政府博弈中获得更高的收益。"钉子户"能够获得更高补偿的原因为，更能够忍受或有效规避地方政府惩罚造成的损失，投入更多的资源与地方政府进行博弈，具有博弈成本方面的优势或对可获得补偿水平有更高的预期。地方政府可以对"钉子户"和普通农户采取差别化的策略，"钉子户"和普通农户之间不会产生相互影响，存在分离的纳什均衡。由于是在完全信息情况下，博弈并不需要投入真实资源，可以在博弈一开始就达成结果，博弈双方获得的收益并不是具体的数值而是一个收益区间，博弈就转化为争夺固定收益的讨价还价过程。

农户并不会完全配合地方政府的宅基地征收，会通过采取各种博弈的方式来增加补偿。在宅基地征收过程中，"钉子户"的博弈最具有代表性。在中国，"钉子户"具有特殊的含义，一般认为是在征地拆迁过程中为了获得远高于地方政府规定的补偿的农户或城市居民，这些人会为了获得更高的补偿与地方政府进行长期的博弈，致使征地拆迁工作迟迟不能完成并直接影响后续的工程建设，或者导致后续工程项目不得不修改设计方案，支付更高的成本。由于"最牛钉子户"的标题经常见诸于网络、电视等媒体，社会公众对"钉子户"的印象往往是"刁民""恶民""敲竹杠的"，实际上公众印象中的"钉子户"只是农户博弈中的极端情况。因此，本部分所指的"钉子户"不仅包括上述的极端情况，而且包括在宅基地征收过程中，农民以个体或家庭为单位与地方政府就征地拆迁进行博弈的情况。

"钉子户"的博弈策略有多种形式，主要分为体制内博弈和体制外博弈。体制内博弈主要是指按照现有的法律法规和制度要求，不逾越现有的体制和制度框架，是每个公民都能够使用的合法手段。体制内博弈主要包括信访、调解、仲裁、诉讼等体制内的途径。理论上，体制内博弈应当成为农户博弈的主要途径，也是在法治社会农民权益能够得到有效保障的途径。然而，现实情况却是在宅基地征收过程中，体制内博弈往往面临时间长、成本高、不确定性高的特点，很少有农户仅仅使用体制内途径来表达和维护个人的利益诉求。体制外博弈是指采取制度允许范围之外的博弈手段和渠道，有些是违反法律、法规的，有些是违反公众默认的社会规则的，来表达和维护个人的利益诉求。在宅基地征收过程中，农户的体制外博弈主要有越级上访，向上级部门或向公众公布地方政府征地拆迁中的违法违规行为，到政府工作场所静坐、打横幅、大吵大闹、拦车告状、撒泼打滚等，在房屋上悬挂国旗、打横幅、张贴标语，用身体和生命来阻挡地方政府的拆迁，用武力或武力威胁来阻挡地方政府的拆迁，通过在网络、手机发布征地拆迁中的相关文字、图片和视频的方式希望引起媒体、公众和上级政府部门的关注。近些年由于中央政府一再强调并严格要求地方政府不能暴力拆迁、野蛮拆迁，加之资讯的传播速度越来越快、范围越来越广，地方政府对"钉子户"的博弈行为再采取强制措施将会付出更高的成本，强制拆迁的事情已经大大减少。在本部分的研究中并不区分农户的博弈方式，只是通过农户博弈成本收益的分析来确定农户博弈水平选择。

由于城郊宅基地的地理位置优势能够给农户带来较高的收益，农户对补偿标准的预期也会较高。城郊宅基地受到城市发展的辐射，土地价值已经大幅增值，农户可以在宅基地上扩建房屋，将房屋出租获得租金收益，也可以在宅基地上发展"农家乐"等形式的乡村旅游等。由于城郊宅基地能够给农户带来远超于自家居住的收益，因此在宅基地被征收时，农户的预期补偿至少是宅基地最高收益的资本化现值。如果地方政府的征收补偿标准没能弥补宅基地最高收益的资本化现值，将会引发农户较为激烈的博弈。本书认为地方政府为了避免出现农户较为激烈的博弈，征地补偿标准至少应当能够弥补农户的损失，因此假定地方政府的征地补偿标准高于宅基地最高收益的资本化现值，即地方政府的征收补偿标准应当高于农户内部转让宅基地的价格。城郊农户居住在城市与农村的交接地带，虽然户籍和住宅为农村属性，但很多城郊农户的生活、工作方式更接近于城市居民，他们能够从多种渠道获得与征地拆迁相关的法律法规，也拥有一些与地方政府打交道的方式和技巧，这些都有助于他们在征地拆迁中提高与地方政府博弈的能力。为了简化分析，本部分将农户分为两类：一类为"钉子户"，这些农户预期或要求更高的补偿并对地方政府的惩罚具有更高的忍耐力或能够更有效地规避惩罚造成的损失；另一类为普通农户，他们则不具有"钉子户"的能力。这样设定农户类型是为了更方便地构建模型，也可以设定为"钉子户"能够以更低的博弈成本获得相同的收益，从成本和补偿的任何方面进行设定，意义是相同的。设定"钉子户"和普通农户通过博弈要得到的预期补偿收益分别为 $\bar{R}(l)$ 和 $\underline{R}(l)$，其中 l 为农户博弈投入的资源，包括时间、精力、资金、忍受的痛苦等，存在 $\bar{R}(l)$ 和 $\underline{R}(l)$ 的一阶导数大于零和二阶导数小于零，且存在 $\bar{R}(l) > \underline{R}(l)$ 和 $\bar{R}'(l) > \underline{R}'(l)$ 经济含义为与普通农户相比，"钉子户"博弈的预期收益更高，博弈的预期边际收益下降得更慢。$A(l, g)$ 为两类农户通过博弈获得补偿的概率，其中 g 为政府投入的应对和惩罚农户博弈的资源。$A(l, g)$ 为 l 的减函数，可以理解为农户投入的博弈资源越多，农户博弈程度会越高，地方政府不补偿的概率越高。$A(l, g)$ 为 g 的减函数，随着政府投入资源 g 的增加，农户获得补偿的概率下降。两类农户博弈的成本为 $c(l)$，且 $c(l)$ 的一阶导数和二阶导数均大于零。因此，两类农户博弈的收益可以表示为：

$$r_a = A(l,g)\bar{R}(l) - c(l) - \bar{\varphi}f(g) \tag{4-6}$$

$$r_b = A(l,g)\underline{R}(l) - c(l) - \underline{\varphi}f(g) \tag{4-7}$$

公式（4-6）为"钉子户"博弈的总收益，公式（4-7）为普通农户博弈的总收益。$\bar{\varphi}f(g)$ 和 $\underline{\varphi}f(g)$ 分别为"钉子户"和普通农户博弈没有获得补偿反而遭到地方政府惩罚造成的损失，其中 $\underline{\varphi}$ 和 $\bar{\varphi}$ 为常数，取值区间为 $1 < \underline{\varphi} < \bar{\varphi}$，经济含义为，与普通农户相比，"钉子户"更能够规避地方政府的惩罚，其中 $f(g)$ 为地方政府为了应对农户博弈投入资源的成本函数，并且存在 $f'(g) > 0$ 和 $f''(g) > 0$。分别对公式（4-6）和公式（4-7）求 l 的一阶偏导，并使得满足收益最大化条件成立，得到以下表达式：

$$\frac{\partial A(l^a, g)}{\partial l^a}\bar{R}(l^a) + A(l^a, g)\bar{R}'(l^a) = c'(l^a) \tag{4-8}$$

$$\frac{\partial A(l^b, g)}{\partial l^b}\underline{R}(l^b) + A(l^b, g)\underline{R}'(l^b) = c'(l^b) \tag{4-9}$$

在公式（4-8）中，等式左边为"钉子户"博弈的边际收益，等式右边为"钉子户"博弈的边际成本。因为 $\frac{\partial A(l,g)}{\partial l} < 0, \bar{R}'(l) > 0, \bar{R}''(l) > 0$，"钉子户"博弈的边际收益呈现递减的趋势。因为 $c'(l) > 0, c''(l) > 0$，"钉子户"博弈的边际成本呈现递增的趋势。因此，只要公式（4-8）中不出现博弈收益一直小于博弈成本的情况，对于既定的 g 就存在唯一的 l^a 使得公式（4-8）的等式成立。本部分假定存在内部解，否则"钉子户"根本不用采取博弈策略。同理，也存在唯一的 l^b 使得公式（4-9）的等式成立。

对于既定的 g，公式（4-8）对应的最优值为 l^a，公式（4-9）对应的最优值为 l^b，下面将讨论 l^a 和 l^b 之间的关系。比较公式（4-8）和公式（4-9）等式左边部分，分别为两类农户博弈的边际收益，由于 $\bar{R}(l) > \underline{R}(l)$ 和 $\bar{R}'(l) > \underline{R}'(l)$，对于任意 (l,g)，都存在 $\frac{\partial A(l,g)}{\partial l}\bar{R}(l) + A(l,g)\bar{R}'(l) > \frac{\partial A(l,g)}{\partial l}\underline{R}(l) + A(l,g)\underline{R}'(l)$。因此，对于既定的 g，"钉子户"的最优资源投入量 l^a 将大于普通农户的最优资源投入量 l^b，即 $l^a > l^b$。"钉子户"和普通农户也不会出现偏好转移，"钉子户"偏好 (l^a, g) 而不会偏好 (l^b, g)，普通农户偏好 (l^b, g) 而不会偏好 (l^a, g)。

地方政府面对两类农户会有不同的收益函数，面对"钉子户"和普通农户的收益函数分别为：

$$R_a = \bar{R}(l) - A(l,g)\bar{R}(l) - f(g) \qquad (4-10)$$

$$R_b = \underline{R}(l) - A(l,g)\underline{R}(l) - f(g) \qquad (4-11)$$

地方政府的收益需要通过反向思维的方式进行考虑。以公式（4-10）为例，地方政府面对"钉子户"时，如果地方政府对农户的博弈不采取监察和惩罚的话，农户将会得到预期收益 $\bar{R}(l)$，农户这部分增加的收益来自地方政府增加的征地补偿；如果地方政府对农户的博弈采取监察和惩罚的话，地方政府支付给农户的补偿将为 $A(l,g)\bar{R}(l)$，因此少支付的补偿 $\bar{R}(l) - A(l,g)\bar{R}(l)$ 部分就可以理解为地方政府对农户博弈进行监察和惩罚的收益。如果地方政府对农户类型拥有完全信息，地方政府将会采取区别对待的方式。对公式（4-10）求 g 的一阶偏导并使得等式成立得到公式（4-12），并与公式（4-8）组成联立方程组。

$$-\frac{\partial A(l,g^a)}{\partial g^a}\bar{R}(l) = f'(g^a) \qquad (4-12)$$

$$\frac{\partial A(l^a,g)}{\partial l^a}\bar{R}(l^a) + A(l^a,g)\bar{R}'(l^a) = c'(l^a) \qquad (4-8)$$

在以上联立方程组中公式（4-12）是地方政府对"钉子户"博弈的反应函数，公式（4-8）是"钉子户"对地方政府检查和惩罚的反应函数，两个方程两个变量就存在唯一的最优解(l^a,g^a)，即在"钉子户"和地方政府投入分别为(l^a,g^a)的情况下，博弈双方达到了纳什均衡。同理，在普通农户和地方政府投入分别为(l^a,g^a)的情况下，博弈双方也达到了纳什均衡。由于地方政府对农户类型拥有完全信息，会出现两类农户和地方政府之间的分离均衡。与普通农户相比，"钉子户"在博弈中会投入更多的资源，并获取更多的收益，地方政府为应对"钉子户"的博弈也需要投入更多的资源。"钉子户"之所以能够获得更多的补偿，主要原因是地方政府对"钉子户"的惩罚造成的损失更低，或相比普通农户"钉子户"对地方政府的惩罚更具有忍耐力。在宅基地征收中，"钉子户"获得更高收益的另一个原因是会投入更多的资源进行博弈并对能够从地方政府争取的补偿有更高水平的预期。

在农户和地方政府之间具有完全的信息，博弈双方都清楚地了解对方的成本收益函数的情况下，农户将不需要投入博弈资源，地方政府也不需要投入资源来应对农户的博弈。下面以"钉子户"为例，简要说明在完全信息情况下，地方政府和农户都会预期到各自的最大收益，博弈过程并不需要发生，与博弈相关的资源也没有必有投入，市场均衡可以直接达成。地方政府可以直接支付给"钉子户"$A(l^a,g^a)\bar{R}(l^a)$数额的补偿。对于"钉子户"而言，这是其能够获得的最高收益，并且不需要支付$c(l)$的成本；对于地方政府而言，这也是其能够获得的最高收益，并且不需要支付$f(g)$的监察和惩罚的成本。如果"钉子户"中的某个农户想要获得高于$A(l^a,g^a)\bar{R}(l^a)$的补偿，地方政府就会宣称将会投入g^a的资源对该农户进行惩罚。地方政府将投入g^a资源具有可信性，如果其中一个"钉子户"成功地索要了更多的补偿，那么其他"钉子户"都会效仿，地方政府将会蒙受更多的损失。"钉子户"也会意识到地方政府的策略具有可信性，会接受$A(l^a,g^a)\bar{R}(l^a)$的补偿，不再继续博弈。同理，对于普通农户，由于地方政府清楚其类型，地方政府将支付给该类农户 $A(l^b,g^b)\bar{R}(l^b)$ 的补偿，农户也将会接受地方政府的补偿，并不再继续博弈。

由于在完全信息情况下，农户的博弈和地方政府的惩罚并不需要一定发生，因此博弈模型给出的两类农户能够获得的补偿并不是一个具体的数值，应当为一个区间。对于"钉子户"，在博弈资源投入和政府监察和惩罚资源均衡情况下，将均衡投入 (l^a,g^a) 代入公式（4-6）能够得到"钉子户"的收益为：

$$r_a^* = A(l^a,g^a)\bar{R}(l^a) - c(l^a) - \varphi f(g^a) \qquad (4-13)$$

其中，r_a^* 为"钉子户"在博弈真实发生情况下能够获得的最大化收益。如果地方政府给予"钉子户" r_a^* 的补偿，对于农户而言，博弈和不博弈获得的收益相同，农户能够接受地方政府 r_a^* 的补偿。在博弈双方都不实际为博弈投入资源的情况下，r_a^* 是"钉子户"能够接受的最低补偿水平，一旦低于此水平，"钉子户"的理性选择是投入资源进行博弈。对于地方政府而言，在"钉子户"博弈资源投入的情况下，地方政府也需要投入监察和惩罚资源，将均衡投入 (l^a,g^a) 代入公式（4-10）中能够得到地方政府的收益为：

$$R_a^* = \bar{R}(l^a) - A(l^a,g^a)\bar{R}(l^a) - f(g^a) \qquad (4-14)$$

其中，R_a^* 为地方政府面对"钉子户"真实投入博弈资源情况下的最大化收益。对于地方政府而言，如果让地方政府放弃 $A(l^a,g^a)\bar{R}(l^a) + f(g^a)$ 的收益，"钉子户"也不采取博弈的策略，那么地方政府的收益仍然是 R_a^*，两种结果没有差异。因此，在博弈开始时，地方政府预期到如果"钉子户"的博弈一旦发生，地方政府的损失将为 $A(l^a,g^a)\bar{R}(l^a) + f(g^a)$，$A(l^a,g^a)\bar{R}(l^a) + f(g^a)$ 就是地方政府可以接受的给予"钉子户"的最大补偿。通过上面的分析，在完全信息情况下，地方政府和"钉子户"都清楚对方的投入和收益，因此真实的博弈过程并不需要发生，博弈模型中农户可以获得的收益也并不是某一具体数值，而是一个区间，该区间为 $[r_a^*, A(l^a,g^a)\bar{R}(l^a) + f(g^a)]$，"钉子户"能够获得的补偿或收益最低为 r_a^*，能够获得的最高补偿为 $A(l^a,g^a)\bar{R}(l^a) + f(g^a)$，具体数值取决于双方的讨价还价能力。那么，地方政府和"钉子户"之间的博弈就转化为争夺 $A(l^a,g^a)\bar{R}(l^a) + f(g^a) - r_a^*$ 收益的讨价还价过程。同理，也可以得出普通农户能够获得的补偿区间为 $[r_b^*, A(l^b,g^b)\underline{R}(l^b)+f(g^b)]$，地方政府和普通农户之间的博弈也转化为争夺 $A(l^b,g^b)\underline{R}(l^b)+f(g^b)-r_b^*$ 收益的讨价还价过程。

二 不完全信息、甄别与讨价还价

地方政府和农户之间的博弈已经转化为争夺某一固定收益的讨价还价过程。为了更符合现实情况，本部分假定地方政府对农户的类型并不具有完全的信息，地方政府只知道某一农户为"钉子户"的概率为 ρ，为普通农户的概率为 $1-\rho$。地方政府对两类农户的成本收益函数还拥有完全的信息，农户也对地方政府的成本收益函数拥有完全的信息。下面将沿着上文的分析对不完全信息情况下的地方政府和农户之间的讨价还价过程进行研究。

1. 两阶段"最后通牒"策略

观点4.3：在地方政府采取"最后通牒"策略中，如果地方政府能够区分两类农户，则地方政府能够获得全部收益，农户只能获得最低收益。在信息不完全情况下，由于存在两类农户的识别问题，地方政府需要通过两阶段"最后通牒"博弈对"钉子户"进行甄别。普通农户依然只获得最低收益，没有得到讨价还价收益，"钉子户"也只获得了最低收益，但由于甄别过程需要防止两类农户之间出现偏好转移，"钉子户"必须要采取博弈策略，地方政府也必须要对"钉子户"博弈行为进行惩罚，博弈必然会发生并持续下去。地方政府在与"钉子户"博弈过程中能够获得的收益减少，减少的收益为双方投入的资源。两阶段"最后通牒"博弈在征地拆迁中普遍存在，地方政府实行的"一把尺子量到底"+"拆迁奖励"的政策就是该博弈策略在现实中的具体应用。

在城郊宅基地征收过程中，地方政府处于优势地位，如果地方政府能够阻止农户联合并能够让农户预期到地方政府要么征收宅基地要么放弃征收，地方政府就能够使用"最后通牒"策略。对于"钉子户"而言，地方政府会采取仅仅支付略高于 r_a^* 的补偿，由于"钉子户"即使采取博弈策略也只能获得 r_a^*，面对强势的地方政府如果农户不接受的话，可能会一无所得，农户的最优选择是接受地方政府给出的条件。地方政府将获得要讨价还价争夺的全部收益 $A(l^a,g^a)\bar{R}(l^a)+f(g^a)-r_a^*$，"钉子户"在讨价还价中没有获得任何收益。对于普通农户而言，地方政府也可以采取相同的策略，以最后通牒的方式支付给普通农户 r_b^*，地方政府获得全部收益 $A(l^b,g^b)R(l^b)+f(g^b)-r_b^*$。

在能够区分农户类型的情况下，地方政府可以通过区别化的方式对两类农户都采取"最后通牒"策略，但是在地方政府并不具有农户类型信息的情况下，地方政府的"最后通牒"策略将会失效。地方政府可以采取三种出价策略：第一种出价策略是对所有农户都支付 r_b^* 的补偿，第二种出价策略为依概率采取平均出价 $\rho r_a^*+(1-\rho)r_b^*$，第三种出价策略是对所有农户都支付 r_a^* 的补偿。如果地方政府采取第一种出价策略，只有普通农户会接受地方政府的出价，"钉子户"是不会接受 r_b^* 的，因为"钉子户"选择博弈会至少得到 r_a^*，$r_a^* > r_b^*$。但是，如果普通农户知道地方政府并不了解自己的类型，普通农户也有动力拒绝地方政府 r_b^*，宣称自己是"钉子户"，这也就能够解释为什么在城郊宅基地征收初期很多农户会宣称与地方政府博弈到底，不满足提出的条件绝不同意征地拆迁。如果地方政府采取第二种出价策略，将只有普通农户可能会接受，"钉子户"不会接受地方政府的出价。但对于地方政府而言，对于能够接受出价的农户，最优出价应当是 r_b^*，而不是 $\rho r_a^*+(1-\rho)r_b^*$。如果地方政府采取第三种出价策略，对两类农户都支付 r_a^* 的补偿，则两类农户都会接受地方政府的出价。但是地方政府的第三种出价策略没有做到分离均衡，与完全信息情况相比，地方政府多支付了 $n(1-\rho)(r_a^*-r_b^*)$，n 为农户的数量。

在仅采取出价策略无法实现分离均衡的情况下，地方政府可以通过惩罚的方式来做到分离均衡。地方政府的三种出价策略之所以不能起到分离两类农户的作用，主要原因是普通农户宣称自己是"钉子户"并不需要支付成本，反而能够获得收益，即普通农户更偏好于获得 r_a^* 的补偿而不是获得 r_b^* 的补偿，只要让普通农户不发生偏好转移，就能够实现分离均衡。地方政府可以采取如下策略：第一阶段对所有农户的出价都为 r_b^*；第二阶段对所有没在第一阶段同意地方政府出价的农户施加惩罚，惩罚造成农户的损失为 $r_a^*-r_b^*$，为了使普通农户确信，惩罚需要在第二阶段确定执行。对于普通农户而言，如果冒充"钉子户"在第二阶段会遭受惩罚，并且不增加收益，则会在第一阶段就会接受地方政府的出价。由于不存在普通农户冒充"钉子户"的情况,地方政府通过在第二阶段采取惩罚的策略实现了对两类农户的甄别。对于"钉子户",由于在第一阶段没有接受地方政府的出价,地方政府也不能在第二阶段支付超过 r_a^* 的补偿,如果支付的补偿超过了 r_a^* 将不能在第一阶段对普通农户进行甄别,因此第二阶段"钉子户"获得的收益将为 $r_a^* - (r_a^* - r_b^*) = r_b^*$。在第二阶段,"钉子户"不会接受地方政府的出价,而地方政府为了能够对普通农户完成甄别也不会提高出价,"钉子户"的理性选择是真实地投入资源与地方政府进行博弈。在真实投入资源的情况下,"钉子户"能够获得 r_a^* 的收益。地方政府对普通农户的甄别使得"钉子户"与地方政府的博弈真实发生了。在"最后通牒"中,地方政府采取甄别措施的条件为,甄别带来的收益要大于成本。地方政府甄别的收益为 $n(1-\rho)(r_a^* - r_b^*)$,地方政府甄别的成本来自"钉子户"与地方政府真正实行了博弈造成的损失。如果地方政府不甄别"钉子户",对"钉子户"支付的补偿为 $n\rho r_a^*$,甄别之后"钉子户"将会采取抗争策略,地方政府的成本增加为 $n\rho A(l^a, g^a)\bar{R}(l^a) + n\rho f(g^a)$。地方政府采取甄别行为的条件为:

$$n(1-\rho)(r_a^* - r_b^*) \geq n\rho A(l^a, g^a)\bar{R}(l^a) + n\rho f(g^a) - n\rho r_a^* \quad (4-15)$$

将公式(4-13)代入公式(4-14)不等号的右边,并整理得到:

$$\frac{(1-\rho)}{\rho}(r_a^* - r_b^*) \geq c(l^a) + [\varphi+1]f(g^a) \quad (4-16)$$

公式(4-16)给出了在实行"最后通牒"策略中地方政府进行甄别的条件。不等式左边为甄别的收益,不等式右边为甄别的成本。通过公式(4-16)可以得出,两类农户之间的博弈收益差异越大,普通农户占全体农户的比例越大,则地方政府实行甄别的收益越高,地方政府越有动力将两类农户进行分离,反之,地方政府就越没有动力将两类农户进行分离;"钉子户"博弈的成本支出越高,地方政府惩罚导致的总损失越高,地方政府实行甄别的收益越低,地方政府越没有动力将两类农户进行分离,反之,地方政府就越有动力将两类农户进行分离。

以上分析与地方政府征收城郊宅基地中实际采取的策略具有一定的吻合性,能够解释地方政府的一些行为方式。地方政府作出征收某个区域的城郊宅基地决策后,首先要做的就是发布公告、动员宣传,这不仅能够使农户清楚地了解到该区域已经被列入征地拆迁范围,更重要的是让农户清楚征地拆迁是政府工作中的大事，任何人都不能阻拦。随后，地方政府会公告征地补偿标准，通常会明确征地补偿标准是不能改变的，任何人通过博弈都不会增加收益，即各地土地征收中经常提到的"一把尺子量到底"。为了鼓励农户能够尽快在地方政府的征地拆迁协议上签字，地方政府通常会给出一个具体时间，在此之前签约的农户除了能按照补偿标准获得补偿，还能够获得一定数额的奖励，超过这一时间不仅没有奖励，地方政府还将采取各种措施对没有同意的农户进行处罚。地方政府的拆迁奖励和对超过某一时间节点仍然没接受政府征地拆迁条件的农户进行惩罚与上文的甄别过程是相同的。如果没有这个甄别过程，所有农户都会宣称与地方政府进行博弈。地方政府通过拆迁奖励和对截止时间之后没签约农户的惩罚，使得普通农户意识到接受地方政府的拆迁奖励是最优的选择。对于没有接受地方政府拆迁奖励的农户，地方政府已经确定他们是真正的"钉子户"，但是地方政府为了在未来征地拆迁中建立可信的声誉，也不会轻易地提高补偿，地方政府必须对"钉子户"进行相应的惩罚或通过长时间谈判来耗损"钉子户"的时间和精力。"钉子户"意识到地方政府的行为选择，因此通常也会做好了与地方政府进行长期博弈的准备。地方政府和"钉子户"之间的博弈会持续下去，期间双方都会耗费资源，会经历较长的时间，但这是符合双方利益最大化的理性选择。最终，多数"钉子户"会与地方政府达成协议，获得高于普通农户的征地拆迁补偿，但是普通农户不会模仿"钉子户"行为，因为普通农户无法承受与地方政府博弈所付出的成本。因此，一旦地方政府实行"一把尺子量到底"和拆迁奖励政策，地方政府和"钉子户"之间的博弈和为博弈而投入资源的过程就不可避免，实际上这种情况也是经常发生的。

2. 讨价还价能力和风险规避

观点4.4：通过使用纳什讨价还价博弈，农户由于风险厌恶程度高于地方政府，讨价还价能力低于地方政府，在讨价还价过程中只能获得较低的份额。相对于普通农户，"钉子户"具有更高的风险承受能力和讨价还价能力，能够获得更多的收益，但依然低于地方政府获得的份额。地方政府可以通过逐步试探的方式来对两类农户进行甄别，甄别过程同样需要付出成本。

在与地方政府进行博弈的过程中，农户的讨价还价能力和风险规避程度也对农户能够获得的收益比例产生重要影响。下面以"钉子户"为例,分析讨价还价能力和风险厌恶程度对农户能够获得的收益的影响。本部分假定地方政府和"钉子户"进行的是无出价顺序的纳什讨价还价博弈,"钉子户"与地方政府讨价还价争夺的固定收益设定为 $\pi = A(l^a, g^a)\bar{R}(l^a) + f(g^a) - r_a^*$,无协议点或谈判破裂点为 $d = (d_a, d_{g1}) = (0, 0)$,纳什讨价还价的收益最大化表达形式为:

$$max \ (X_a^\alpha - d_a)^\tau \ (X_{g1}^\beta - d_{g1})^{1-\tau}$$
$$s.t. \ X_a + X_{g1} \leq \pi \quad (4-17)$$

其中,X_a 为"钉子户"获得的份额,X_{g1} 为地方政府获得的份额,α 和 β 分别代表"钉子户"和地方政府的风险厌恶程度,$0 < \alpha \leq 1$,$0 < \beta \leq 1$,α 和 β 越接近于 1 表明参与者越接近于风险中性,等于 1 表明风险中性,越接近于 0 表明参与者越厌恶风险,$\tau \in [0, 1]$ 代表"钉子户"的讨价还价能力,$1 - \tau$ 为地方政府的讨价还价能力,τ 越接近于 1 表明"钉子户"的讨价还价能力越强,τ 越接近于 0 表明"钉子户"的讨价还价能力越弱,$\tau = 0.5$ 表明"钉子户"和地方政府之间具有相同的讨价还价能力。对公式(4-17)求最大化得到"钉子户"和地方政府的纳什讨价还价解 (X_a^*, X_{g1}^*) 为:

$$X_a^* = \frac{\alpha\tau}{\alpha\tau + \beta - \beta\tau}\pi \quad (4-18)$$

$$X_{g1}^* = \frac{\beta - \beta\tau}{\alpha\tau + \beta - \beta\tau}\pi \quad (4-19)$$

通过公式(4-18)和公式(4-19)得出,"钉子户"和地方政府能够分配 π 的比例主要取决于 $\alpha\tau$ 和 $\beta - \beta\tau$ 的具体数值。"钉子户"能够获得的讨价还价收益 π 的份额取决于风险厌恶程度和讨价还价能力。风险厌恶程度越低,讨价还价能力越高,则 $\alpha\tau$ 的数值越高,获得的份额越高,反之,则越低。地方政府能够获得的讨价还价收益 π 的份额也取决于风险厌恶程度和讨价还价能力,风险厌恶程度越低,相对于农户的讨价还价能力越高,则 $\beta - \beta\tau$ 的数值越高,获得的份额越高,反之,则越低。

与地方政府相比农户的讨价还价能力较弱,风险承受能力也较弱,获得的收益普遍较低。地方政府拥有比农户更强的讨价还价能力主要有以下几方面原因:地方政府是征地拆迁规则的制定者和执行者,农户很难参与其中；在征地拆迁过程中，地方政府能够合理合法地使用行政力量，使得地方政府所处的地位高于一般市场交易者，多数情况下农户能够动用的资源仅限于个人和家庭，即使在合法权益受到侵害时也可能难以获得司法救济；地方政府具有丰富的征地拆迁经验，拥有谈判能力较高的专业人员，而农户普遍缺乏相关经验，更缺乏相关的谈判能力和技巧；地方政府对相关的法律法规和规章制度等具有完全的信息，借助于村干部的协助（通常情况下，村干部会站在地方政府一边并协助地方政府完成征地拆迁工作），地方政府对农户具有相对充分的信息，相反，农户则在上述方面处于劣势地位。地方政府风险承受能力高于农户的原因主要有：地方政府是一级组织，无论从人员和实力方面都远远超越单个农户家庭；对于农户家庭而言，征地拆迁补偿款是一笔数额较大的收入，数额变动对农户福利会产生较大的影响，但单个征地项目在地方政府收入中仅占相对较小的份额，即使放弃某个项目对地方政府的收益影响也较为有限；征地拆迁补偿款的变动会直接影响到农户的收入和生活，征地收益变动对执行征地拆迁工作的地方政府官员的收益影响没有那么直接和显著。由于相对于地方政府，农户的风险承受能力和讨价还价能力都较低，农户在与地方政府博弈中只能获得相对较低的份额。"钉子户"相对于普通农户而言具有更高的抗风险能力和讨价还价能力，因此，"钉子户"能够获得更高的份额，但通常依然低于地方政府获得的份额。

在纳什讨价还价过程中，"钉子户"和普通农户也会存在类型分离的问题，地方政府可以通过逐步试探的方式来对两类农户进行甄别。由于"钉子户"和普通农户之间存在讨价还价能力和风险厌恶程度之间的差别，地方政府在博弈开始时并不能确定某个农户属于哪种类型。地方政府可以通过和农户进行接触并在博弈中获得更多的信息。讨价还价能力强的农户能够与地方政府进行多轮博弈，并能够借助各种资源和采取各种策略增加自己的谈判能力，这是相对显性的信号。对于风险承担能力强的农户，地方政府也可以采取多种方式进行甄别，风险承担能力强的农户通常更能够承受地方政府的惩罚，更能够长时间地与地方政府博弈。

3. 交易终止权与优先出价权

观点4.5：地方政府凭借交易终止权能够获得更高比例的收益，交易终止权对收益分配的影响随着出价期数增加而下降。与"钉子户"相比，普通农户获得的收益比例受到交易终止权的负面影响更为显著。优先出价权也能够使得地方政府获得更高的收益，优先出价权带来的优势地位不受出价期数的影响。理论上，与地方政府相比，农户更有耐心，贴现率更高，在博弈中应当处于优势地位，但地方政府可以通过多种方式甚至动用行政力量来削弱农户的耐心，降低农户的优势地位。

地方政府和农户之间的讨价还价过程存在着优先出价权和交易终止权。优先出价权就是在讨价还价过程中哪一方首先出价，哪一方就拥有优先出价权。交易终止权就是在讨价还价过程中哪一方拥有最后出价的权力，拥有最后出价权的一方就拥有交易终止权。通过对城郊宅基地征收过程的考察，地方政府拥有优先出价权和交易终止权。在城郊宅基地征收开始时，地方政府会给出宅基地征收的补偿标准，补偿标准包括土地征收补偿标准、房屋补偿标准、房屋附属物补偿标准、社会保障补偿标准和农户安置及再就业补偿标准，这就是地方政府的首先出价。城郊宅基地征收中，农户没有终止交易的权力，通常是经过多轮的讨价还价，地方政府给出最后一轮出价，农户只有两个选择，要么接受要么拒绝。无论农户如何选择，交易都会终止，因此，地方政府拥有交易终止权。依据城郊宅基地征收的实际过程可以将博弈的过程做如下设定：出价顺序是地方政府首先提出一个分配方案，农户可以选择接受或不接受，如果农户接受地方政府的出价，博弈结束；如果农户不接受，农户给出新的分配方案，如果地方政府接受，博弈结束；如果地方政府不接受，则地方政府出价。地方政府在1，3，5，7……奇数期出价，农户在2，4，6，8……偶数期出价，地方政府会在某一期最后出价并终止博弈。下面以"钉子户"为例进行分析。讨价还价的参与者为"钉子户"和地方政府，要分配的土地增值收益为 π，"钉子户"的贴现率为 δ_a，地方政府的贴现率为 δ_g，贴现率越高代表耐心越高，"钉子户"在 t 期获得的收益为 X_a，地方政府在 t 期获得的收益为 $X_g = \pi - X_a$，农户和地方政府 t 期收益可以表示为 (X_a, X_g)，农户 t 期收益的现值为 $\delta_a^{t-1} X_a$，地方政府 t 期收益的现值为 $\delta_g^{t-1} X_g$。

地方政府凭借拥有的交易终止权能够在讨价还价中获得更高比例的收益。使用逆向推导法，在 n 期，地方政府将进行最后一轮出价，地方政府的出价为 $(0, \pi)$，地方政府将获得全部收益，此时"钉子户"获得零收益与交易终止是无差异的，"钉子户"将会接受地方政府的出价。在 $n-1$

期"钉子户"出价,考虑到地方的贴现率为 δ_g ,"钉子户"将会给出地方政府能够接受的最低出价($(1-\delta_g)\pi, \delta_g\pi$)。在 $n-2$ 期地方政府出价,考虑到"钉子户"的贴现率为 δ_a ,地方政府将会给出"钉子户"能够接受的最低出价($(1-\delta_g)\delta_a\pi,(1-\delta_a+\delta_a\delta_g)\pi$)。按照上述方法进行递推,能够得出影响地方政府分享收益比例的因素为期数 n、双方的贴现率和交易终止权。因为下文会详细分析贴现率对收益分配的影响,这里主要分析期数和交易终止权对收益分配的影响。由于地方政府拥有交易终止权,在最后一轮能够获得全部收益 π ,这就是交易终止权对收益分配的第一步影响。期数 n 也会对收益分配产生影响,容易证明随着期数 n 的增加交易终止权对收益分配的影响会减弱,但只要是有限期讨价还价,交易终止权就会增加地方政府的收益。在不考虑普通农户和"钉子户"贴现率之间差异的情况下,交易终止权对普通农户的影响要大于对"钉子户"的影响。在现实中,与"钉子户"相比,普通农户和地方政府之间的讨价还价过程经历的时间相对较短,讨价还价的期数也较少,这样交易终止权会使得地方政府获得更高比例的收益。普通农户与地方政府讨价还价期数更少的原因可能是,普通农户信息缺乏、风险承受能力低、讨价还价能力弱、讨价还价的成本高。

优先出价权也能够让地方政府获得更多的收益。为了更为清晰地分析优先出价权对收益分配的影响,放松有限期博弈的假定,设定为无限期轮流出价博弈。在无限期轮流出价讨价还价博弈中,农户和地方政府分配固定收益 π 的子博弈完美纳什均衡解为($\frac{\delta_a(1-\delta_g)}{1-\delta_a\delta_g}\pi, \frac{1-\delta_a}{1-\delta_a\delta_g}\pi$)。[①] 由于地方政府拥有优先出价权,能够在讨价还价中获得优势地位。下面将通过 δ_a 和 δ_g 取值情况对此进行论证。当 $\delta_a = \delta_g = 0$ 时,也就是博弈双方都没有耐心的情况下,将 $\delta_a = \delta_g = 0$ 代入到子博弈完美纳什均衡解可以得到,地方政府将会获得全部收益。只要地方政府拥有完全耐心,无论农户是否有足够的耐心,地方政府都将获得全部收益。在地方政府拥有完全耐心时, $\delta_g = 1$, $\frac{1-\delta_a}{1-\delta_a\delta_g}\pi = \frac{1-\delta_a}{1-\delta_a}\pi = \pi$,地方政府获得了全部收益。即使在地方政府的耐

[①] Shaked A., Sutton J., "Involuntary Unemployment as a Perfect Equilibrium in a Bargaining Model", *Econometrica*, Vol. 52, No. 6, 1984, pp. 1351–1364.

心低于农户的耐心时,即 $0 \leq \delta_g < \delta_a \leq 1$,地方政府也有可能获得一半以上的收益。[①] 当地方政府的耐性大于农户的耐心时,地方政府将获得一半以上的收益,即 $0 \leq \delta_a < \delta_g \leq 1$, $\frac{1-\delta_a}{1-\delta_a\delta_g}\pi > \frac{1-\delta_a}{1-\delta_a^2} = \frac{1-\delta_a}{(1-\delta_a)(1+\delta_a)} = \frac{1-\delta_a}{(1+\delta_a)} > \frac{1}{2}$。

理论上,农户应当比地方政府更具有耐心。本书通过设定地方政府和农户的贴现率来代表各自的耐心,贴现率越高说明未来的收益相比于当期收益下降得越少。影响贴现率的因素主要有对未来收益的主观评价和投资收益率。相比于地方政府,农户对未来收益的主观评价更高。城郊农户已经基本解决温饱问题,基本不存在由于温饱问题对当期收益赋予极高评价的情况。对于未来收益,城郊农户更近似于看作储蓄的提前变现,因此损失的主要是利息收益。对于地方政府则不同,中国多数的地方政府当年财政收入往往不能满足财政支出,加之地方债和信贷又被中央严格控制,当期收益的价值将较高。在竞争锦标赛的环境下,地方政府主要官员都努力早出成绩和快出成绩,自然对当期的收益赋予更高的评价。由于地方官员的任期有限性,官员的理性选择是不将收益和成绩留给下一任,这就会导致地方政府官员对未来收益的评价更低。投资收益率越高,对未来收益的评价就会越低,贴现率也会越低。相比于农户,地方政府拥有更高的投资回报率。地方政府拥有更多的投资渠道,能够获得更多的资金支持,拥有更专业的投资人才,拥有更充分的市场信息,而农户在投资的各个方面均处于劣势地位。

地方政府缺乏耐心,但可以通过多种方式来削弱农户的耐心。首先,地方政府可以分化和瓦解农户。农户的耐心除了受主观评价和投资收益率的影响,还受到群体的影响。当多数农户都不同意地方政府的补偿条件时,农户就会表现出较有耐心,而当多数农户都签约时,未签约农户的耐心会显著下降。地方政府就可以通过签约奖励,收买村干部和带头与地方政府博弈的村民,从而降低农户的耐心。其次,增加农户获得未来收益的成本,进而降低贴现率。如果地方政府仅仅是与农户进行讨价还价,农户为了获得未来的收

[①] 晋洪涛、史清华、俞宁:《谈判权、程序公平与征地制度改革》,《中国农村经济》2010年第12期。

益付出的将主要是时间成本，但地方政府通常会通过使用行政力量和采取多种方式来增加农户获得未来收益的成本。地方政府加大农户期间成本的方式主要有，通过舆论宣传、经常性的思想工作和对一些抗争者的严厉处罚形成威慑增加农户的心理成本，通过减少公共基础设施、公共服务投入来增加农户的生活成本。最后，防止农户内部形成组织化抗争和减少外部可借助的资源。城郊农户一旦组织起来形成群体性博弈，就会大大增加每个农户的耐心。地方政府对群体性博弈一直保持高度警惕，这不仅是出于维稳的考虑，还因为群体性博弈能够大大增加农户与地方政府进行谈判和博弈的实力。在城郊宅基地征收过程中，地方政府会一直关注农户的动态，只要有群体博弈的苗头就会尽量将其消灭在萌芽状态。对于已经形成一定组织结构和核心层的群体，地方政府会采取利益引诱领导者和核心层人员的方式来瓦解农户群体。农户在与地方政府讨价还价和博弈中还受到可获得的外部资源的影响，可获得的外部资源越多作用越大，则越有耐心。农户获得外部资源的方式有，通过私人社会关系获得专业人员如律师、公共媒体和官员的支持；通过在手机、自媒体、网络论坛发布征地拆迁中的地方政府违法违规信息和农户的悲惨遭遇和境况来引起媒体、公众和上级政府相关部门的关注；通过上访的方式向上一级政府甚至中央政府反映情况，对地方政府形成压力。地方政府可以通过给有一定私人社会关系的农户一些额外补偿，防止他们成为带领农户博弈的领导者或核心成员。

地方政府采取的削弱农户耐心的方式和方法对"钉子户"和普通农户都会产生影响，对普通农户的影响更为显著。主要原因是，相比于"钉子户"，普通农户与地方政府讨价还价的能力更弱，承受地方政府打击造成的损失更多，这就导致普通农户的贴现率会更显著地下降。在轮流讨价还价过程中，地方政府也可以使用逐步试探的方式，通过一轮轮博弈来区分"钉子户"和普通农户，并实行区别化的策略。

第四节　政策建议

通过本章的研究可以给出如下政策建议。

1. 破除思想障碍，允许宅基地自由流转直接入市，政府通过税收的方式获得固定比例的土地增值收益。同是农村建设用地，宅基地与集体经营性建设用地的改革方向却大相径庭。集体经营性建设用地已经可以直接入市，而宅基地的管理却越发严格，如对城镇居民购买农村宅基地的限制依然没有放开，依然不能向村集体组织以外的成员出售宅基地，有些地区还开始对一户多宅的情况进行清理等。国家部委相关人员也多次表态，短期内宅基地管理不会放松，不会放开城镇居民购买限制，也不会允许宅基地直接入市。不放开宅基地限制性规定的主要原因为思想认识方面的障碍和担心对城市住宅市场产生冲击。思想认识方面主要是担心，如果放开宅基地的流转限制，会导致农民流离失所，大量涌入城市形成贫民窟，会出现宅基地侵占耕地，威胁到粮食安全，会降低宅基地承担的保障功能，影响社会稳定等。其实这些认识并不正确，因为宅基地自由流转能够提升农民的利益，而限制宅基地流转才是真正损害了农民的利益。[①] 放开宅基地流转限制之后确实会对城市住宅市场产生冲击，城市居民能够购买宅基地后，就会增加住宅的供给量，也打破了地方政府对城市建设用地尤其是商住用地供给的垄断。但是要清楚地认识到地方政府对城市土地一级市场的垄断存在诸多弊端，改革的方向应当是打破地方政府的垄断，地方政府分享土地增值收益的主要方式应当从土地买卖差价转变到以税收获得固定比例的收益。

2. 要严格执行中央政府和上级政府的政策规定，按规则办事，确保宅基地征收过程合法、合规、公正、透明。所有征地拆迁工作都要符合法律法规和相关规定的要求，不得有丝毫的逾越。近些年中央政府对征地拆迁工作高度重视，出台了一系列的规定，基层政府要严格执行。地方政府征地拆迁要符合相关审批和手续要求，不得未批先征、未征先占、少征多占、以租代征；不得在征地拆迁过程中官商结合、以权谋私；不得在征地拆迁过程中以任何方式侵占农民利益；不得采取停水、停电、阻断交通、"株连式拆迁"、"突击拆迁"等逼迫农民的征地拆迁方式；不得在征地拆迁过程中违规使用警力；不得将地痞无赖、黑恶势力引入到征地拆迁之

[①] 相关问题的讨论可以参看笔者发表于《北京社会科学》2016年第5期的文章《农村建设用地征收中的收益分配与效率损失研究——兼评反对自由流转观点》。

中；更不能实行野蛮征地拆迁、暴力征地拆迁。

在征地拆迁过程中要宣传到位、程序到位和落实到位。要做好前期的征地拆迁宣传工作，要向农民摆事实讲道理，采取农民乐于接受和理解的方式来宣传和解读政策。宣传工作可以采取多种形式，如村民大会、小组会议、村内广播、张贴宣传文件和标语、入户访谈等。要严格执行"两公告一登记"等征地程序，在征地拆迁过程中要进行听证、集体讨论、现场监督和公示，充分保证被征迁农民的知情权和参与权。在补偿标准上要做到"一把尺子量到底"，相同区片、相同地段的土地补偿费和安置补助费不得存在差异，相同品种和等级的作物、相同等级的地上附属物要严格执行相同标准。要做到征地拆迁全过程和补偿情况公示，公示内容包括土地、作物、房屋、地上附属物的情况、补偿标准、补偿金额、安置方式等。只有将征地拆迁全程信息公开，才能减少暗箱操作保证公平，才能减少农民不必要的猜疑，才能赢得农民的信任，才能保证相关工作顺利快速推进。要严格执行补偿款直接发放制度，保证补偿款直接发放给农民。给予被征地农民的补偿款不得经过村委会等中间机构发放，应通过农民实名银行卡的方式直接发放到农民个人账户。补偿给村集体的补偿款，应当实行县一级或镇一级政府托管的方式，对大额补偿款的使用要经过村民大会同意，防止村干部截留、贪污和挪用。要将被征地农民纳入社会保障，并确保农民社会保障资金落实到位。对于被征地农户要切实解决居住问题，除城乡接合部和城中村外，都应当为农民提供新的安置住房。

3. 妥善解决农民的合理诉求，化解不合理诉求。在宅基地征收过程中，要遵循相关的程序规则，尤其是在补偿标准方面，要坚持"一把尺子量到底"，但并不意味无视农民的现实困难。有些农民确实有一些特殊的困难，如住房被征收后，分配的安置住房无法满足家庭人口的基本居住需求，征收之前农民在自有住房内从事饭店、商店或小作坊等个体经营活动，征收后农民会出现收入减少或失业的情况等。只要被拆迁农民提出的困难是现实的，是客观存在的，地方政府就应当予以足够的重视，积极采取措施予以解决。解决农民的现实问题和困难的具体做法，也要考虑到宅基地征收过程中的公平性，需要得到绝大多数被拆迁农民的认可。因此，在征地拆迁过程中的照顾和救济都要建立在规则先行的基础之上，要先制定相应的规则，并广泛征求意见，只有规则先得到农民的认可，按照规则的具体做法才能得到农民的认可。

只有地方政府能够坚守原则,不向要求过高的农户、"钉子户"、"上访专业户"妥协,不花钱买稳定,才能使全体被拆迁农户形成稳定的预期,才能更有利于征地拆迁工作顺利有序地进行。对于比较顽固的"钉子户",经过长时间多次协商依然无法妥善解决的,地方政府可以通过合法合规的方式申请司法强拆。在实行司法强拆之前,要制定全面的应急处理预案,特别要注意强拆过程中的方式和方法,防止出现人员伤亡等影响恶劣的情况。

4. 对宅基地征收中的重点事项做好事前、事中和事后的全程管控,防范出现群体性事件。通常情况下,群体事件产生的原因多是地方政府在征收补偿过程中存在问题,如果存在问题就要及时纠正并对农户的诉求给予妥善解决。对于没有"领导者"的群体诉求要予以高度重视。地方政府相关部门要定期向信访工作主要负责人汇报农户反映的问题,对于农户的信访和诉求不能采取"拖"或者"踢皮球"的策略,对于农户反映较集中的问题更要高度重视。在拆迁现场出现冲突或其他突发情况时,不可采取激化矛盾的处理方式,应以说服教育为主,根据实际情况可以暂缓拆迁工作。在补偿合理、征收过程合法合规的情况下,对于为了获得更多补偿的群体诉求行为,要加强宣传教育工作,明确补偿方案是"红线","托关系""说情"或其他方式都不能逾越,打消部分农户意图通过人多势众来提高补偿的想法。地方政府要在乡、镇、县建立信息情报系统,要充分发挥村干部、乡干部的重要作用,多渠道、多角度、广泛地收集和掌握各种信息,做到"早发现、早报告、早控制、早化解",将群体诉求发现于早期,处置于萌芽期。

5. 要做好宅地基征收后的后续工作,不能采取"一征了之"的做法。在个别地区出现了征收宅基地只支付现金补偿情况,地方政府认为这种方式较为简单,只需要一次性支付补偿,实际上这种补偿方式会产生大量的后续问题。针对这种情况,国务院出台的《关于进一步严格征地拆迁管理工作切实维护群众合法权益的紧急通知》中明确规定征地涉及拆迁农民住房,必须要先安置后拆迁。原国土资源部出台的《关于进一步做好征地管理工作的通知》中要求将被征地农民纳入社会保障之中。新修订的《土地管理法》中也明确规定征收农民住房,要遵循先补偿后搬迁和居住条件改善的原则,补偿方式要尊重农民意愿,农民可以选择重新安排宅基地建房、提供安置房或货币补偿等多种方式,地方政府要将被征地农民纳入相应的养老等社会保障体系之中。对于城中村和城市近郊地区,宅基地被征收后,农民通常会获得较多的补偿。如果地方政府没有提供相应的安置住房或主要以现金的方式给予农民补偿,就会出现某些农民不善理财或肆意挥霍,短时间内又返贫的情况。因此,在尊重农民意愿的情况下,应当采取多种补偿方式并用的做法,其中首要的是给农民安置住宅,保证农民的居住水平不下降,在条件允许的情况下要留给农民或村集体一部分商业物业或建设用地用于开发,保证被征地拆迁的农民未来有稳定的收入。地方政府还要加强征地拆迁农民的职业技术培训增强农民再就业能力,并提供一些适合的岗位专用于解决这部分农民的就业问题。对于一些有客观原因如家庭负担重和长期患病的农民,当地政府要将其纳入社会救济体系之中。

第五节 本章小结

本章第一节介绍了宅基地的相关制度和分析了宅基地地租的属性。与宅地基相关的制度主要有:农民以集体成员身份无偿或者支付少部分费用取得宅基地,一户居民只能获得一处;农民对宅基地享有占有权、使用权和部分收益权;农民转让宅基地只能在集体成员内部,不能转让给城市居民;将宅基地转化为城市用地必须经过政府征收环节,不能通过农户与土地需求者直接交易的方式。城郊宅基地流转后的增值部分具有地租属性,是农村建设用地转化为城市土地之后地租增值部分的资本化现值。

本章第二节通过分析农户完全配合地方政府宅基地征收的情形,得到如下发现:由于地方政府在土地征收和城市土地出让领域都拥有垄断权,如果农户完全配合地方政府的征收将不能分享土地增值收益;地方政府的双边垄断权致使更少的城郊宅基地转化为城市建设用地,农户只能接受很低的征地补偿,城市土地使用者要接受更高的土地价格。

本章第三节以"钉子户"为例分析了地方政府和农户为争夺土地增值收益而展开的博弈过程。在完全信息情况下,与普通农户相比,"钉子户"

能够获得更多的收益,地方政府不需要对"钉子户"和普通农户进行甄别,博弈存在分离均衡;农户和地方政府之间的博弈并不需要真正投入资源,双方的收益为一个收益区间,博弈转化为争夺固定收益的讨价还价过程。在不完全信息情况下,地方政府需要对两类农户进行甄别,如果地方政府采取了两阶段"最后通牒"策略,将会导致"钉子户"与地方政府之间的博弈真实发生,地方政府实行的"一把尺子量到底"+"拆迁奖励"的政策就是两阶段"最后通牒"策略在现实中的具体应用;由于农户风险厌恶程度高和讨价还价能力弱,在讨价还价过程中只能获得较低的份额,相对于普通农户,"钉子户"能够获得更多的份额;地方政府拥有的交易终止权和优先出价权使其在博弈中处于优势地位;理论上,农户比地方政府更具有耐心,这使得农户在博弈中处于优势地位,但地方政府可以通过多种方式来削弱农户的耐心,进而降低农户的优势地位。

本章第四节给出如下政策建议:允许宅基地自由流转直接入市;确保宅基地征收过程合法、合规、公正、透明;妥善解决农民的合理诉求,化解不合理诉求;对重点事项做好事前、事中和事后的全程管控,防范出现群体性事件;要做好宅地基征收后的后续工作。

第五章　城郊集体经营性建设用地入市中的地方政府行为与利益分配

自 2020 年 1 月 1 日起，中国已经允许农村集体经营性建设用地不经过地方政府征收环节直接入市。此项改革从试点到《土地管理法》修改并正式实施，引起了各界的广泛关注，并被认为是打破地方政府垄断农村土地征收的重要举措，是建设统一的城乡建设用地市场的重要一步。本章首先介绍集体经营性建设用地管理制度改革历程；其次，通过构建数理模型的方式研究集体经营性建设用地入市过程中的地方政府行为；再次，通过案例分析的方式对本章提出的主要观点做实证检验；最后，给出本书的政策建议。

第一节　集体经营性建设用地入市及相关研究

从酝酿、试点到最终落地，集体经营性建设用地直接入市经历了一个缓慢的过程，通过考察这一过程能够透视出中央政府和地方政府利益和态度取向。

一　集体经营性建设用地入市改革的历程

集体经营性建设用地是指生产经营性的农村建设用地，主要是农村集体经济组织兴办企业使用的农村建设用地或其他个人或单位以入股、联营等形式共同举办的企业、商业等使用的农村建设用地。现存的集体经营性建设用地规模并没有精确的统计数据，学界和政府界比较接受的数据为

4200万亩，占农村建设用地的13.3%—13.5%。① 现存的集体经营性建设用地主要有两个来源：一是20世纪五六十年代兴办的农村供销社占用的农村土地，由于历经时间变化原有的土地要么复耕为农地，要么成为宅基地或农村经营性建设用地，要么已经被征收为城市土地，目前所剩已经很少；另一部分是20世纪80年代兴办的各类乡镇企业占用的农村土地，这类土地占集体经营性建设用地的绝大部分。集体经营性建设用地主要是由于历史原因遗留下来的农村建设用地，在农村建设用地中的比重相对较低。集体经营性建设用地不仅在农村建设用地中的比重低，而且主要分布在东部沿海地区和大城市周边，中西部和偏远农村的集体经营性建设用地大部分已经复耕为农用地或转变为宅基地。

集体经营性建设用地从最初的管制到逐步试点到最终能够直接入市经历了较长的时间。20世纪90年代到21世纪初，政府对农村建设用地实行严格的管控，农村土地不能用于非农经济建设，农村土地也不能出让或出租给城市居民和各类组织。此阶段基本没有新增的集体经营性建设用地，但集体经营性建设用地隐性流转相当普遍。2004年，国务院颁布的《关于深化改革严格土地管理的决定》中提出："在符合规划的前提下，村庄、集镇、建制镇中的农民集体所有建设用地使用权可以依法流转。"② 2005年，广东省出台了《集体建设用地使用权流转管理办法》，对农村集体建设用地流转的各个方面做出了详细规定。

2008年，党的十七届三中全会通过的《中共中央关于推进农村改革发展若干重大问题的决定》中首次提出，"逐步建立城乡统一的建设用地市场，对依法取得的农村集体经营性建设用地，必须通过统一有形的土地市场、以公开规范的方式转让土地使用权，在符合规划的前提下与国有土地

---

① 较早的关于集体经营性建设用地面积的估算来自国务院发展研究中心农村经济部叶兴庆给出的数据，他给出的数据为4200万亩，占农村集体建设用地的13.5%。农业部部长韩长赋给出的数据也是4200万亩，占农村建设用地总量的13.3%。具体参看叶兴庆《农村集体经营性建设用地的产权重构》，《中国经济时报》2015年5月27日第5版；韩长赋《中国农村土地制度改革》，《农村工作通讯》2018年第Z1期。
② 《国务院关于深化改革严格土地管理的决定》，中华人民共和国中央人民政府官网，2004年10月21日，http://www.gov.cn/zhengce/content/2008-03/28/content_2457.htm，2023年5月9日。

享有平等权益"①。2013年，党的十八届三中全会通过的《中共中央关于全面深化改革若干重大问题的决定》中提出，"在符合规划和用途管制前提下，允许农村集体经营性建设用地出让、租赁、入股，实行与国有土地同等入市、同权同价"②。2014年颁布的《关于全面深化农村改革加快推进农业现代化的若干意见》中进一步提出了"加快建立农村集体经营性建设用地产权流转和增值收益分配制度"③。

2014年年底，中共中央办公厅和国务院办公厅联合颁布了《关于农村土地征收、集体经营性建设用地入市、宅基地制度改革试点工作的意见》，标志着中国集体经营性建设用地入市试点工作正式启动。此次土地改革试点共选取了33个试点地区，最初预计试点在2017年年底结束，后连续两次延长试点时间，试点结束日期为2019年12月31日。④ 试点取得了一些成绩，其中最为重要的是2019年8月修改了原《土地管理法》中规定集体经营性建设用地不得入市的规定，新修订的《土地管理法》中明确规定，"土地利用总体规划、城乡规划确定为工业、商业等经营性用途，并经依法登记的集体经营性建设用地，土地所有权人可以通过出让、出租等方式交由单位或者个人使用"。这就为集体经营性建设用地直接入市提供了法律方面的保障。2018年12月，国务院发布的《关于农村土地征收、集体经营性建设用地入市、宅基地制度改革试点情况的总结报告》给出了

---

① 《中共中央关于推进农村改革发展若干重大问题的决定》，中华人民共和国中央人民政府官网，2008年10月19日，http://www.gov.cn/jrzg/2008-10/19/content_1125094.htm，2023年5月9日。

② 《中共中央关于全面深化改革若干重大问题的决定》，中华人民共和国中央人民政府官网，2013年11月15日，http://www.scio.gov.cn/zxbd/nd/2013/document/1374228/1374228.htm，2023年5月9日。

③ 《关于全面深化农村改革加快推进农业现代化的若干意见》，中华人民共和国中央人民政府官网，2013年11月15日，http://www.gov.cn/jrzg/2014-01/19/content_2570454.htm，2023年5月9日。

④ 33个试点县市区分别是：北京市大兴区、天津市蓟县、河北省定州市、山西省泽州县、内蒙古自治区和林格尔县、辽宁省海城市、吉林省长春市九台区、黑龙江省安达市、上海市松江区、江苏省常州市武进区、浙江省义乌市、浙江省德清县、安徽省金寨县、福建省晋江市、江西省余江县、山东省禹城市、河南省长垣县、湖北省宜城市、湖南省浏阳市、广东省佛山市南海区、广西壮族自治区北流市、海南省文昌市、重庆市大足区、四川省郫县、四川省泸县、贵州省湄潭县、云南省大理市、西藏自治区曲水县、陕西省西安市高陵区、甘肃省陇西县、青海省湟源县、宁夏回族自治区平罗县、新疆维吾尔自治区伊宁市。

试点的成果,"集体经营性建设用地已入市地块1万余宗,面积9万余亩,总价款约257亿元,收取调节金28.6亿元,办理集体经营性建设用地抵押贷款228宗、38.6亿元"[①]。

集体经营性建设用地入市试点取得了成绩,但也存在一些问题。改革最初的设想是为了解决历史遗留问题,主要是解决现存的4200万亩集体经营性建设用地的流转问题,但在改革过程中新增了部分集体经营性建设用地。即使在限制集体经营性建设用地直接入市的法律障碍已经清除的情况下,有些地区的集体经营性建设用地直接入市依然存在障碍。首先,有些土地的所有权、使用权较为复杂,历史遗留问题较多,有些正在被各类经济主体使用。其次,能够入市的土地需要符合相关的规定,有些土地不能满足上述规定。再次,只有东部地区和大城市周边的土地升值空间较大,中西部地区和偏远农村的土地升值空间较小,地方政府又多规定土地为工业用地,集体经济组织上市土地的动力不足。最后,土地入市需要得到地方政府的许可,地方政府担心对国有土地市场形成冲击,积极性普遍不高。

二 集体经营性建设用地入市与土地征收的相似性

农村集体经营性建设用地入市与土地征收之间是存在一定差异的,理论上是不同的概念。本书是研究城郊土地征收中的利益分配问题,而集体经营性建设用地入市不同于土地征收,理论上不应将其纳入本书范畴,但从相关规定和实践情况而言,目前的集体经营性建设用地入市又与土地征收有更多的相似性,能够部分达到地方政府土地征收的目的和结果。因此,本书也将其纳入研究范畴。要分析土地征收与集体经营性建设用地入市之间的相似性,首先就要明确两者之间的概念范畴,之后依据相关制度规定和现实情况来对比两者的相似性。

国内学者普遍接受的土地征收的概念为,国家为了公共利益的需要,在依法进行补偿的条件下,将集体所有土地及其地上权利移转为国家所有

[①] 《国务院关于农村土地征收、集体经营性建设用地入市、宅基地制度改革试点情况的总结报告》,全国人民代表大会官网,2018年12月23日,http://www.npc.gov.cn/npc/c12491/201812/3821c5a89c4a4a9d8cd10e8e2653bdde.shtml,2023年5月9日。

的行为。① 在《中华人民共和国宪法》和《土地管理法》中都规定，国家为了公共利益的需要，可以依照法律规定对土地实行征收或者征用并给予补偿。陈江龙和曲福田（2002）认为，"土地征用是政府为了公共利益而依法强制取得他人土地并给予补偿的行为"②。王太高（2004）指出，"土地征收是指国家或政府为了公共利益的需要而强制取得私有土地并给予相应补偿的一项法律制度"，在我国，"土地征收是指国家或政府为了公共利益的需要而强制取得私有土地并给予相应补偿的一项法律制度"③。王兴运（2005）指出，"土地征收是指国家为了公共利益的需要，以补偿为前提，强制取得其他民事主体土地所有权的行为"④。还有很多学者提出的土地征收概念与此类似，在此不再一一列举。依据我国土地征收的现实，更多的学者对土地征收的公益性目的提出了质疑，认为地方政府的很多土地征收并不是出于公益性目的，而是出于营利性目的或出于经营城市的考虑。基于土地征收的现实情况，本部分依然采用前文关于土地征收的概念定义。土地征收是指，各级政府为了促进经济社会等方面的发展，将农村集体所有的土地及其地上权利转移为国家所有，土地性质也由农村集体土地转变为城镇建设用地并支付农民补偿的行为。

集体经营性建设用地入市的概念，现在学术界较为认可的是党的十八届三中全会通过的《关于全面深化改革若干重大问题的决定》中提出的，"在符合规划和用途管制前提下，允许农村集体经营性建设用地出让、租赁、入股，实行与国有土地同等入市、同权同价"⑤。因此，学术界基本上对集体经营性建设用地入市的概念没有异议，集体经营性建设用地入市就是要不经过土地征收环节直接进入市场，做到与国有土地同等入市、同权

---

① 有些学者认为两者之间有些许差别，本书认为土地征收和土地征用之间的差别极小，在此并不加以区分。目前学术界普遍使用土地征收的提法而很少使用土地征用，主要是因为从2004年修订的《土地管理法》中开始使用土地征收的提法。
② 陈江龙、曲福田：《土地征用的理论分析及我国征地制度改革》，《江苏社会科学》2002年第2期。
③ 王太高：《土地征收制度比较研究》，《比较法研究》2004年第6期。
④ 王兴运：《土地征收补偿制度研究》，《中国法学》2005年第3期。
⑤ 《中共中央关于全面深化改革若干重大问题的决定》，中华人民共和国中央人民政府官网，2013年11月15日，http://www.gov.cn/jrzg/2013 - 11/15/content_ 2528179. htm，2023年5月9日。

同价。① 但是实际情况并非如此，集体经营性建设用地入市要做到与国有土地同等入市、同权同价是改革的目标，实际上还存在许多问题，集体经营性建设用地入市还有很多限制。因此，本书认为目前集体经营性建设用地入市的概念应当为，在符合规划和用途管制前提下，集体经营性建设用地可以不经过政府征收环节直接进入城镇土地市场，可以进行土地出让、租赁和入股等。

虽然法律上已经赋予了农村集体经营性建设用地可以不经过地方政府征收环节直接入市，但是从目前入市的实际情况来看，政府依然能够发挥重要作用，还是非常类似于征收，主要体现在以下几个方面。（1）集体经营性建设用地入市实行的是审批制而不是备案制，地方政府能够决定哪块集体经营性土地能够入市以及何时入市，村集体对此并没有决定权，而自主决定是否出让以及何时出让是资产所有者的基本权力。《土地管理法实施条例》中规定，集体经营性建设用地"在出让、出租前不少于十个工作日报市、县人民政府。市、县人民政府认为该方案不符合规划条件或者产业准入和生态环境保护要求等的，应当在收到方案后五个工作日内提出修改意见"。（2）地方政府拥有入市的集体经营性建设用地用途的决定权。地方政府可以根据自身利益和土地市场状况来确定入市土地的用途，而土地是居住用地、商业用地、工业用地、基础设施公共设施用地或者其他公益性或半公益性用地会出现出让收益的巨大差异。地方政府就可以通过使用入市土地用途决定权来部分达到土地征收的目的和结果。《土地管理法实施条例》中明确规定，"市、县人民政府自然资源主管部门应当依据国土空间规划提出拟出让、出租的集体经营性建设用地的规划条件，明确土地界址、面积、用途和开发建设强度等"②。（3）地方政府能够决定土地增值收益调节金的征收比例。地方政府通过土地增值收益调节金的方式来参与入市的集体经营性建设用地增值的收益分配，在财政部和自然资源部

---

① 相关观点可以参看王小映《论农村集体经营性建设用地入市流转收益的分配》，《农村经济》2014年第10期；伍振军、林倩茹《农村集体经营性建设用地的政策演进与学术论争》，《改革》2014年第2期；陆剑、陈振涛《集体经营性建设用地入市改革试点的困境与出路》，《南京农业大学学报》（社会科学版）2019年第2期；陈明《农村集体经营性建设用地入市改革的评估与展望》，《农业经济问题》2018年第4期。

② 《中华人民共和国土地管理法实施条例》，中华人民共和国自然资源部官网，2021年7月30日，http://f.mnr.gov.cn/202107/t20210730_2674362.html，2023年5月3日。

联合发布的《农村集体经营性建设用地土地增值收益调节金征收使用管理暂行办法》中规定了地方政府征收的土地增值收益调节金比例为20%—50%，地方政府就可以依据土地增值情况来对不同用途入市的集体经营性建设用地征收差异的土地增值收益调节金。通常情况下，工业用地、公益性或半公益性用地征收较低的比例，而居住用地和商业用地征收较高的比例，多数地区达到50%的最高标准。

三　相关研究述评

关于集体经营性建设用地领域的研究可以划分为两个时间段，分别为2013年年底中央提出允许集体经营性建设用地实行与国有土地同等入市、同权同价政策之前和之后（以下简称"同等入市、同权同价"政策）。出台该政策之前的研究相对较少，主要是讨论集体经营性建设用地存在的问题和改革的方向，出台该政策之后的研究较为丰富，主要集中在对集体经营性建设用地入市问题和试点情况的讨论。

1. "同等入市、同权同价"政策之前的相关研究。早前的研究很少有直接以集体经营性建设用地为研究对象，而是将其并入到农村建设用地中予以研究，研究的重点为宅基地。谭术魁等（2002）指出农村建设用地直接入市是一项重要的制度创新，需要制定与之相适应的法律法规、完善农村土地产权管理和建设、制定规范的流转方案和构建科学的土地收益分享制度。[①] 杨继瑞等（2009）指出为了防止产生土地纠纷和滋生权力寻租，需要构建一整套支撑体系。需要构建的支撑体系主要包括法制支撑体系、权益机制支撑体系、外部环境支撑体系和配套制度支撑体系。[②] 蔡继明（2010）指出农村建设用地改革应当是实行国有土地和农村集体建设用地同权同价，土地用途管制不能等同于土地所有制和征地制度，政府要制定相关的配套法律法规。[③] 刘巧芹等（2013）指出集体建设用地使用权流转

[①] 谭术魁、彭补拙：《农村集体建设用地直接流转的支撑体系研究》，《财经研究》2002年第10期。

[②] 杨继瑞、帅晓林：《农村集体建设用地合理流转的支撑体系：权益分配抑或外部环境》，《改革》2009年第12期。

[③] 蔡继明：《农村集体建设用地流转的主体和利益分配——重庆市和成都市农村集体建设用地流转的政治经济学分析》，《学习论坛》2010年第7期。

收益分配存在主体不一致、收益分配比例相差较大、普遍缺乏监管等问题。① 这一时期还有一些相关的研究成果，也都集中在对政策的评论和改革的设想，在此不再一一介绍。

2. "同等入市、同权同价"政策之后的相关研究。2013年年底，由于中央作出了集体经营性建设用地改革的重大部署，并于2015年开展了集体经营性建设用地入市的试点工作，相关的研究成果开始涌现。研究成果主要集中在土地入市相关领域，同时也有其他领域的一些研究成果。

第一类是对集体经营性建设用地入市存在的问题和改革建议的研究。王宏娟等（2014）以北京为例指出农村集体建设用地的隐性流转大量存在，但建立城乡统一的建设用地市场却存在诸多障碍。北京市建用地流转中各利益主体之间存在冲突，其中地方政府和村集体之间的利益冲突是主要矛盾。② 孔祥智等（2014）指出集体经营性建设用地入市需要解决的问题有土地所有权归属不清、不符合规划和用途管制、收益分配不完善和个别地区违背农民意愿。③ 王小映（2014）指出集体经营性建设用地入市的制度设计中要注重发挥市场在土地资源配置中的决定性作用、强化政府的公共管理职能，在土地增值分配和税费水平上要做到与国有土地同权同价。④ 伍振军等（2014）通过考察一些地区集体经营性建设用地入市的情况得出，集体经营性建设用地入市存在着范畴扩大化、农民权益难以保障、不符合规划和用途管制等诸多问题。⑤ 陆剑（2015）指出在集体经营性建设用地入市的试点工作已经展开的情况下，集体经营性建设用地入市还面临着一系列障碍，主要有登记、颁证等确权工作尚未完成，部分土地存在合法性问题，规划的公开性和集体成员的参与性不足，利益分配不均。要做好集体经营性建设用地入市工作就需要破除上述障碍，捋顺相应

---

① 刘巧芹、阮松涛、尚国、郭爱请：《我国集体建设用地使用权流转收益分配问题及其管理创新思考》，《农村经济》2013年第12期。
② 王宏娟、石敏俊、谌丽：《基于利益主体视角的农村集体建设用地流转研究——以北京市为例》，《资源科学》2014年第11期。
③ 孔祥智、马庆超：《农村集体经营性建设用地改革：内涵、存在问题与对策建议》，《农村金融研究》2014年第9期。
④ 王小映：《论农村集体经营性建设用地入市流转收益的分配》，《农村经济》2014年第10期。
⑤ 伍振军、林倩茹：《农村集体经营性建设用地的政策演进与学术论争》，《改革》2014年第2期。

的关系。[①] 樊帆（2016）从政府规制失灵的角度分析了土地增值收益分配存在的问题，主要有地方政府过度干预土地收益分配、过度限制收益用途同时又存在规制监管缺失的情况。[②] 宋志红（2016）通过案例分析得出，集体经营性建设用地入市试点存在着土地所有权行使机制不顺、入市范围缺乏制度保障、相关主体的法律地位与权利保障不明确等突出问题。[③] 何格等（2016）指出集体经营性建设用地入市最主要的制约因素是现有的法律和土地产权制度，相关的配套改革滞后，问题集中的方面主要有集体决策机制、收益分配机制、土地价格机制、监管机制、金融支持机制、土地征收和土地整治机制等。[④] 夏柱智（2017）认为应当加大集体经营性建设用地入市范围，但要审慎稳妥地推进改革。[⑤] 贺雪峰（2018）指出集体经营性建设用地入市最大的获利者是沿海城市带农村的农民。集体经营性建设用地入市和缩小征地范围反而会加剧征地过程中政府和农民的紧张和对立。[⑥] 邓梅娥等（2018）指出集体经营性建设用地使用权流转存在流转成本过高，流转过程耗时长等导致供需双方交易风险成本较大的问题。[⑦] 王林梅等（2018）指出目前改革中存在着土地私有化论、用途管制无效论、市场交易自由论、征地制度无用论等认识误区，改革必须坚持城乡地权统一、市场统一和用途管制统一的基本导向。[⑧] 陆剑等（2019）对试点地区考察得出，试点改革存在入市土地范围过窄和规则不清的问题。[⑨] 李怀

[①] 陆剑：《集体经营性建设用地入市的实证解析与立法回应》，《法商研究》2015年第3期。
[②] 樊帆：《集体经营性建设用地流转收益分配研究——基于政府规制失灵的视角》，《湖北社会科学》2016年第11期。
[③] 宋志红：《集体经营性建设用地入市试点的三个问题——基于德清、南海、文昌实施办法的规范分析》，《中国国土资源经济》2016年第7期。
[④] 何格、别梦瑶、陈文宽：《集体经营性建设用地入市存在问题及其对策——以成都市为例》，《中州学刊》2016年第2期。
[⑤] 夏柱智：《农村土地制度改革的进展、问题和启示——基于33个试点的资料》，《云南行政学院学报》2017年第5期。
[⑥] 贺雪峰：《三项土地制度改革试点中的土地利用问题》，《中南大学学报》（社会科学版）2018年第3期。
[⑦] 邓梅娥、张安录、陈红兵：《集体经营性建设用地使用权流转规则下供需双方交易成本分析》，《河南农业大学学报》2018年第2期。
[⑧] 王林梅、段龙龙：《农村集体建设用地入市改革：基本导向、认识误区与未来趋势》，《财经科学》2018年第12期。
[⑨] 陆剑、陈振涛：《集体经营性建设用地入市改革试点的困境与出路》，《南京农业大学学报》（社会科学版）2019年第2期。

（2020）指出集体经营性建设用地入市存在着无法平衡各方利益的问题，需要从顶层设计来明确各方参与土地增值收益的分配权和比例。[1] 马翠萍（2021）通过对首批入市试点地区的考察得出，试点地区存在将入市范围只限制在存量之内，配套制度建设滞后，地方政府缺乏积极性等问题。[2] 翁贞林等（2022）认为目前仍然存在着产权制度不完整、协同性不够等问题。[3]

第二类是关于土地增值收益分配问题的研究。彭银等（2016）指出能否合理分配土地增值收益是影响入市效果的关键因素，并通过使用Shapley值法确定了土地增值收益的最优分配方案。[4] 董秀茹等（2016）基于东北三省164个村的调查数据，使用统计分析和Shapley值法得出，地方政府是土地流转收益的分配主体，但并没有得到村集体和农民的认同。该文还给出了地方政府、村集体和农民之间土地增值收益分配的大致比例。[5] 陈红霞（2017）认为地方政府不宜直接参与土地增值收益分配，而是应当着力建设统一完整的土地增值收益分配体系以及管理和监督制度。[6] 杨庆媛等（2017）以试点地区为例分析了集体经营性建设用地入市对农民财产性收入的影响。农民、集体经济组织和地方政府都获得了收益，农民既增加了财产性收益也增加了工资性收益，但也存在存量土地资源缺乏和制度不健全等问题。[7] 张雅婷等（2017）认为绝对地租应属于集体经济组织和农民，级差地租Ⅰ由集体经济组织、农民和各级政府分配，级差地租Ⅱ应归

---

[1] 李怀：《农村集体经营性建设用地入市收益分配改革：模式、困境与突破》，《东岳论丛》2020年第7期。

[2] 马翠萍：《集体经营性建设用地制度探索与效果评价——以全国首批农村集体经营性建设用地入市试点为例》，《中国农村经济》2021年第11期。

[3] 翁贞林、唐文苏、谌洁：《乡村振兴视野下农村集体经营性建设用地直接入市：演进逻辑、现实挑战与未来展望》，《华中农业大学学报》（社会科学版）2022年第3期。

[4] 彭银、邓蔚：《再论农村集体经营性建设用地入市的必要性——基于增值收益分配的视角》，《华中师范大学研究生学报》2016年第3期。

[5] 董秀茹、薄乐、赫静文：《农村集体经营性建设用地流转收益分配研究——基于分配主体利益诉求及博弈理论》，《国土资源科技管理》2016年第3期。

[6] 陈红霞：《集体经营性建设用地收益分配：争论、实践与突破》，《学习与探索》2017年第2期。

[7] 杨庆媛、杨人豪、曾黎、陈伊多：《农村集体经营性建设用地入市促进农民土地财产性收入增长研究——以成都市郫都区为例》，《经济地理》2017年第8期。

属于各级政府。[①] 解直凤（2017）通过对试点地区的分析得出，集体经营性建设用地入市后，村集体和农民的分配比例提高，土地入市过程更为顺利，存在问题有政府参与土地增值分配方式、分配的基数和比例，以及村集体和农民内部的分配比例。[②] 林超等（2019）通过对部分试点地区土地增值收益调节金实施情况的分析得出，存在的问题主要有增值收益分配不公平、征收类别划定缺乏长效性、征收比例差异较大。[③] 李怀（2020）认为需要通过顶层设计确定地方政府土地增值收益分配的比例，实行土地发展权跨区域转让，完善集体组织内部土地增值收益分配机制。[④] 孙特生等（2022）通过集体经营性建设用地改革试点地区土地增值收益调节金征收比例测算了政府、集体与农户获得的土地增值收益比例数据。[⑤] 马翠萍（2022）指出，集体经营性建设用地入市试点地区存在土地增值收益调节金计征依据不统一、计征基数不确定、计征比例跨度大，多数村集体留存了入市净收益，但却难以保障集体利益，参与收益分配的成员资格认定存在随意性强和差异化大等问题。[⑥] 张建等（2022）认为土地发展权、用途变更权、强度提高权等都参与了土地增值收益分配，其中镇集体的分配比例偏高。[⑦] 刘民培（2023）通过使用 Logistic 回归模型分析了哪些因素对农民选择土地增值收益分配的方式具有影响。[⑧]

第三类是使用博弈论分析工具对集体经营性建设用地入市中的主体行为和各自收益的研究。使用博弈论研究工具对这一问题进行研究的文

[①] 张雅婷、张占录、赵茜宇：《集体经营性建设用地入市流转增值收益分配的研究》，《中国农学通报》2017 年第 17 期。

[②] 解直凤：《集体经营性建设用地入市试点增值收益分配研究》，《山东科技大学学报》（社会科学版）2017 年第 6 期。

[③] 林超、曲卫东、毛春悦：《集体经营性建设用地增值收益调节金制度探讨——基于征缴视角及 4 个试点县市的经验分析》，《湖南农业大学学报》（社会科学版）2019 年第 1 期。

[④] 李怀：《农村集体经营性建设用地入市收益分配改革：模式、困境与突破》，《东岳论丛》2020 年第 7 期。

[⑤] 孙特生、高兴洲、赵梅、李梦圆：《基于博弈论 Shapley 值法的集体经营性建设用地入市流转收益分配研究》，《世界农业》2022 年第 8 期。

[⑥] 马翠萍：《农村集体经营性建设用地入市收益分配的实践探索与制度优化》，《改革》2022 年第 10 期。

[⑦] 张建、邹先明、李鑫：《基于发展权的集体经营性建设用地入市增值收益分配研究——以江苏省赣榆区为例》，《湖南农业大学学报》（社会科学版）2022 年第 6 期。

[⑧] 刘民培、杨灵玉、颜洪平：《集体经营性建设用地入市增值收益分配方式的影响因素分析——基于文昌农民的问卷调查》，《海南大学学报》（人文社会科学版）2023 年第 1 期。

第五章　城郊集体经营性建设用地入市中的地方政府行为与利益分配

献是近些年才开始涌现的，并取得了一定的研究成果。刘艺等（2013）通过建立静态博弈模型对村集体、土地转入方及政府三者的行为选择进行了分析并得出，村集体与政府的最优策略是选择流转。[①] 孙阿凡等（2016）使用完全信息动态博弈模型分析了集体经营性建设用地入市中的各主体行为，研究得出地方政府会阻碍集体经营性建设用地入市，因此需要改革税费制度，提高征地成本并修改相关法律法规。[②] 刘靖宇等（2016）使用委托代理理论分析了集体经营性建设用地入市中的地方政府和村集体的行为。[③] 郑威等（2017）通过构建动态博弈模型分析农村集体、地方政府、中央政府各自的利益和行为，并给出防范和降低入市风险的最主要措施是加强相关法律法规的建设和执行。[④] 赵振宇等（2017）运用博弈论对集体经营性建设用地入市中的土地增值收益在各主体之间的分配和各主体的不同利益关系进行了分析。[⑤] 刘靖羽等（2018）通过构建博弈模型对集体经营性建设用地入市中村委会的寻租行为进行了分析。影响村委会寻租行为的因素有监督成本、严格监察概率、不严格监察概率、扭曲效应及惩罚力度，影响地方监察机构行为的因素有监察力度和查出概率。[⑥] 陈振等（2018）通过构建完全信息动态博弈模型对集体经营性建设用地入市中的地方政府行为进行了分析。要让地方政府能够支持集体经营性建设用地入市，需要提高入市土地缴纳的税费，降低地方政府国有土地交易中的收益份额，提高地方政府征地成本。[⑦] 刘戈等（2018）通过使用鹰鸽博弈模型分析了集体建设用地流

[①] 刘艺、李新举：《农村集体经营性建设用地使用权流转产生过程博弈分析》，《山东农业大学学报》（自然科学版）2013 年第 4 期。
[②] 孙阿凡、杨遂全：《集体经营性建设用地入市与地方政府和村集体的博弈》，《华南农业大学学报》（社会科学版）2016 年第 1 期。
[③] 刘靖宇、尹奇、匡玥：《集体经营性建设用地入市中政府行为的博弈分析》，《河南农业大学学报》2016 年第 6 期。
[④] 郑威、陆远权、李晓龙：《农村集体经营性建设用地入市流转的法经济学分析》，《经济问题探索》2017 年第 7 期。
[⑤] 赵振宇、陈红霞、赵繁蓉：《论集体经营性建设用地增值收益分配——基于博弈论的视角》，《经济体制改革》2017 年第 4 期。
[⑥] 刘靖羽、尹奇、唐宏、张湛：《农村集体经营性建设用地入市中村委会寻租行为的监督博弈模型》，《中国科学院大学学报》2018 年第 6 期。
[⑦] 陈振、郭振涛、吕蒙：《地方政府在集体经营性建设用地入市中的利益博弈研究》，《上海国土资源》2018 年第 3 期。

转入市中的地方政府和集体经济组织之间的博弈，结论为地方政府的策略选择受到流转收益和冲突成本的影响。① 陈尧等（2019）通过构建地方政府、集体经济组织与农民之间的博弈模型分析了土地增值收益在三者间的分配。陈尧等认为集体经济组织应当获得大部分增值收益，但实际情况是地方政府获得了大部分收益，损害了农民和集体经济组织的权益。② 吕丹和薛凯文（2021）通过构建演化博弈模型得出，在入市过程中地方政府处于主导地位，但需要降低其土地增值收益分配的比例。③

第四类为其他相关研究。近些年还有一些研究成果是关于集体经营性建设用地入市的定价空间、价格形成机制、影响价格的因素、外部性和社会效益、农民的认知和意愿、对城市土地市场的影响等。刘玲等（2015）分析了集体经营性建设用地入市的定价空间问题，由于集体经营性建设用地存在的数量不清、结构不明等问题和全国建设用地市场的垄断竞争及区域寡头垄断性质，共同决定了集体经营性建设用地只有狭小的定价空间。因此，要规范地方政府的土地征收行为，设定合理的工业用地与商住用地比例，完善各项与入市相关的基础性配套工作。④ 牟晓庆等（2017）使用特征价格模型对集体经营性建设用地入市价格机制进行了分析。⑤ 王成量等（2018）通过交易案例对影响集体经营性建设用地入市价格的因素进行了分析。⑥ 喻瑶等（2019）通过采用案例的方式对影响集体经营性建设用地入市价格的因素进行了分析。⑦ 刘慧芳等（2017）使用价值转化法和实地调查法对集体经营性建设用地流转的外部性与社会

---

① 刘戈、汪旭：《集体建设用地流转入市过程中地方政府行为分析——基于鹰鸽博弈的视角》，《城市发展研究》2018 年第 4 期。
② 陈尧、李敏、肖君、唐鹏：《集体经营性建设用地入市增值收益分配博弈分析——以成都郫都区为例》，《南方国土资源》2019 年第 11 期。
③ 吕丹、薛凯文：《农村集体经营性建设用地入市收益的分配演化博弈：地方政府角色与路径》，《农业技术经济》2021 年第 9 期。
④ 刘玲、邹文涛、林肇宏、陈诗高：《农村集体经营性建设用地入市定价空间的经济学分析》，《海南大学学报》（人文社会科学版）2015 年第 4 期。
⑤ 牟晓庆、李秀霞：《农村集体经营性建设用地入市的价格机制研究》，《上海国土资源》2017 年第 2 期。
⑥ 王成量、周丙娟、陈美球、郭熙：《农村集体经营性建设用地价格影响因素的实证分析——基于江西省余江县 179 份交易案例》，《中国农业资源与区划》2018 年第 12 期。
⑦ 喻瑶、余海、徐振雄：《农村集体经营性建设用地入市价格影响因素研究——基于湖南省浏阳市数据的分析》，《价格理论与实践》2019 年第 11 期。

效益进行了研究。[①] 翟彬等（2017）使用 Logistic 回归法对集体经营性建设用地入市中农户的认知与意愿进行了研究。[②] 黄克龙等（2018）使用 Logit 模型对集体经营性建设用地租赁入市意愿的影响因素进行了分析。[③] 刘鹏凌和蔡俊（2020）使用结构方程模型对集体经营性建设用地入市的农户意愿影响因素与行为响应路径进行了分析。[④] 夏莲等（2019）通过案例分析了集体经营性建设用地入市对城市土地市场的影响。[⑤] 王克强等（2023）通过采用多期 DID 模型对县级数据的分析得出，集体经营性建设用地入市能够促进试点县区的城乡融合发展。[⑥] 李子豪和王倩倩（2023）通过实证分析发现集体经营性建设用地入市对雾霾治理有正向作用。[⑦]

现有关于集体经营性建设用地的研究已经取得了一定的成果，为后续的研究提供了较好的基础。本书使用博弈论研究工具对集体经营性建设用地入市中的地方政府行为选择和土地增值收益分配进行分析，因此仅对使用博弈论分析工具进行研究的相关成果进行评述。目前，使用博弈论研究工具进行研究的成果还相对较少，存在的问题或研究局限主要有：对集体经营性建设用地入市中的各主体行为分析还不够深入；现有研究要么设定村集体的策略选择为隐形流转（地下流转）、上市流转，地方政府的策略选择为查处、不查处，要么设定地方政府对土地入市的态度为积极、不积极，村集体选择上市、不上市，研究假定的设置限制了研究的深入；没有集体经营性建设用地入市对地方政府土地供应行为影响的研究；没有从地方政府行为角度分析为什么入市的集体经营性建设用地存在用途差别。

[①] 刘慧芳、毕如田：《集体经营性建设用地流转的外部性与社会效益研究——基于山西省泽州县的实证分析》，《软科学》2017 年第 4 期。

[②] 翟彬、梁流涛：《农村集体经营性建设用地入市的农户认知与意愿——基于河南省 324 户农户调查的分析》，《干旱区资源与环境》2017 年第 10 期。

[③] 黄克龙、朱新帅、蒋晓贤、张增峰、曹天邦：《集体经营性建设用地租赁入市意愿的影响因素研究——以江苏省宜兴市为例》，《农林经济管理学报》2018 年第 4 期。

[④] 刘鹏凌、蔡俊：《集体经营性建设用地整备统筹入市的农户意愿与行为响应》，《中国土地科学》2020 年第 8 期。

[⑤] 夏莲、沈舟：《集体经营性建设用地入市对城市土地市场影响研究——以浙江省德清县为例》，《安徽建筑大学学报》2019 年第 5 期。

[⑥] 王克强、杨亚炫、刘红梅、刘忠斌：《集体经营性建设用地入市影响城乡融合发展研究》，《农业技术经济》2023 年第 2 期。

[⑦] 李子豪、王倩倩：《农村集体经营性建设用地入市改革与雾霾污染：基于 229 个县（市、区）的准自然实验》，《长沙理工大学学报》（社会科学版）2023 年第 2 期。

本部分的研究希望取得如下进展：对地方政府和村集体的行为不做预先性设定，通过参与者的利益变化来推导行为变化；在集体经营性建设用地入市情况下，地方政府采取何种定价方式使得从土地征收和供给中达到收益的最大化；地方政府设定土地增值收益调节金标准的依据是什么；地方政府设定入市的集体经营性建设用地用途的主要原因是什么。

第二节 城郊集体经营性建设用地入市中的地方政府行为

集体经营性建设用地入市是构建城乡统一的建设用地市场的第一步。中央设想在符合规划的前提下集体经营性建设用地与国有土地享有平等权益，这不仅能够为下一步的土地制度改革积累经验，也能够减少地方政府土地征收的范围，增加城市土地供给，更重要的是增加农民的土地财产性收益，减少因为土地增值分配问题引发的冲突。中央政府的设想要成为现实，就要深入分析目前集体经营性建设用地入市中地方政府的行为。本节首先给出研究的主要假设；其次，通过构建地方政府主导下的土地供给和价格决定模型分析地方政府的行为选择；最后，通过构建工业用地和商住用地的两类供求模型来分析地方政府如何规划或限定入市的集体经营性建设用地的数量和用途。

一 主要假设

为了能够聚焦于所研究的问题，依据各试点地区的现实情况和本部分研究的需要，对参与主体做出相应的假设。

（一）地方政府

1. 地方政府是指能够获得大部分土地征收收益和土地增值收益调节金的一级政府，并且能够将从土地中获得的收益用于本级地方财政支出，主要为市级、区级和县级政府。在土地征收和集体经营性建设用地入市中乡镇政府主要是执行县级政府安排的各项工作，因此本书只将其视为地方政府的执行机构。

2. 在集体经营性建设用地入市中，地方政府的收益主要体现在财政收入方面，上级部门和中央部门的行政压力和其他试点地区的竞争压力也会对地方政府的收益产生影响，这些影响都能够换算为一定数量的货币化收益。

3. 地方政府必须执行上级政府和中央政府关于集体经营性建设用地入市的决定，即必须有集体经营性建设用地入市，但地方政府可以决定入市土地的数量。

4. 入市的集体经营性建设用地的用途分为商住用地和工业用地两类。地方政府可以决定入市土地中两类用途土地的数量和比例。

5. 在集体经营性建设用地入市的同时，地方政府还征收农村土地并在城市土地市场出让。城市土地市场供给只包括入市的集体经营性建设用地和被征收的农村土地，不包括城市建设用地整理后形成的土地供给。

6. 地方政府征收的农村土地全部供应城市土地市场，征收数量和供给数量相同，不存在中间损耗。

7. 土地增值收益调节金征收比例由地方政府确定，但不能超过中央政府规定的标准。

（二）村集体和农民

1. 集体经营性建设用地出让收益归村集体所有，不讨论村集体内部的收益分配问题或者认为村集体成员平均分配土地出让收益。村集体内部不存在委托代理问题。

2. 村集体的收益为土地出让中获得的净收益，只要收益非负，村集体就会选择集体经营性建设用地入市。

3. 农民配合地方政府的土地征收，不考虑农民为了获得更多补偿而采取博弈策略的情况。地方政府土地征收补偿应当不小于不存在土地征收情况下农民内部转让土地的收益。

二 地方政府对入市土地总量的控制

观点 5.1：集体经营性建设用地入市会减少地方政府土地征收的数量，并减少土地征收的收益。地方政府迫于中央试点的要求和其他地方政府的竞争力压力，会允许一部分集体经营性建设用地入市。土地征收成本越高、土地增值收益调节金征收的比例越高、城市土地价格越低、来自中央政府压力或惩罚下降的速度越慢和其他地方政府的竞争性压力下降的速度越慢，则地方政府越会允许更多的集体经营性建设用地入市，反之则更少。

在实行集体经营性建设用地入市之前,地方政府是本地城市土地市场的垄断供给者和农村土地的垄断征收者。农村土地要成为城市建设用地只能通过地方政府征收方式。地方政府会利用城市土地一级市场的垄断供给权和农村土地的垄断征收权来获取经济收益。在不存在集体经营性建设用地入市情况下,地方政府征收农村土地并在城市一级土地市场出让的收益为:

$$\max_q \quad P(q)q - p(q)q - cq \tag{5-1}$$

公式(5-1)是公式(3-7)的简化形式。为了便于分析,在公式(5-1)中,不包括由于规模经济要求的最小征收数量和农用地指标限制的最大征收数量,也不包括获得农用地占用的指标成本和地方政府相关的税收收益。在公式(5-1)中,$P(q)q$ 为地方政府土地征收获得的总收益,$p(q)q$ 为支付给农民的征地补偿,cq 为从土地征收到土地转让过程中发生的成本。公式(5-1)中,也不存在土地征收过程中农民为了获得更多的补偿而采取博弈策略的情况。对公式(5-1)求 q 的一阶导数并使等式成立,得到地方政府收益最大化的条件为:

$$P'(q^e)q^e + P(q^e) = p'(q^e)q^e + p(q^e) + c \tag{5-2}$$

公式(5-2)为处于双边市场垄断的地方政府收益最大化的条件,地方政府会按照收益最大化的条件来控制农村土地征收的数量和城市土地供给的数量。

当存在集体经营性建设用地入市的情况时,地方政府的市场垄断地位将被打破。理论上,市场垄断力量被打破后,地方政府的土地收益会减少,地方政府会采取阻止新的土地供给者进入的策略。如果地方政府不允许集体经营性建设用地入市,将会受到来自中央政府的惩罚和其他试点地方的竞争压力。本书假设来自中央政府的压力与入市的集体经营性建设用地的数量负相关,函数表达式为 $G_c(q_c)$,q_c 为地方政府允许上市的集体经营性建设用地数量,$G_c(q_c)$ 为 q_c 减函数,即 $G_c'(q_c) < 0$,并且随着 q_c 的逐渐增加,$G_c(q_c)$ 可以从正值变化为负值,$G_c(q_c) < 0$ 表明地方政府不仅不会面临来自中央政府的惩罚,还能得到来自中央政府的奖励。$L(q_c)$ 为地方政府面临的与其竞争的其他地方政府的压力,本书将其折算为货币收益。$L(q_c)$ 为 q_c 减函数,即 $L'(q_c) < 0$,并且随着 q_c 的逐渐增加 $L(q_c)$ 可以从正值变化为负值,$L(q_c) < 0$ 表明地方政府在与其他地方政府的竞争中获得了竞争优势。地方政府还可以通过征收土地增值收益调节金的方式来

增加收益,设定土地增值收益调节金的比例为 a ,且 $0 \leq a < 1$,地方政府征收土地增值收益调节金获得的收益为 $aP(q)q_c$,其中 q 为土地需求数量或土地供给数量。地方政府的收益函数可表示为:

$$\max_{q,q_c} P(q)(q-q_c) - p(q-q_c)(q-q_c) - c(q-q_c) - \\ G_c(q_c) - L(q_c) + aP(q)q_c \quad (5-3)$$

其中,满足市场需求的土地供给量为 q , $q - q_c$ 为地方政府土地征收数量。在 a 给定的情况下,地方政府要确定两个变量 q 和 q_c ,也就是确定城市土地市场供给的土地中来自征收的农村土地和来自直接上市的集体经营性建设用地的各自数量。对公式(5-3)分别求 q 和 q_c 的偏导并使得等式成立,满足公式(5-3)最大化的条件为:

$$\frac{\partial P(q)}{\partial q}(q - q_c + aq_c) + P(q) = \frac{\partial p(q - q_c)}{\partial q}(q - q_c) + p(q - q_c) + c \quad (5-4)$$

$$\frac{\partial p(q - q_c)}{\partial q_c}(q - q_c) + p(q - q_c) + c + aP(q) = P(q) + G_c{'}(q_c) + L{'}(q_c) \quad (5-5)$$

在公式(5-4)中,等式的左边为地方政府征收农村土地的边际收益,等式的右边为征收农村土地的边际成本。在公式(5-4)中,因为 $0 \leq a < 1$,所以存在 $q - q_c + aq_c < q$ 。对比公式(5-4)和公式(5-2)等式的左端,因为 $q - q_c + aq_c < q$, $P'(q) < 0$,只要 $q_c > 0$,就可以得出 $\frac{\partial P(q)}{\partial q}(q - q_c + aq_c) + P(q) > P'(q)q + P(q)$,即由于存在集体经营性建设用地入市,地方政府的土地征收边际收益上升了。之所以能够出现市场均衡情况下土地征收的边际收益增加的情况,是因为土地征收的数量减少了,因此可以得出存在集体经营性建设用地入市,就存在 $q - q_c < q^e$ 。对比公式(5-4)和公式(5-2)等式的右端,由于只要 $q_c > 0$,也能得到 $\frac{\partial p(q - q_c)}{\partial q}(q - q_c) + p(q - q_c) + c < p'(q)q + p(q) + c$,即地方政府土地征收的边际成本下降了,之所以存在土地征收的边际成本下降的情况,也是因为市场均衡情况下地方政府土地征收数量减少了。

在公式(5-5)中,等式的左边为集体经营性建设用地入市情况下地方政府的边际收益，等式的右边为集体经营性建设用地入市情况下地方政府的边际成本。在公式（5-5）中，等式的左边可以看作由两个部分组成：一部分为 $\frac{\partial p(q-q_c)}{\partial q_c}(q-q_c)+p(q-q_c)+c$，代表减少土地征收而少支付给农民补偿的边际成本，由于集体经营性建设用地入市对土地征收有一定的替代作用，这部分边际成本的减少就成为集体经营性建设用地入市带来的边际收益；另一部分为土地增值收益调节金 $aP(q)$，这部分可以由地方政府来确定征收比例，但是由于中央政府制定了50%的上限，通过调整土地增值收益调节金来增加收益的空间也受到了限制。集体经营性建设用地入市带来的边际收益越高，地方政府就越有动力来允许更多的集体经营性建设用地入市。公式（5-5）等式的右边由三部分组成：城市土地市场价格 $P(q)$，来自中央政府压力或惩罚的边际变化 $G_c{'}(q_c)$，来自其他地方政府竞争压力的边际变化 $L'(q_c)$。通过公式（5-5）可以得出影响地方政府允许集体经营性建设用地入市数量的因素：（1）土地征收成本越高，则地方政府允许集体经营性建设用地入市的数量越多，反之则越少；（2）土地增值收益调节金征收的比例越高，地方政府允许集体经营性建设用地入市的数量越多，反之则越少；（3）城市土地市场价格 $P(q)$ 越高，表明地方政府允许集体经营性建设用地入市的边际成本越高，则地方政府允许入市的集体经营性建设用地数量越少，反之则越多；（4）来自中央政府压力或惩罚下降得越慢，表明地方政府允许集体经营性建设用地入市的边际成本越低，则地方政府允许入市的集体经营性建设用地数量越多，反之则越少；（5）其他地方政府的竞争性压力下降得越慢，表明地方政府允许集体经营性建设用地入市的边际成本越低，则地方政府允许入市的集体经营性建设用地数量越多，反之则越少。

三　地方政府对入市土地用途的控制

观点5.2：中央政府对土地增值收益调节金征收最高比例的限制，使得很多地方政府从经济角度考虑不愿意集体经营性建设用地以商住用途入市。对处于城区的集体经营性建设用地，土地位置决定不能以工业用地入市，地方政府可以采取直接征收的方式或规定为教育、医疗、基础设施等公益性或半公益性用地的方式来减少对其造成的损失。对于需要以商住用途入市的集体经营性建设用地，地方政府也可以让开发商承担本应当由地

第五章 城郊集体经营性建设用地入市中的地方政府行为与利益分配

方政府承担的基础设施建设和投入来降低土地增值收益。以商住用途入市的集体经营性建设用地规模与土地增值收益调节金征收比例正相关，与地方政府收益减少负相关；以工业用途入市的集体经营性建设用地规模与税收收益及非税收收益正相关；两种用途的集体经营性建设用地入市规模之间存在着此消彼长的替代关系。

地方政府通过规定入市的集体经营性建设用地的用途和在各类用途中的比例，来减少集体经营性建设用地入市对城市土地市场的冲击。试点地区将入市的集体经营性建设用地的用途主要分为工矿仓储用地、商服用地、居住用地、旅游用地，其中工矿仓储用地征收的土地增值收益调节金比例较低，而其他三类土地征收的比例相对较高。因此，为了便于分析，本部分将入市的集体经营性建设用地的用途分为两类：工业用地（指工矿仓储用地）和商住用地（指商服用地和居住用地）。由于工业用地和商住用地价格之间存在较大的差异，入市的集体经营性建设用地被限定为不同的用途也会出现增值程度的较大差异。集体经营性建设用地在入市前基本属于工业用途，即使是转变为城市建设用地，如果还是工业用地属性，土地增值空间也较为有限，如果转变为商住用途将会出现大幅的土地增值。入市的集体经营性建设用地究竟是商住用途还是工业用途取决于两个因素：土地所处的位置和地方政府的规定。从土地资源配置效率角度，土地用途应当主要取决于土地所处的位置，处于城市核心区域的土地如果被规定为工业用途将会是土地资源的浪费。同时也应当看到，任何国家的政府都会对土地用途进行管制，政府的管制是影响土地用途的重要因素。理论上，地方政府对城市土地用途管制就是要减少土地利用的外部经济，提高土地资源的配置效率。现实中，地方政府对土地用途管制还会受到政府、企业、社会组织和各类群体的影响，入市的集体经营性建设用地的用途也会受到各种因素的影响。为了重点研究地方政府对入市土地用途的影响，本书设定地方政府的规定是影响入市土地用途的唯一因素。为了简化分析，本书设定入市土地的数量为某一固定常数 q^*，商住用地数量为 q^i，则工业用地数量为 $q^* - q^i$。地方政府确定入市的集体经营性建设用地用途的收益函数可以表示为：

$$\max_{q^i} \ aq^i P - S(q^i)q^i + t(q^* - q^i) + u(q^* - q^i) \quad (5-6)$$

其中，$aq^i P$ 为地方政府收取的土地增值收益调节金，a 为征收的比例，P 为商住土地市场价格，因为在集体经营性建设用地以商住用途入市的情况下，地方政府可以通过将入市 q^i 数量的土地确定为市场已有供给量，因此地方政府的收益最大化选择并不改变商住土地市场供给价格和供给总数量，具体证明从略。$S(q^i)q^i$ 为入市商住用地给地方政府带来的损失，$S(q^i)$ 为损失的价格，$S'(q^i)>0$。$t(q^*-q^i)$ 为地方政府从工业用途入市的集体经营性建设用地获得的未来税收增加的现值，t 为某一固定税率。$u(q^*-q^i)$ 为地方政府从工业用途入市的集体经营性建设用地获得的非税收收益，$u(q^*-q^i)$ 为 q^i 的减函数、q^*-q^i 的增函数。在公式（5-6）中，为了简化分析假定地方政府从入市的商住用地中获得的收益仅为土地增值收益调节金，不存在税收收益和其他非税收收益，土地增值收益调节金只对商住用地收取，对工业用地不收取。这可以理解为地方政府对工业用地收取的土地增值收益调节金仅能够弥补从事相关工作的成本，收支相抵可以不列入地方政府的收益函数。就试点地区的实际情况而言，地方政府对工业用地征收的土地增值收益调节金比例相对也较低。并且，各地工业用地市场价格普遍较低，有些地区甚至低于成本，地方政府低价出让工业用地主要是为了获得未来的财政收入和政绩，而不是获得土地增值收益。对公式（5-6）中的 q^i 求一阶导数，得出满足收益最大化的条件为：

$$aP-S'(q^i)q^i-S(q^i)=t-u'(q^*-q^i) \qquad (5-7)$$

公式（5-7）成立的一个重要条件是至少存在某个正的 q^i 使得 $aq^iP-S(q^i)q^i+t(q^*-q^i)+u(q^*-q^i)\geqslant 0$，否则公式（5-7）的等式形式不成立。首先讨论公式（5-7）不成立的情况。公式（5-7）不成立的情况为，对于任意正的 q^i 不等式 $aq^iP-S(q^i)q^i+t(q^*-q^i)+u(q^*-q^i)\geqslant 0$ 都不成立，经济含义为地方政府从收取土地增值收益调节金中获得的收益，无法弥补以商住用途入市的集体经营性建设用地对地方政府造成的损失。地方政府可以通过提高土地增值收益调节金征收比例 a 的方式使得公式（5-7）成立，如果对 a 的数值没有限制，地方政府可以确定某个接近于1的数值来增加收益，但是中央政府对土地增值收益调节金征收比例的最高值给出了限制性规定，不得超过50%。由于中央政府对地方政府土地增值收益调节金征收比例做出了不得超过50%的规定，对于有些地区的地方政府就会出现即使按照50%的比例征收也无法弥补以商住用途入市的集体经营性建设用地造成的损失，这些地方政府就会选择不允许集体经营性建设用地以商住用途入市。有些集体经营性建设用地位于城区内，这些土地作为商住用地能够带来更高的经济价值，但如果直接入市会拉低城市商住土地市场价格，进而减少地方政府的收益，地方政府就有动力征收这些土地而不是以商住用途允许这些土地直接入市。新修订的《土地管理法》中限定了地方政府土地征收范围，但是其中有一条规定了"在土地利用总体规划确定的城镇建设用地范围内，经省级以上人民政府批准由县级以上地方人民政府组织实施的成片开发建设需要用地的"[①] 的情况，该条规定依然保证了地方政府拥有非公益性征地的权力。能够以商住用途直接入市的集体经营性建设用地基本位于土地利用总体规划确定的城镇建设用地范围之内。因此公式（5-7）等式条件不成立的情况也能够解释为什么很多试点地区很少有集体经营性建设用地以商住用途入市。有些位于市区的集体经营性建设用地也能够直接上市，但地方政府可以更为具体地规定土地用途。这些用途往往是商住用地的配套用地，具有公益性和半公益性的特点，土地增值空间较为有限，不会对地方政府控制的商住用地市场产生影响，反而为地方政府节省了土地，如规定入市土地的用途为教育用地、医疗卫生用地、公共设施用地等。即使在集体经营性建设用地以商住用途入市的情况下，地方政府可以在土地出让中要求开发商承担保障性房屋、幼儿园、中小学、周边公路和其他基础设施的建设工作和费用，减少地方政府的支出，变相提高土地增值收益调节金的征收比例。

在公式（5-7）等式成立的情况下，地方政府将允许集体经营性建设用地以商住用途入市。在公式（5-7）中，等式的左边为地方政府允许入市土地以商住用途带来的边际收益。商住用地市场价格 P 越高，土地增值收益调节金征收比例 a 越高，地方政府将允许更多的土地以商住用途入市，反之则更少；以商住用途入市的土地对地方政府收益降低的影响越小，即 $S'(q^i)q^i + S(q^i)$ 的值越低，地方政府将允许更多的土地以

[①] 全国人民代表大会常务委员会法制工作委员会编：《中华人民共和国法律汇编（2019）》，人民出版社2020年版，第285页。

商住用途入市，反之则更少。其中 $S'(q^i)q^i + S(q^i)$ 的数值与地方政府土地征收的获益程度直接相关，如果地方政府能够通过征收土地并在城市土地市场以商住用地出让的方式获得高额收益，地方政府将允许更少的土地以商住用途入市，反之则更多。在公式（5-7）中，等式的右边为地方政府允许以工业用途入市的土地带来的边际收益。工业用地的边际税率 t 越高，地方政府将允许更多的土地以工业用途入市，反之则更少；工业用地给地方政府带来的非税收边际收益 $-u'(q^* - q^i)$ 越高，地方政府将允许更多的土地以工业用途入市，反之则更少。工业用地给地方政府带来的非税收边际收益主要受到当地官员主观评价的影响。地方政府主要领导或少数官员的利益并不一定与本地区的整体利益相一致，会存在一定程度的偏差。工业用地给地方政府或地方官员带来的非税收收益主要有利用工业用地增加本地投资和招商引资带来的政绩收益和在晋升锦标赛中获得的竞争优势，以及由于本地工程项目增加而有机会获得更多的灰色收入和腐败收入。招商引资能够起到拉动本地经济增长和增加就业的作用，但这是以低价出让土地资源和放任自然资源破坏达到的。增加工业用地供给是以减少商住用地供给为代价的，这就会导致本地的服务价格上涨和居民住宅价格上涨，当地居民从就业增加和工资上涨中获得的收益有限，增加的收入中很大比例以租金和房价的形式转移到政府手中。因此，地方政府成为土地市场和集体经营性建设用地入市的最大受益者。

第三节　案例分析：试点地区考察

一　土地增值收益分配情况

目前，中国没有相关的法律法规来确定地方政府能够从土地增值收益中获得的比例，地方政府就通过土地增值收益调节金的方式来参与土地增值收益分配。2020 年 1 月 1 日，新修订的《土地管理法》正式实施，集体经营性建设用地直接入市已经获得了法律保障，但是有关土地增值收益的分配比例并没有相关的法律规定。目前只有财政部和原国土资源部联合发布的《农村集体经营性建设用地土地增值收益调节金征收使用管理暂行办法》（以下简称《暂行办法》）中规定"调节金分别按入市或再转让农村集体经营性建设用地土地增值收益的20%—50%征收"[①]。《暂行办法》中关于土地增值收益调节金规定的含义为，收取土地增值收益调节金的比例为一个区间，具体标准由各试点地区确定。

在遵循《暂行办法》的规定前提下，各试点地区确定了各自的土地增值收益调节金征收比例。表5-1给出了13个试点地区的土地增值收益调节金的征收比例。对已经收集到的各试点地区土地增值收益调节金收取比例情况进行分析，可以得到以下发现。第一，土地增值收益调节金收取主要依据土地增值收益，也有采取土地收入和出让价格的。表5-1所列出的13个地区只有广东省佛山市南海区和四川省成都市郫都区按照土地出让收入，江苏省常州市武进区采取了每亩出让价格，其余地区均采取了土地增值收益比例的方式。第二，主要采取了依据土地类别不同设定不同的调节金征收标准，工矿仓储用地征收比例低于商服用地和住宅用地的征收比例，核心思想为按照土地增值幅度累进征收。由于工矿仓储用地的价格要显著低于商服用地和住宅用地价格，因此各试点地区普遍采用了依据入市土地用途差别制定差异的土地增值收益调节金征收比例。但由于《暂行办法》中规定调节金的征收比例为土地增值收益的20%—50%，各地的征收最高比例不能超过50%，因此多数地区对商服用地和住宅用地征收的比例设定在50%的水平。第三，各地调节金征收比例差距较为明显，有些地区征收的比例较高，有些地区就相对较低。理论上，东部沿海地区和大城市周边等经济发达地区土地增值较高，土地增值收益调节金征收的比例应当较高，但是有些地区征收比例相对较低，如广东省佛山市南海区最高为土地出让收入的15%。第四，土地出让收入集中在少数沿海地区和发达地区。2018年12月，国务院发布的试点总结中给出的数据为，集体经营性建设用地已入市面积

[①] 《农村集体经营性建设用地土地增值收益调节金征收使用管理暂行办法》，中华人民共和国财政部官网，2016年6月15日，http://www.mof.gov.cn/gp/xxgkml/szs/201606/t20160606_2510597.htm，2023年5月9日。

9 万余亩，成交总价款约 257 亿元。① 截至 2018 年年底，南海区入市土地面积为 2797 亩，成交总价款达 86.4 亿元。② 截至 2019 年年底，北京市大兴区在土地改革试点中累计入市土地 15 宗，成交总价款 210 亿元。③ 江苏省常州市武进区入市总量突破 1 万宗、面积 8.67 万亩，成交总价款 87.5 亿元。④ 同样是经济发达地区的浙江省义乌市整个试点中成交的总用地面积仅为 303 亩，成交总价款 2.79 亿元，⑤ 浙江省德清县入市 208 宗、面积 1593.64 亩，成交总价款 4.22 亿元，⑥ 海南省文昌仅入市 16 宗、面积 145 亩，成交总价款 9050 万元，⑦ 即使是截至 2021 年年底，海南省文昌入市土地也仅 60 宗、面积约 984 亩，成交总价款为 7.268 亿元，⑧ 上海市松江区仅入市了 9 宗、面积 317 亩，成交总价款 11.3 亿元，⑨ 截至 2022 年年底，重庆市大足区累计实现入市交易土地 104 宗、面积 3264.9 亩，成交总价款 11.7 亿元⑩。其他中西部地区无论是成交数量还是出让面积都较少。

---

① 试点地区的土地入市数据和成交价款数据汇总高于国务院发布的试点总结中给出的数据，可能是因为统计时间和口径的差别，同时也不排除有地方政府为了突出政绩虚增数据的情况。

② 《2018 年广东农村土地制度改革三项试点取得哪些成效？》，南方号网络媒体，2019 年 1 月 17 日，http：//static.nfapp.southcn.com/content/201901/17/c1855377.html？group_id=1，2023 年 5 月 9 日。

③ 《大兴区五届人大六次会议政府工作报告》，北京市大兴区人民政府官网，2020 年 1 月 10 日，http：//www.bjdx.gov.cn/bjsdxqrmzf/zwfw/zfgzbg/731864/index.html，2023 年 5 月 9 日。

④ 《武进区集体经营性建设用地入市工作取得丰硕成果》，新浪财经头条，2019 年 10 月 14 日，https：//cj.sina.com.cn/articles/view/3233134660/c0b5b84402000jfm2？from=finance，2023 年 5 月 9 日。

⑤ 《我市 2019 年集体经营性用地入市工作顺利收官》，义乌市人民政府官网，2020 年 1 月 13 日，http：//www.yw.gov.cn/art/2020/1/13/art_1229127693_51387096.html，2023 年 5 月 3 日。

⑥ 方敏、窦瀚洋：《浙江德清县探索农村集体经营性建设用地入市》，《人民日报》2019 年 10 月 21 日第 2 版。

⑦ 习霁鸿、李佳飞、黄良策：《盘活土地资源农村农民受益》，《海南日报》2019 年 8 月 27 日第 7 版。

⑧ 董艳：《关于海南省部分市县农村集体经营性建设用地入市试点面临的困境和解决路径》，祖国杂志社官网祖国网，2023 年 4 月 26 日，https：//www.zgzzs.com.cn/index.php/article/detail/id/111118.html，2023 年 5 月 3 日。

⑨ 计思敏：《上海松江先行先试，68 亩农村集体土地将入市》，澎湃新闻官网，2020 年 6 月 26 日，https：//www.thepaper.cn/newsDetail_forward_7982812，2023 年 5 月 4 日。

⑩ 蒋世勇、熊敏秀、赵元元：《大足区大力推进农地入市唤醒沉睡资产激发乡村振兴新活力》，《渝西都市报》2022 年 12 月 21 日第 8 版。

第五章　城郊集体经营性建设用地入市中的地方政府行为与利益分配　161

表 5 - 1　　部分试点地区土地增值收益调节金的征收比例

试点地区	土地用途	分配比例
辽宁省海城市①	工矿仓储用地	出让方式30%，租赁、作价出资（入股）10%
	商服用地	出让方式40%，租赁、作价出资（入股）20%
江苏省常州市武进区②		出让价格在每亩100万元（含100万元）以内部分按20%缴纳；出让价格在每亩100万—200万元（含200万元）部分按30%缴纳；出让价格在200万元以上部分按40%缴纳。 以租赁和作价出资（入股）方式入市的，在取得租金、股息、红利收入时，按照收入的20%缴纳
福建省晋江市③	工矿仓储用地和其他用地	15%
	商服用地	30%
河南省长垣县④		增值额未超过扣除项目金额50%（含）的部分，计征比例为30%；增值额超过扣除项目金额50%、未超过扣除项目金额100%（含）的部分，计征比例为40%；增值额超过扣除项目金额100%、未超过扣除项目金额200%（含）的部分，计征比例为50%；增值额超过扣除项目金额200%的部分，计征比例为60%

① 《海城市农村集体经营性建设用地入市土地增值收益调节金征收使用管理办法》，2016年4月14日，http://law168.com.cn/xadmin/viewdoc/?id=175110，2023年5月4日。
② 《常州市武进区农村集体经营性建设用地入市收益调节金征收和使用管理暂行办法》，常州市自然资源和规划局武进分局官网，2017年5月3日，http://zrzy.jiangsu.gov.cn/czwj/gtzx/ztzl/nctd/201705/t20170503_427976.htm，2023年5月5日。
③ 《晋江市农村集体经营性建设用地入市管理暂行规定》，泉州市人民政府官网，2017年3月19日，http://www.quanzhou.gov.cn/zfb/xxgk/zfxxgkzl/zxwj/xsqwj/201705/t20170531_445995.htm，2023年5月6日。
④ 《长垣县农村集体经营性建设用地入市相关税费调节金征管实施办法（试行）》，长垣市人民政府官网，2018年6月18日，http://www.changyuan.gov.cn/sitesources/cyxrmzf/page_pc/xxgk/zfxxgkml/fgwj/gfxwj/articlefc58c91b76f247ea90c9b97c4e4d24f4.html，2023年5月6日。

续表

试点地区	土地用途	分配比例
广东省佛山市南海区①	工矿仓储用地	属于城市更新（"三旧"改造）项目或农村综合整治片区内的地块，按土地出让收入的5%收取调节金；其他地块按土地出让收入的10%收取调节金
	商服用地	属于城市更新（"三旧"改造）项目或农村综合整治片区内的地块，按土地出让收入的10%收取调节金；其他地块按土地出让收入的15%收取调节金
海南省文昌市②	住宅用地	25%
	商服用地	20%
	旅游用地	15%
	工业用地	5%
	其他用地	10%
重庆市大足区③	商服用地	一类街镇50%、二类街镇45%、三类街镇40%
	工业用地	一类街镇30%、二类街镇25%、三类街镇20%
四川省成都市郫都区④	工矿仓储用地	采取招标、拍卖、挂牌公开方式入市的，位于基准地价一、二、三级的，按成交价的13%计提缴纳；采取协议方式入市的，位于基准地价一、二、三级的，按成交价的23%计提缴纳
	商服用地	采取招标、拍卖、挂牌公开方式入市的，根据宗地所在区域基地价范围不同级别区别缴纳。位于基准地价一级的，按成交价的30%计提缴纳；位于基准地价二级的，按成交价的24%计提缴纳；位于基准地价三级的，按成交价的15%计提缴纳。采取协议方式入市的，位于基准地价一级的，按成交价的40%计提缴纳；位于基准地价二级的，按成交价的33%计提缴纳；位于基准地价三级的，按成交价的25%计提缴纳

---

① 《佛山市南海区农村集体经营性建设用地土地增值收益调节金与税费征收使用管理试行办法》，南海区人民政府官网，2015年12月11日，http：//www.nanhai.gov.cn/fsnh/zwgk/zfgb/content/post_ 2220995.html，2020年7月22日。

② 《文昌市农村集体经营性建设用地入市试点暂行办法》，文昌市人民政府官网，2015年11月16日，http：//wenchang.hainan.gov.cn/wenchang/0503/201511/93d384f5f3d64580be6d86856827c874.shtml，2020年7月22日。

③ 《重庆市大足区农村集体经营性建设用地土地增值收益调节金征收使用管理实施办法》，重庆市大足区人民政府官网，2018年11月23日，http：//cqdz.gov.cn/publicity/zfgw/qzfwj/213911，2020年7月22日。

④ 《郫都区集体经营性建设用地入市增值收益调节金征收使用管理暂行办法》，成都市人民政府官网，2017年5月10日，http：//gk.chengdu.gov.cn/govInfoPub/detail.action?id=1630178&tn=2，2020年7月22日。

续表

试点地区	土地用途	分配比例
四川省泸县①	工矿仓储用地	20%
	商服用地、旅游用地	30%
浙江省德清县②	商服用地	土地位于县城规划区的48%，土地位于乡镇规划区的40%，其他地块32%
	工矿仓储用地	土地位于县城规划区的24%，土地位于乡镇规划区的20%，其他地块16%
广西壮族自治区北流市③	工业、公益性用地	5%
	仓储、物流、旅游用地	15%
	商服、住宅用地	就地入市和入市后再转让的40%，零星分散集体经营性建设用地整治后48%，新增农村集体非建用地50%
		城中村集体建设用地整治后入市的15%
浙江省义乌市④		增值收益未超过扣除项目50%的部分，征收率为30%；增值收益超过扣除项目50%未超过100%的部分，征收率为40%；增值收益超过扣除项目100%的部分，征收率为50%
宁夏回族自治区平罗县⑤	商服、旅游用地	位于乡镇规划区内就地入市的50%，就地入市土地位于乡镇规划区外的40%；位于乡镇规划区内调整和整治入市的35%；位于乡镇规划区外的30%；生态移民项目内的50%
	工业、仓储用地	位于乡镇规划区内就地入市的40%，就地入市土地位于乡镇规划区外的30%；位于乡镇规划区内调整和整治入市的25%；位于乡镇规划区外的20%；生态移民项目区内的50%

① 《泸县农村集体经营性建设用地入市土地增值收益调节金征收使用管理办法（试行）》，泸县人民政府官网，2017年12月20日，http://www.luxian.gov.cn/zwgk/zfwj/content_153500，2020年7月22日。
② 《德清县农村集体经营性建设用地入市土地增值收益调节金征收和使用规定（试行）》，德清县人民政府官网，2015年9月17日，http://www.deqing.gov.cn/hzgov/front/s186/zfxxgk/fggw/xzfwj/20150917/i1931661.html，2020年7月22日。
③ 《北流市农村集体经营性建设用地土地增值收益调节金等费用征收使用管理实施细则》，北流市人民政府官网，2017年6月19日，http://www.beiliu.gov.cn/xxgk/xxgkml/wjzl/zfwj/t1237800.shtml，2020年7月22日。
④ 《义乌市农村集体经营性建设用地入市土地增值收益调节金征收和使用规定（试行）》，义乌市人民政府官网，2017年12月21日，http://www.yw.gov.cn/11330782002609848G/bmxxgk/11330782002609434C/02/201801/t20180120_3042915_2.html，2020年7月23日。
⑤ 《平罗县农村集体经营性建设用地土地增值收益调节金征收管理使用分配暂行办法》，平罗县人民政府官网，2017年7月17日，http://www.pingluo.gov.cn/xxgk/zfxxgkml/qnhn/201808/t20180822_1007625.html，2020年7月23日。

二 试点地区入市规模差异

影响地方政府允许集体经营性建设用地入市规模的最主要因素为征地给地方政府带来的利润空间,如果利润空间较大,地方政府会选择不允许集体经营性建设用地入市或仅允许较少数量入市。土地征收成本是影响地方政府土地征收利润空间的一个主要因素。土地征收成本一方面取决于农村土地的现有用途和地理位置,另一方面也取决于村集体组织和农民与地方政府的谈判或抗争能力。由于中国实行了城乡分割的二元土地制度,农村土地不经过政府征收环节将无法转化为城市用地,集体经营性建设用地入市也要得到地方政府的允许。农村土地现有用途主要为农用地、宅基地和公益事业用地与公共设施用地,市场价值较低。虽然新修订的《土地管理法》已经删除了按照土地原有用途给予征地补偿的规定,实行区片综合地价的补偿标准,并提出了各地要制定被征地农民分享土地增值收益的具体规定,但土地基本上还是按照原有用途给予补偿,农民还是无法分享或只能分享很少的土地增值收益。

在现有的制度框架内,土地征收成本的高低将主要取决于被征地村集体和农民与地方政府的谈判和抗争能力。被征地村集体越是能够代表农民的利益,越是敢于与地方政府进行抗争,被征地农民越是团结,抗争中能够借助的社会资本越多,地方政府的土地征收成本越高,地方政府将会允许更多的集体经营性建设用地入市。从目前获得的试点地区入市土地数据情况来看,入市数量较多的为广东省佛山市南海区和江苏省常州市武进区。北京市大兴区入市土地的成交总额较高,但入市的土地宗数与可入市宗数相比较少,入市了15宗,可入市4200宗。[①]

南海区集体经营性建设用地入市规模大的原因是,土地征收中村集体拥有较强的谈判能力,地方政府土地征收的利润空间较小。南海区集体经营性建设用地入市面积和交易规模都较大,但这并不是从试点才开始。在试点之前,集体建设用地就已经成为南海区供地的主要来源。2010年至

---

① 贺勇:《北京市大兴区率先提出集体经营性建设用地入市"镇级统筹"》,《人民日报》2017年9月24日第11版。

2015年，集体建设用地提供了工矿仓储用地的73.95%和商服用地的72.28%。① 南海区也是中国土地改革先行地区，在20世纪90年代初，南海区村集体已经实行了土地股份制改革，每位村民以股份的形式拥有集体土地，村委会和村小组成为集体土地的实际控制者。村委会和村小组可以将土地出租给工商业企业收取租金，南海区的做法已经打破了对农村土地不得用于工商业的限制。② 在集体建设用地已经出租获得土地用途转换增值收益的情况下，地方政府要征收农村土地必须要支付更高的代价，地方政府的获利空间已经较小。由于村委会和村小组已经成为集体土地的实际控制者，征地补偿多少将与村委会和村小组的利益直接相关，村委会和村小组将会有足够的动力与地方政府就征地补偿进行讨价还价。如果出现地方政府压低土地征收价格的情况或者出现其他侵害农民利益的情况，村委会和村小组也有能力组织村民进行抗争。

武进区集体经营性建设用地入市规模大的原因是，当地农民敢于与地方政府进行抗争，并引发多起媒体、社会公众和中央重视的事件，致使当地政府土地征收成本上升。武进区是常州市上访较多的地区，尤其是越级访和进京访较多，对地方政府的行为构成了重要约束。征地拆迁是农民上访的主要问题之一。武进区还曾出现因征地拆迁引发媒体、社会和中央高层关注的事件，如2011年戚自强在国务院总理温家宝接见时反映武进区违法违规征地③，2012年网络音乐人左小祖咒发微博爆出常州市武进区钱家塘13号老家房屋遭强拆，引起公众广泛关注。④

三 土地用途的控制与变通

各试点地区不仅对入市的集体经营性建设用地进行数量控制，也对土地的用途进行控制，入市的土地以工业用地为主。中国城市工业用地与商

---

① 杜小刚、卓妮：《集体建设用地整备制度下的土地资产权益实现——以广东省佛山市南海区为例》，《中国土地》2019年第3期。
② 蒋省三、刘守英：《土地资本化与农村工业化——广东省佛山市南海经济发展调查》，《管理世界》2003年第11期。
③ 《温家宝到国家信访局与来京上访民众面对面交流》，中国新闻网，2011年1月25日，http://www.chinanews.com/gn/2011/01-25/2811428.shtml，2023年5月9日。
④ 唐逸如：《微博时代的非典型拆迁——常州钱家塘13号拆迁事件调查》，《社会观察》2012年第12期。

住用地存在着较大的价格差异,商住用地的市场价格往往是工业用地市场价格的几倍、十几倍甚至几十倍。巨大的差价主要是因为地方政府间的招商引资竞争和工业用地的过度供给。地方政府普遍对工业用地实行价格补贴,成本价或低于成本价出让工业用地是一种常见现象。因此,地方政府更倾向于将集体经营性建设用地以工业用途入市。从试点地区入市土地用途情况来看,除北京大兴区外(因大兴区所处的地理位置和北京的城市定位已经不适合发展工业),其他地区入市的土地基本上以工业用地为主。

对于不能以工业用途入市的集体经营性建设用地,试点地区地方政府会采取多种变通方式减少对城市商住用地市场的影响。有些集体经营性建设用地位于城区中,这些土地作为商住用地能够带来更高的经济价值,但如果直接入市会拉低城市商住土地市场价格,进而减少地方政府的收益,地方政府就有动力征收这些土地而不是以商住用途允许这些土地直接入市。新修订的《土地管理法》中限定了地方政府土地征收范围,但是其中规定了"在土地利用总体规划确定的城镇建设用地范围内,经省级以上人民政府批准由县级以上地方人民政府组织实施的成片开发建设需要用地的"[①] 情况,依然保证了地方政府拥有非公益性征地的权力。能够以商住用途直接入市的集体经营性建设用地基本位于土地利用总体规划确定的城镇建设用地范围之内。有些位于城区的集体经营性建设用地也能够直接上市,但地方政府可以规定更为具体的土地用途。这些用途往往是商住用地的配套用地,具有公益性和半公益性的特点,土地增值空间较为有限,不会对地方政府控制的商住用地市场产生影响,反而为地方政府节省了土地,如规定入市土地的用途为教育用地、医疗卫生用地、公共设施用地等。或者是一些面积较小的土地,缺乏征收或进一步开发的价值,可能会以商住用地的用途入市。即使在集体经营性建设用地以商住用途入市的情况下,地方政府也可以在土地出让中要求开发商承担保障性房屋、幼儿园、中小学、周边公路和其他基础设施的建设工作和费用,相当于变相提高土地增值收益调节金的征收比例。如北京市大兴区入市的土地以共有产权房用地、绿隔产业用地、集体租赁住房用地等用途为主,义乌市入市的土地以教育用地、公共设施用地和

---

① 全国人民代表大会常务委员会法制工作委员会编:《中华人民共和国法律汇编(2019)》,人民出版社2020年版,第285页。

福利用地为主,广西北流市入市的土地中有一定数量的商服用地和住宅用地,但几乎都附带了竞得者要无偿承担周边基础设施和公共服务设施建设的条件,浙江省德清县、四川省泸县、重庆市大足区入市的土地以工业用地、商服用地为主,基本上没有住宅用地。有些地区虽然也允许一部分集体经营性建设用地以商服用地入市,但其单位面积成交价格与工业用地基本接近,溢价程度较低。商服用地中也存在很多具体用途划分,入市的商服用地成交价格低也从一个侧面说明地方政府倾向于将入市土地限制于低市场价值用途领域。

第四节 政策建议

1. 尽快出台《集体经营性建设用地土地入市管理办法》《集体经营性建设用地土地增值收益调节金征收使用管理办法》。新修订的《土地管理法》已经于 2020 年 1 月 1 日开始正式实施,已经明确规定允许集体经营性建设用地直接入市,但与之配套的细则和管理办法迟迟没有出台。只有出台相应的细则才能更为有效地规范地方政府的行为,使得集体经营性建设用地入市不仅有法可依也有章可循。

2. 制定明确的和可操作的集体经营性建设用地入市程序,降低地方政府对入市土地数量和用途的控制。改变目前试点地区实行的入市核准制为入市备案制,只要符合相关规定,地方政府就要在规定的时间内安排土地入市。严格限制地方政府工业用地供给数量和比例,并规定入市集体经营性建设用地中工业用地比例不得超过国有土地供给中工业用地的比例。地方政府规定的入市集体经营性建设用地用途要符合土地利用总体规划,组建由地方政府、村集体、社会机构和相关领域专家构成的委员会,共同决定入市土地用途,并向社会公示听取建议和意见。要求地方政府对公益性和半公益性用途入市的集体经营性建设用地的出让方进行补贴,使其价格基本与周边商住类土地价格相同。严格限制集体经营性建设用地受让方承担本应当地方政府承担的基础设施和公共服务设施的类型和数量。

3. 制定全国统一的《集体经营性建设用地土地增值收益调节金征收使用管理办法》,明确土地增值收益调节金征收的比例、资金的管理和使用办法。设定土地增值收益调节金征收比例不能采取一刀切的做法，但也不能像试点阶段只规定征收比例的范围，可以采取依据地区、土地等级、土地用途、交易方式等因素制定具体的征收比例。加强土地增值收益调节金的管理和使用，将土地增值收益调节金收入纳入地方一般公共预算管理，明确各级政府分享的比例和用途。

第五节　本章小结

本章第一节介绍了集体经营性建设用地入市改革的历程，对相关研究进行了述评。2013年，党的十八届三中全会之后，集体经营性建设用地入市改革才在真正意义上启动。2015年开始的土地改革试点标志着改革已经进入到实际操作层面。2019年新修订的《土地管理法》明确集体经营性建设用地能够直接入市，标志着集体经营性建设用地入市的制度框架构建已经完成，全国范围内都可以开展土地入市的相关工作。通过对国内相关研究的综述，现有的研究已经取得了一定的成果，但也存在一些缺陷，尤其是对入市中的地方政府行为方面的研究比较缺乏，本部分的研究希望能够推进现有研究成果。

本章第二节主要分析集体经营性建设用地入市过程中的地方政府行为。集体经营性建设用地入市被认为是打破地方政府垄断农村土地征收的主要举措，迈开了建立城乡统一的建设用地市场的第一步。集体经营性建设用地入市能否顺利推进，能否达到预期的目的，地方政府的行为和选择成为重要的影响因素。通过构建数理模型对地方政府的行为和选择的分析得到如下发现：集体经营性建设用地入市会减少地方政府土地征收数量和收益，地方政府迫于中央政府的要求和地方政府间竞争压力会允许一部分土地入市；地方政府允许入市的土地数量与土地征收成本、土地增值收益调节金征收比例、中央政府的压力、地方政府间竞争压力正相关，与城市土地价格负相关；由于受到中央对土地增值收益调节金征收最高比例的限制，地方政府更愿意让土地以工业用途入市，不愿意让土地以商住用途入市；对位于城区的集体经营性建设用地，地方政府也可以采取多种方式来规避入市土地对城市商住用地市场的影响。

本章第三节通过案例分析对上一节给出的主要观点进行实证检验。对试点地区地方政府行为的分析可以验证：商住用途入市的土地将被收取更高比例的土地增值收益调节金，当地土地价格越高将会被收取越高比例的土地增值收益调节金；地方政府确实对入市土地数量进行了控制，土地征收成本越高、土地增值收益调节金征收的比例越高、建设用地越是紧张的地区越是允许更多的土地入市；地方政府对入市土地用途进行了控制，入市的土地基本以工业用途为主，为了减少商住用途入市的土地对本地商住用地市场的影响，地方政府采取了多种变通方式。

本章第四节给出如下政策建议：尽快出台相关管理规则，确定明确的和可操作的集体经营性建设用地入市程序；降低地方政府对入市土地数量和用途的控制；进一步明确土地增值收益调节金征收的比例和资金的管理及使用办法。

第六章　城郊土地征收中的地方政府与村干部委托代理与利益分配

在城郊土地征收中，村干部发挥着重要的作用。他们多数站在地方政府的立场，受地方政府的委托，成为地方政府土地征收的重要协助者，帮助地方政府解决土地征收中的众多具体问题。他们也可以成为农民利益的代表，受农民的委托，成为农民与地方政府争夺土地增值收益的带头者或领导核心。鉴于村干部可能承担的双重角色和双重委托代理会对土地增值收益分配产生重要影响，需要对村干部的行为进行深入研究。

第一节　村自治组织权力分配与村干部利益

村干部是指村党支部委员和村委会成员，其中能对土地征收的利益分配产生影响的主要有村党支部书记和村委会主任。本书所指村干部主要是在村务重要事项和村民管理中发挥主要作用的人员，具体为村委会主任或村党支部书记，以及村两委的其他成员，不发挥主要作用的村干部并不是本书关注的重点。

一　村两委的权力分配

存在于农村的村委会和村党支部两套班子，实际上会出现谁在村务管理和重大事项决策中发挥主导作用的问题。村两委由于产生方式不同、人员不同、利益诉求不同等，一直存在着关于村务领导权的争夺。

村委会主任和村党支部书记的产生方式并不相同。按照《中华人民共和国村民委员会组织法》(以下简称《村组法》)的规定,"村民委员会是村民自我管理、自我教育、自我服务的基层群众性自治组织,实行民主选举、民主决策、民主管理、民主监督"①,其中核心是村委会是农民自治组织,成员由全体村民民主选举产生。《村组法》明确规定,"村民委员会主任、副主任和委员,由村民直接选举产生。任何组织或者个人不得指定、委派或者撤换村民委员会成员"。自1998年实行《村组法》以来,经过二十多年的发展,广大农村已经建立起村委会选举制度,虽然有些地方依然存在上级地方政府主要是乡镇政府干预和影响选举过程和村主任人选的情况,但是随着广大村民民主意识的不断增强,村委会成员基本上由村民选举产生。村党支部的产生方式则与村委会不同,通常是由上级党组织主要是乡镇一级党组织提名村支书人选,然后由村内党员进行民主选举产生的,也有的村党支部书记是通过村党员直接选举产生的,但通常也能保证乡镇党组织的意愿。与村委会相比,村党支部对乡镇一级地方政府的依附性更强,更类似于基层政府的派出机构。

村两委存在着权力来源的不同、人员不同、利益诉求不同。由于法律上并没有明确村两委的职权划分,只是确定了村委会是实行自我管理、自我教育、自我服务的基层群众性自治组织,因此村委会认为其权力来自全体村民,理应在村务管理和重大事项决策中处于主导地位。村党支部则认为自己是村中的权力核心,主要依据为《村组法》中的相关规定"中国共产党在农村的基层组织,按照中国共产党章程进行工作,发挥领导核心作用,领导和支持村民委员会行使职权;依照宪法和法律,支持和保障村民开展自治活动、直接行使民主权利"②。虽然《村组法》中规定村党支部在村中发挥领导核心作用,但不等于其获得了取代村委会的权力,但是现实中往往是村党支部书记成为村级治理中的权力核心。基于村两委之间存在的权力和职责划分的模糊,并由此导致的权力纷争对村级治理产生的消极影响,基层政府通常采取村党支部书记兼任村委会主任的方式,或者采

---

① 全国人民代表大会常务委员会法制工作委员会编:《中华人民共和国法律汇编·2018(中册)》,人民出版社2019年版,第755页。
② 全国人民代表大会常务委员会法制工作委员会编:《中华人民共和国法律汇编·2018(中册)》,人民出版社2019年版,第755页。

取行政权力来影响村级组织内部的权力分配，虽然《村组法》中明确规定，"乡、民族乡、镇的人民政府对村民委员会的工作给予指导、支持和帮助，但是不得干预依法属于村民自治范围内的事项。村民委员会协助乡、民族乡、镇的人民政府开展工作"[1]，但基层政府仍然是村两委的实际领导者。

二　村干部角色与委托代理

（一）村干部角色的争论

在城郊土地征收过程中，村干部到底承担何种角色？是村中的当家人，还是村民的代理人、基层政府的代理人，或者处于多层关系中的理性经济人或精致利己主义者？土地制度安排和农村权力分配现实使得村干部成为集体资产的代理人。地方政府在征收城郊土地时首先要面对的是与土地所有者进行谈判。与城镇土地国有属性不同，《土地管理法》中明确规定，"农村和城市郊区的土地，除由法律规定属于国家所有的以外，属于农民集体所有"[2]，城郊土地归农民集体所有，而村两委就天然地成为集体土地所有者的代表。作为村级组织的权力核心，村干部就成为地方政府在土地征收过程中面对的重要主体。城郊土地基本上都已经分配到户，农户已经拥有了土地承包权，但是村集体仍然拥有土地的所有权，所以地方政府在征收城郊土地时不能只面对拥有土地承包权的农户，还需要面对村集体的代表者——村干部。村干部在土地征收中发挥着重要的作用，所以有必要对其承担何种角色进行设定，这种设定不应当是事前的设想，而是要依据中国农村的现实情况，并能够反映出绝大多数村干部的实际行为方式。

学术界对村干部的角色定位有不同的观点。杜赞奇依据中国近代国家与乡村之间的关系提出了"保护型经纪人"和"赢利型经纪人"两种角色，以此为研究出发点的多数学者认为在农村税费改革之前，村干部在充当乡镇政府代理人的同时更多体现的是"赢利型经纪人"的特征，村民自

---

[1] 全国人民代表大会常务委员会法制工作委员会编：《中华人民共和国法律汇编·2018（中册）》，人民出版社2019年版，第755—756页。

[2] 全国人民代表大会常务委员会法制工作委员会编：《中华人民共和国法律汇编（2019）》，人民出版社2020年版，第275页。

治尤其是在税费改革之后，村干部更多承担"保护型经纪人"的角色。[1] 王思斌（1991）认为由于村干部处于行政管理系统和村民自治系统的边际位置，在两个系统一致的情况下，村干部能够较好地履行职责，但是当两个系统之间出现不一致和冲突的情况时，出于自身地位、基本身份和长远利益的考虑，村干部倾向于向村民自治系统靠拢。[2] 徐勇（1997）认为村干部承担当家人和代理人的双重角色，这源于基层政权的设置和农村自治制度安排，基层政府要求村干部更好地贯彻政府意志和村民对村干部的要求越来越多使得两种角色之间内在张力不断上升。[3] 吴毅（2001）则认为不能将村干部承担的角色只做简单的设定，实际上村干部承担何种角色受到宏观二元环境和具体环境背景的影响，应当具体情况具体分析，村干部会出现"双重角色""经济模式""守夜人"和"撞钟者"等多种情况。因此，吴毅依据税费改革初期的现实情况，进一步指出村干部更多地承担"守夜人"和"撞钟者"的角色。[4] 村干部作为理性的行为者，面对基层政府的政治压力和农民自治对基层行政的抵制，只能充当协调各方利益的角色，在基层政府和农民之间两边摇摆和两头应付。[5] 申静和陈静（2001）通过对税费改革前鲁西南村庄的考察，认为在外来力量侵入的情况下，村干部对村庄的保护能力减弱，已经转化为"弱监护人"[6]。齐晓瑾等（2006）通过对征地拆迁过程中村干部的行为考察，认为村干部面对村集体资产转化过程中带来的巨大牟利机会时，会采取理性经济人的行为方式，采取与上级政府官员合谋和在本级组织内部构建利益共同体的方式进行分利，主要的利益损失者是普通的农民。[7] 贺雪峰和阿古智子（2006）给出了村干部的三种角色类型，第一种以社会公益为主，经济收益很少，

---

[1] 〔美〕杜赞奇：《文化、权力与国家：1900—1942年的华北农村》，王福明译，江苏人民出版社2003年版，第2页。
[2] 王思斌：《村干部的边际地位与行为分析》，《社会学研究》1991年第4期。
[3] 徐勇：《村干部的双重角色：当家人与代理人》，《二十一世纪》（香港）1997年第8期。
[4] 吴毅：《"双重角色"、"经纪模式"与"守夜人"和"撞钟者"——来自田野的学术札记》，《开放时代》2001年第12期。
[5] 吴毅：《双重边缘化：村干部角色与行为的类型学分析》，《管理世界》2002年第11期。
[6] 申静、陈静：《村庄的"弱监护人"：对村干部角色的大众视角分析——以鲁南地区农村实地调查为例》，《中国农村观察》2001年第5期。
[7] 齐晓瑾、蔡澍、傅春晖：《从征地过程看村干部的行动逻辑——以华东、华中三个村庄的征地事件为例》，《社会》2006年第2期。

第二种以正当报酬为主，公益性收入和灰色收入都较少，第三种以灰色收入为主。① 目前，村干部的第一种角色类型在中国的广大农村已经较为少见，普遍存在的是第二种和第三种类型。第二种类型主要体现在当前东部发达地区实行的行政下乡，村干部已经转变为准公务员，获得相对较高的工资性报酬，接受上级政府类似公务员的管理方式，还有就是广大中西部农村，集体资产相对较少，村干部职务的活力空间较为有限，出于理性经济考虑村干部则表现为此种角色类型。第三种类型主要体现在实行村委自治的并且拥有一定的集体资产的村庄，村干部会运用手中的权力攫取公共财富。贺雪峰等（2010）还指出，现在乡镇基层政府和村干部的行为中正在遵循"不出事逻辑"，对容易引发矛盾冲突的事情，通常会采取不作为或消极性的处理方式。② 孙秀林（2009）通过使用调研数据采取实证研究方法得出，在实行村级民主和自治后，村干部开始更多地从"国家代理人"的角色转变为"社区代言人"③。付英（2014）也以土地征收为例，认为村干部承担了三种角色，即政府代理人的角色、村民的当家人角色和理性经济人角色。三种角色中，理性经济人占据最重要的位置，其次是政府的代理人，最弱的为村民的当家人，其中，履行政府代理人角色也是理性经济人角色的体现，通过更好地履行基层政府安置的各项任务能够获得更多的经济利益。但是在土地征收中，基层政府的利益与农民的利益之间存在冲突，村干部通常会站在基层政府一边，农民的利益会受到侵害。④ 欧阳静（2010）指出，在后税费时代乡镇和村组织的权威都出现了下降，在此背景下村级组织愈发呈现出官僚化的趋向，在行政下乡的趋势下，村干部已经转变为乡镇政府的准公务员。⑤ 胡业方（2018）指出，随着村庄出现巨额的集体资产，很容易导致出现赢利型的情况，村干部的名和实出现严重分离，但

---

① 贺雪峰、阿古智子：《村干部的动力机制与角色类型——兼谈乡村治理研究中的若干相关话题》，《学习与探索》2006 年第 3 期。
② 贺雪峰、刘岳：《基层治理中的"不出事逻辑"》，《学术研究》2010 年第 6 期。
③ 孙秀林：《村庄民主、村干部角色及其行为模式》，《社会》2009 年第 1 期。
④ 付英：《村干部的三重角色及政策思考——基于征地补偿的考察》，《清华大学学报》（哲学社会科学版）2014 年第 3 期。
⑤ 欧阳静：《村级组织的官僚化及其逻辑》，《南京农业大学学报》（社会科学版）2010 年第 4 期。

是如果通过制度规范的方式来制约村干部的自利行为，又会导致村干部不履行应尽的村庄治理职责，出现另一种名和实的分离。[1] 龚春明（2015）就村干部承担的角色提出了"精致的利己主义者"的概念，村干部从事任何工作完全是从自身利益得失出发的，如果没有利益或利益损失就会采取不作为的策略，做任何事情首先把自己的利益摆在第一位，为了自己的利益可以牺牲国家、政府和村民的利益。[2]

已有的研究成果已经从多个角度对村干部的角色定位进行了详细分析，对本书关于村干部角色定位有重要的帮助。综合已有研究成果，本书认为村干部首先会从自身的利弊得失考虑，即村干部为理性经济人，但是由于身份地位、所处的周边环境都会对村干部的行为产生影响，村干部的行为会出现一些差异，但核心是村干部以自身利益为决策和行为的出发点。

（二）村干部的委托代理

研究村干部的委托代理问题的文献主要集中于地方政府（基层政府）与村干部的委托代理问题和农民与村干部的委托代理问题。宁泽逵（2005）通过使用委托代理理论中的"共同代理"理论分析了村干部双重代理失败的原因。[3] 余秀江（2007）指出，村干部的委托代理契约是高度不完全的，与直接激励相比，间接激励对村干部工作积极性发挥着更重要的作用。[4] 彭涛和魏建（2010）指出，乡镇政府、村干部和农民之间形成了一种特殊的共同代理关系。税费改革之前，地方政府为了能够从农村提取资源会严重干预村民自治；税费改革之后，地方政府干预村民自治的动力下降，村民自治得到了改善。[5] 陈太明（2009）基于声誉模型对村民和村干部之间的委托代理关系进行分析后得出，上级任命的村干部会对上级

---

[1] 胡业方：《村干部"名"与"实"的历时性嬗变——基于浙江赵村的实地调查》，《华中农业大学学报》（社会科学版）2018年第1期。
[2] 龚春明：《精致的利己主义者：村干部角色及"无为之治"——以赣东D镇乡村为例》，《南京农业大学学报》（社会科学版）2015年第3期。
[3] 宁泽逵：《中国村干部激励机制研究》，硕士学位论文，西北农林科技大学，2005年，第32—41页。
[4] 余秀江：《不完全契约条件下的激励机制研究——基于广东村干部激励的实证分析》，《学术研究》2007年第8期。
[5] 彭涛、魏建：《村民自治中的委托代理关系：共同代理模型的分析》，《学术月刊》2010年第12期。

领导负责，村民选举产生的村干部更倾向于村民利益。①乔晓楠（2009）从村民和村干部之间的委托代理关系入手，分析了村民自治中的贿选现象。②付英（2014）指出，在土地征收中存在多层的委托—代理关系，每一层都可能存在越轨行为，村干部和各参与主体的行为都应当受到监管。③曾艳等（2015）通过分析农地整理中的委托代理关系得出，地方政府是强势委托人，农民是弱势委托人，作为代理人的村干部会与地方政府进行合谋，结果使农地整理的质量低下。④孙敬良（2016）通过对城中村拆迁中的委托代理关系的研究得出，地方政府的拆迁工作依赖于街道办和村社区层面来推进和完成，其中村干部发挥着重要的作用。村干部一方面是地方政府拆迁的代理人，另一方面又获得了村民的信任和授权，结果使村干部更加基于利益进行行为选择。⑤田雄和王伯承（2016）指出，县乡干部和村干部之间是共事和共谋关系，村干部和村民之间有多种关系，形成的原因是村级治理受到地方政府的部分控制和村干部的"半干部半农民"的身份特征。⑥扈映等（2016）指出，村干部在征地中扮演着不同的角色，有些是直接冲突的，村干部的行为也难以被监督和激励，存在着村干部牟取不正当利益的可能。⑦褚红丽和魏建（2019）通过使用数据实证分析得出，在村干部腐败案件的审理中，对"代理人"身份的惩罚力度显著低于对"官"身份的惩罚力度。⑧

已有的关于村干部委托代理问题的研究已经取得了一定的成果，为后续的研究提供了较好的基础，但也存在一些不足：描述性和论述性的研究

---

① 陈太明：《农村选举中提名方式与声誉激励机制研究——基于委托代理视角的一个理论分析框架》，《东北财经大学学报》2009年第1期。
② 乔晓楠：《村民自治中贿选现象的法经济学分析》，《制度经济学研究》2009年第1期。
③ 付英：《村干部的三重角色及政策思考——基于征地补偿的考察》，《清华大学学报》（哲学社会科学版）2014年第3期。
④ 曾艳、杨钢桥、吴诗嫚：《农地整理的委托代理关系研究》，《中国人口·资源与环境》2015年第1期。
⑤ 孙敬良：《经纪选择："城中村"拆迁过程中的委托代理关系研究——对豫中前河村拆迁的政治社会学考察》，博士学位论文，华中师范大学，2016年，第94—96页。
⑥ 田雄、王伯承：《单边委托与模糊治理：基于乡村社会的混合关系研究》，《南京农业大学学报》（社会科学版）2016年第2期。
⑦ 扈映、宋燕敏、陈伟鑫：《农村征地拆迁中村干部的行为逻辑及制度基础——兼论村庄治理中管理与监督环节的缺陷与改进方向》，《中共杭州市委党校学报》2016年第1期。
⑧ 褚红丽、魏建：《村干部双重身份的腐败惩罚差异》，《中国农村观察》2019年第5期。

成果较多，尤其是社会学领域相关成果较多，但缺乏通过构建数理模型进行研究的成果；现有研究成果认为在土地征收中村干部天然成为地方政府的代理人，没有分析地方政府在事前选择代理人的研究成果；关于地方政府和村干部在土地征收中行为的研究成果，有些会讨论土地征收完成情况和维稳压力，但没有研究成果将两个变量作为地方政府考核村干部土地征收工作完成情况的依据。

通过构建城郊土地征收中地方政府和村干部之间的委托代理模型，本书希望能够在以下方面对该问题的研究有所推进：通过构建数理模型将城郊土地征收中的地方政府和村干部之间的委托代理问题的研究系统化；研究地方政府如何在土地征收之前选择村干部（代理人）；分析单目标任务和多目标任务情况下，地方政府和村干部之间的委托代理问题。

三　城郊土地征收中村干部的利益

在城郊土地征收过程中，村干部处于重要位置并发挥着重要作用。地方政府是否征收农村土地主要取决于地方政府，村干部在决策过程中基本不发挥作用，只能接受地方政府的决策。虽然村干部不能决定土地是否被征收，但是在土地征收中却处于重要位置并发挥着重要作用。地方政府（通常是县市级政府）是土地征收的主体，乡镇政府通常负责土地征收的具体执行，有一定的自由裁量空间但较为有限。乡镇政府要完成上级政府安排的土地征收任务，就要与土地所有者进行谈判，因为城郊土地的所有者为农村集体组织，村干部就成为与地方政府谈判的土地所有者代表。村干部与地方政府的谈判可以采取多种策略，如通过买通地方政府官员的方式来提高土地征收价格，通过软磨硬泡的方式来提高征收价格，通过组织农民抵制征收的方式来提高补偿，通过增加村集体土地和补偿款留存比例的方式来增加控制资产的数量。在城郊土地征收中，村干部的重要作用还体现在能够协助基层政府完成土地征收工作。乡镇政府的很多农村工作需要村干部来协助和执行，土地征收也需要得到村干部的协助。村干部处于农村社会治理体系中的核心位置，对每位村民的情况都较为了解，通过村干部的协助，乡镇政府的土地征收工作会更为顺利高效。通过上面的分析可以得出，村干部的重要位置体现在被征收土地的所有者的代表，重要作用为能够协助基层政府更为顺利高效地完成土地征收工作。

在城郊土地征收过程中，一些村干部会利用拥有的权力和信息优势，通过一些策略和不正当手段来攫取集体和农民收益，也会利用自身的地位、信息、关系等来与地方政府进行博弈以获得更多的利益。对多数普通农民，村干部可以实行威逼利诱的方式，使其尽快同意政府给出的土地征收条件。对村中有一定社会地位和影响力的人，村干部可以采取利益拉拢的方式，使其站在自己的阵营，协助完成土地征收。对于村干部核心圈成员，村干部可以采取给予更多的利益以换取这些人在土地征收过程中的支持协助以及未来村庄治理中的支持，尤其是在未来村干部选举中的支持。对于村庄反对派和"钉子户"，村干部可能会采取利益诱惑、分化瓦解，借助于乡镇政府施压等多种策略。对于实在难以解决的个别农户，村干部通常会交给上一级政府。在乡镇政府方面，村干部一方面通过协助政府顺利高效地完成征地工作来获得报酬，另一方面可能会通过向乡镇政府传递征地工作阻力大、难度大等信息来获得更高的报酬，甚至有些村干部会煽动村民闹事，通过村民向政府施压的方式来获得更多的利益。由于村干部在征地过程中发挥着重要作用，对于村干部个人承包的土地和村干部关系户承包的土地，乡镇政府通常会给予更高的补偿。村干部为了自身的利益通常也会争取更高的补偿款留存比例，或者以村集体的名义向基层政府争取一部分留存土地。征地留存款和留用土地成为村干部可以控制的集体资源，这些资源能够给村干部带来现实的利益。有些基层政府为了减少征地过程中直接面对农民引发的矛盾和风险，采取将征地任务包干给村干部的方式。在这种情况下，村干部与村民之间就会出现直接的利益对立，给予村民更多的补偿将会直接减少村干部的收益。在一些实行将征地工作承包给村干部做法的地区，引发了更为激烈的冲突，尤其是有些村干部为了获得更多的利益对村民实施暴力威胁或者在征地过程中引入黑恶势力，引发一些影响范围广、性质恶劣的恶性事件。目前绝大多数地区已经放弃了这种做法。

综上所述，村干部在征地过程中获得的收益主要有：承担地方政府委托的工作而获得的报酬，获得的个人征地补偿，留存于村集体的征地款和土地。村干部付出的成本主要包括为征地拆迁付出的成本，工作过程中出现的人际关系紧张，维护政府利益造成在村民中威信下降和下一届村干部选举中落选的风险，侵占集体资产被村民举报和查处的风险等。

第二节 双重委托代理下的冲突与问题

村干部所处的位置和拥有的资源，使其可以成为基层政府利益的代理人，也可以成为村民和村集体利益的代理人。村干部最终选择主要代表哪一方的利益将会对城郊土地征收过程中的力量对比和最终的收益分配产生重要影响。本节首先对地方政府与村干部之间的委托代理关系和村民与村干部之间的关系进行简要的论述，并提出研究要解答的问题；其次，提出本部分研究的主要假设；再次，重点对地方政府和村干部之间的委托代理问题进行深入研究；最后，给出简要的结论。

一 地方政府与村干部

在城郊土地征收中，地方政府与村干部之间的委托代理主要是指地方政府将土地征收的一部分或全部工作委托给村干部执行，村干部接受地方政府的委托并执行委托工作，地方政府依据委托工作完成情况向村干部支付报酬。地方政府的委托方式可以是签订正式的协议、合同等契约形式，也可以是口头约定等非正式形式。地方政府委托的内容可以是土地征收中的某一部分工作，如协助做宣传告知、走访动员、土地权属确定、土地丈量和地上附属物的认定评估等，也可以采取发包的形式将全部土地征收工作都委托给村干部。委托事项完成后，地方政府会对村干部的绩效进行考核，并按照约定给予村干部相应的报酬，报酬的形式可以是货币收入、工程承包，也可以是增加控制权如增加土地补偿款集体留存的比例或将一部分土地留存给村集体，还可以是对村干部继续任职的支持或晋升奖励。如果地方政府能够合理地制定委托代理契约，并能够有效地监督村干部的努力程度，村干部也能够尽心尽力地完成其委托的工作，城郊土地征收中地方政府和村干部之间的委托代理并不会存在冲突和问题，但是实际情况并非如此。

地方政府和村干部的目标并不一致。在城郊土地征收中，地方政府的目标主要有三个：短时间内完成土地征收；不出现影响社会稳定的情况，平稳地完成土地征收；尽量降低土地征收成本。地方政府都希望能够在短时间内完成土地征收工作,这种时间紧迫性主要来自以下几个方面:土地出让已经成为地方政府获得一般公共预算外资金的主要方式,为了能够在短时间内获得尽可能多的土地出让收入,就需要尽量减少土地征收环节耗费的时间;城郊土地为地方政府的项目落地提供重要支持,为了让项目尽快落地,就需要加快土地征收的进度;征收城郊土地耗费的时间越短,就越能给财政提供支持,就能越快地让项目落地,地方政府主要官员的政绩就会越显著,在"晋升锦标赛"中就越有优势;土地征收的经验表明,耗费时间越长,中间成本耗费越高。地方政府另外一个目标就是土地征收过程中尽量平稳,不出现群体事件、恶性事件或大规模上访等影响稳定的情况。近十几年来,土地征收已经成为引发基层政府与农民之间冲突的主要原因。相比于其他农村土地,城郊土地具有地理位置的优势,更能够享受到城市经济发展的辐射,转变为城市土地后的增值幅度更大,城郊农民就更有动力通过博弈的方式来获取更多的土地增值收益。城郊土地征收过程中一旦出现群体事件、恶性事件和大规模的上访事件,地方政府将会承受较大的压力。土地征收成本也是地方政府要考虑的重要因素,地方政府总是希望能够低成本地获得城郊土地。土地征收成本中主要包括支付给农民和村集体的征地补偿款以及土地征收过程中其他相关费用。征地补偿款是地方政府土地征收成本中的占比最高的部分,也是变动幅度较大的部分。在实行区片综合地价之后,不同地段和不同类别的土地都有明确的补偿标准,理论上地方政府只需要按照标准执行。但实际上,补偿标准仍然有一定的弹性空间,主要取决于农民和地方政府之间的讨价还价能力。城郊土地征收中,地方政府的三个目标之间并不总是一致的,有时甚至是冲突的。为了尽快地完成土地征收,很可能会出现由于相关工作不到位引发官民之间的冲突,进而影响稳定的目标,也可能会出现征地成本上升的情况。为了保证征地过程平稳进行,很可能会出现土地征收时间较长、成本较高的情况。为了降低土地征收成本,很可能会出现为了降低补偿款与农民谈判时间更长,或者因为补偿款过低引发农民抗争进而影响稳定。

城郊村村干部的核心目标是自身利益最大化,但其目标受到多种因素影响。上文已经指出,当前的村干部与改革开放初期以前的村干部有显著的差异,更接近于经济学假设中的理性经济人。村干部以自身利益最大化为目标,行为方式主要受到经济利益的驱使,会非常理性地权衡各种行为

第六章　城郊土地征收中的地方政府与村干部委托代理与利益分配

的成本收益，会敏锐地抓住每一个获利机会。城郊村村干部的上述特征更为显著。城郊村普遍具有资源密集的特征，一方面集体资产较多，拥有用于出租的集体经营性建设用地，能带来经济收益的集体企业，等等；另一方面，城郊村往往经历过多轮土地征收，留存于村集体的补偿款规模较大。城郊村的资源密集型特征使得村干部的位置争夺战更为激烈。获得村干部位置就意味着拥有了对集体资产的控制权，也拥有了在未来土地征收中获得更多收益的可能。能够获得村干部位置并且能够长期占据这一位置的，都是竞争中的获胜者。因此，城郊村的村干部往往是一些善于处理各类关系、发现和抓住各种机会、经济实力雄厚的所谓"精英""能人"，或是一些"恶人""狠人"，或是两类特征兼具的人员。

在城郊土地征收中，作为理性经济人的村干部要综合权衡短期因素和长期因素对个人收益的影响。这里所指的短期和长期是以土地征收完成为界限的，在土地征收开始到完成的阶段为短期，土地征收完成之后的阶段为长期。短期因素主要有土地征收中直接获得的经济利益、来自村民和地方政府的影响。村干部协助地方政府从事部分土地征收工作或"接包"土地征收工作，会收到地方政府给予的报酬。村干部获得的来自地方政府报酬的形式可以是货币性收益、更高的征地补偿、更高的村集体征地款留存比例、留存土地和一部分项目工程等。村干部从村民处获得的收益主要来自在村民中声誉的变化，主要表现为威信和支持度的变化。在征地过程中，可能会出现村干部与村民之间发生冲突的情况，甚至会直接影响到地方政府的维稳工作，这时村干部的收益损失不仅来自村民方面，还会受到来自地方政府的惩罚。通常情况下，村干部来自村民的收益与来自地方政府的收益之间存在着负相关关系，来自地方政府的收益越高，则来自村民的收益越低，反之，来自村民的收益越高，则来自地方政府的收益越低。长期因素也主要来自地方政府和村民两个方面。土地征收是地方政府的一项重要工作，如果村干部在其中的工作得到了地方政府的肯定，不仅能够获得短期收益，还能够获得长期收益。村干部能够获得的长期收益主要包括：在下一届村干部竞选中获得地方政府的支持，所在乡村能够获得更多的来自政府的项目，在村干部与村民发生矛盾和冲突时得到地方政府的支持和庇护。

地方政府和村干部之间存在信息不对称，会引发逆向选择和道德风险。委托代理中最主要的问题是由于委托方和代理方之间存在着信息不对称,进而出现一系列影响契约执行、生产效率和收益分配的情况。城郊土地征收中,地方政府和村干部之间的委托代理关系中也存在这种情况。地方政府作为委托方希望获得村干部的详细信息,这些信息包括委托代理前信息和委托代理后信息。委托代理前信息主要有:村干部的价值取向、个人能力、行事风格、在村中的声誉、与多数村民的关系等,这些信息将主要影响到村干部能不能完成地方政府委托的工作,完成的情况如何。委托后的信息主要有:村干部会不会尽心尽力地从事代理工作,会不会在代理过程中给地方政府制造更多的麻烦,会不会在代理过程中以各种借口和利用各种机会,甚至是创造机会来索要更多的报酬。委托代理理论认为,在委托之前产生的信息不对称主要导致的是逆向选择问题,可以通过设计不同的委托代理合同来进行类型区分,减少或消除逆向选择。但是在城郊土地征收中,地方政府要寻找的代理人具有唯一性的特点。唯一性体现在两个方面:一方面,对于某一个城郊村土地征收工作,通常只能有一个代理人,多个代理人会引发代理人之间的冲突;另一方面,可供地方政府选择的代理人也具有唯一性,通常为村支书或村主任,缺乏选择空间。由于地方政府通常只能选择一个代理人,而可供选择的代理人也具有唯一性,也就无法通过设计不同契约来减少和消除事前信息不对称。在无法获得满意的代理人的情况下,地方政府将会自己从事土地征收工作,也就不存在地方政府与村干部之间的委托代理关系。对于符合地方政府要求的代理人,也存在着委托人和代理人之间的信息不对称,主要是地方政府无法了解村干部工作的投入程度。城郊土地征收工作的绩效不仅受到村干部努力程度的影响,还受到很多其他因素的影响,如地方政府给予的补偿标准、经济发展水平、社会结构、乡俗民风、一些突发事件等。因此,土地征收的绩效与村干部投入程度之间就不存在明确的对应关系,村干部就有动力来减少代理工作的投入,并将出现的不利结果归结于其他原因。

二 村民与村干部

在城郊土地征收中,村民和村干部之间也存在委托代理关系。村民和村干部之间的委托代理主要来自两个方面:村干部选举和农村土地的集体所有权。

第六章　城郊土地征收中的地方政府与村干部委托代理与利益分配

村民和村干部之间的委托代理并不是始于土地征收，而是始于村干部选举。我国农村实行的是村民自治制度，村委会干部由村民选举产生。村民作为村干部的一个委托方，主要通过三种方式来制约村干部的行为，一是选票，二是对村干部工作的配合程度，三是与村干部斗争。村委会干部由村民大会选举产生，每位村民手中的选票会对村委会干部处理村务的方式和行为产生影响。村委会干部不仅要考虑到当前行为的利弊得失，还要考虑到对下一届选举的影响。在土地征收中，地方政府与村民利益出现冲突时，如果村委会干部完全站在地方政府的立场，很可能会在下一届选举中落选。村干部的很多工作需要得到村民的配合和支持。在土地征收中，如果村干部没有保护村民的权益或损害了村民的利益，村民就会在未来的村干部工作中采取不配合、不支持的做法来增加村干部工作的难度。与村干部斗争是村民制约村干部行为的一种相对有效的方式。村民与村干部的斗争方式主要有：通过向全体村民披露村干部违反村规民约、违法违规的行为形成舆论压力，向政府相关部门反映村干部的违法违纪行为，通过互联网和新闻媒体发布村干部的违法违纪信息引起公众和政府的关注，等等。

农村土地集体所有的制度安排使得村干部成为土地所有权人的代表，但这并不是直接来自村民的委托。《土地管理法》对农村土地的管理权和经营权做出了相关规定，"农民集体所有的土地依法属于村农民集体所有的，由村集体经济组织或者村民委员会经营、管理；已经分别属于村内两个以上农村集体经济组织的农民集体所有的，由村内各该农村集体经济组织或者村民小组经营、管理；已经属于乡（镇）农民集体所有的，由乡（镇）农村集体经济组织经营、管理"[1]。《土地管理法》的上述规定实际上赋予了村委会或村党支部对农村集体土地行使经营管理权，处于权力核心地位的村干部也就成了农村土地所有权人的代表。在委托权不是来自村民和村民对村干部行为制约能力弱的情况下，村干部更倾向于站在地方政府的立场，维护地方政府的利益，这样才能给村干部带来更大的利益。如前文所述，村民对村干部的制约更多的是采取选

---

[1] 全国人民代表大会常务委员会法制工作委员会编：《中华人民共和国法律汇编（2019）》，人民出版社2020年版，第276页。

票、工作配合和斗争的方式。

第三节 地方政府对村干部的选择

地方政府征收城郊土地的时间与村干部换届选举时间并不一致，这就会导致征收土地时地方政府没有选择代理人的空间。如果只以城郊土地征收开始时间为界限研究地方政府和村干部之间的委托代理关系就会出现这种情况，但是把时间延长，地方政府还是可以事前选择代理人的。本节主要分析在完全信息和不完全信息情况下，地方政府如何在事前选择代理人。

一 完全信息下的事前选择

观点6.1：在完全信息情况下，地方政府通过比较成本收益情况来决定是否干预村干部选举，影响因素主要有：委托给村干部的工作给地方政府带来的收益，支付给村干部的报酬，村干部行为给地方政府带来的成本增加，干预选举的成本。由于城郊村具有资源密集性和地方政府委托事项多的特点，尤其还存在较高的土地征收可能性，地方政府更倾向于选择"能人""狠人"类型的高效率候选人担任村干部职务。

地方政府选择村干部（代理人）并不是在土地征收开始时，而是在村干部换届选举时。中国农村实行的是村民自治制度，村委会干部由村民选举产生。村党支部委员由党员选举产生并报上一级党组织同意和批准。实际上，选票只是影响村干部当选的一个因素，地方政府是另外一个重要的影响因素。地方政府认为有必要干预村干部选举时，就会动用各种措施和手段让自己中意的人员当选。地方政府并不需要对所有村干部人选进行干预，只需要干预村党支部书记和村委会主任的人选。地方政府干预村干部人选的动力主要来自工作的需要。地方政府主要是基层政府兼具着上级政府农村政策的执行者和乡村社会管理者的双重职能，但基层政府并不具有直接在农村执行相应职能的资源和能力，大量农村具体工作必须借助于村干部来完成。在农村税费改革之前，村干部的主要工作是征粮、征税收费和计划生育，这些工作会受到农民的抵制，因此村干部必须要得到基层政府的支持,村干部与基层政府之间的关系较为紧密。基层政府也会让积极配合并顺利完成基层政府农村工作的人员当选村干部,干预村干部选举就成为当时较为普遍的情况。税费改革之后,我国政府的农村政策由"资源汲取"向"资源输入"转变。地方政府对村干部的依赖性下降,对村干部选举的干预程度也有所下降,但对于城郊村主要村干部的人选,地方政府依然有干预的动力。由于其所处的地理位置,城郊村容易成为地方政府着力打造的示范村或模范村,就会有较多的工作需要村干部配合和执行,如项目的具体落地、产业政策的执行、村庄建设的各项评比、不定期的各级政府的检查和视察,等等。有些工作能够让农民获利,有些则直接或间接地增加农民或乡村的负担,这就需要有能够积极配合地方政府的村干部,如果当选的村干部完全代表村庄和村民的利益,对地方政府而言就很可能出现村干部"不好用"的情况。城郊村一般为资源密集型村庄,拥有一定的财力,地方政府(主要是基层政府)出现财政紧张或有些支出需要得到村庄支持时,得到基层政府支持而当选的村干部更能够服从安排。在缺乏监管的情况下,城郊村村干部可能将大量的集体资产转化为个人收益,村干部位置就具有较高的经济价值。地方政府官员能够影响甚至决定村干部的人选,也就能够参与到村干部职位的经济价值分配之中,理性的地方政府官员是会抓住这样的机会的。地方政府干预城郊村村干部选举的另外一个重要原因就是土地征收。近些年随着城市的扩张,不断有城郊土地转化为城市建设用地,多数城郊村都经历过土地征收。土地征收被地方政府称为"天下第一难"的工作,如果能够得到村干部的全力配合,土地征收工作将会相对容易进行。因此,村干部换届选举时,地方政府将非常关注人选情况,也有动力采取各种方式让有能力并能够支持政府工作的村干部当选。

下面通过构建数理模型的方式来分析地方政府选择村干部的过程。本书假定地方政府选择村干部主要是为了更好地在农村开展工作,并不存在私人利益。在村干部换届选举时,存在两位村干部候选人,一位是高效率候选人,另一位是低效率候选人。村干部候选人效率高低的区分主要依据完成地方政府安排的工作的效率。高效率候选人的成本函数为 $C_h(q)$,低效率候选人的成本函数为 $C_l(q)$,两个候选人都是风险中性,q 为地方政府委托给村干部的工作,可以是工作数量也可以是工作质量。两个候选人的成本函数都存在边际成本递增的情况，$C_h'(q) > 0$，$C_h''(q) > 0$，$C_l'(q) > 0$，$C_l''(q) > 0$，两个候选人都不存在固定成本，即 $C_h(0) = C_l(0) = 0$，在成本上高效率候选人具有优势，即 $C_h'(q) < C_l'(q)$，$C_h''(q) < C_l''(q)$。高效率候选人村民支持率低于低效率候选人，主要由于高效率候选人执行地方政府工作会产生外部性，这种外部性一部分由地方政府承担，一部分由村民承担，低效率候选人不存在这种外部性。地方政府承担的外部性成本为 $C_w(q)$，这其中也包括地方政府干预选举产生的成本，且 $C_w(q)$ 存在边际成本递增。这主要是因为，高效率候选人要低成本地执行地方政府安排的工作，就很可能会损害村民的利益，这样就会降低选举中的支持率，并且农民由于利益受到损害可能求助于地方政府，地方政府就需要支出相应的成本。① 地方政府支付给两个代理人的报酬分别为 W_h 和 W_l。两个候选人的参与约束和激励约束分别为：

$$W_h - C_h(q_h) \geq 0 \quad (6-1)$$

$$W_l - C_l(q_l) \geq 0 \quad (6-2)$$

$$W_h - C_h(q_h) \geq W_l - C_h(q_l) \quad (6-3)$$

$$W_l - C_l(q_l) \geq W_h - C_l(q_h) \quad (6-4)$$

公式（6-1）为高效率候选人的参与约束，公式（6-2）为低效率候选人的参与约束，公式（6-3）为高效率候选人的激励约束，公式（6-4）为低效率候选人的激励约束。可以非常容易证明，在信息对称的情况下，公式（6-1）和公式（6-2）的约束是紧的，并不需要激励约束，激励约束只有在信息不对称情况下才能发挥作用。地方政府付给高效率和低效率候选人的报酬都为其生产成本，两个候选人都没有剩余。地方政府面对两个候选人的收益最大化分别为：

$$\max_{W_h, q_h} S(q_h) - W_h - C_w(q_h)$$
$$s.t. W_h - C_h(q_h) \geq 0 \quad (6-5)$$

---

① 也有另外一种情况，高效率候选人能够低成本地完成地方政府委托的工作，但同时也能够从地方政府争取到更多的资源弥补村民的损失，低效率候选人却没有这种能力。本书不考虑这种情况，因为在这种情况下，地方政府没有必要干预村干部选举，也不存在村干部选择的问题，高效率候选人已经是最优的选择。在一些城郊村也确实存在这种情况，由某个"能人"或"狠人"长期把持村干部职位，经过长期的经营在村庄内已经没有竞争对手，对地方政府安排的各项工作也能够高效地完成，地方政府也没有更换村干部的动力。

$$\max_{W_l,q_l} S(q_l) - W_l \tag{6-6}$$
$$s.t. \ W_l - C_l(q_l) \geq 0$$

其中，$S(q)$ 为地方政府从委托给候选人的工作中获得的收益。对公式（6-5）和公式（6-6）分别求最大化条件得到：

$$S'(q_h^*) = C_h'(q_h^*) + C_w'(q_h^*) \tag{6-7}$$
$$S'(q_l^*) = C_l'(q_l^*) \tag{6-8}$$

公式（6-7）为地方政府选择高效率候选人的收益最大化条件，公式（6-8）为地方政府选择低效率候选人的收益最大化条件。地方政府选择高效率候选人为村干部获得的收益为 $S(q_h^*) - W_h^* - C_w(q_h^*)$，高效率候选人获得的报酬为其成本函数 $C_h(q_h^*)$，地方政府选择低效率候选人为村干部获得的收益为 $S(q_l^*) - W_l^*$，低效率候选人获得的报酬为其成本函数 $C_l(q_l^*)$。由于在两个候选人之中地方政府只能选择一个，地方政府需要比较两个候选人给自己带来的收益，如果高效率候选人能给地方政府带来更多的收益，即 $S(q_h^*) - W_h^* - C_w(q_h^*) > S(q_l^*) - W_l^*$，则选择高效率候选人担当村干部，反之，则选择低效率候选人。通过对比地方政府面对两个候选人的收益函数可以得到，影响地方政府选择的一个重要因素是 $C_w(q_h)$。$C_w(q_h)$ 由两部分组成，一部分是由于高效率候选人低成本执行地方政府委托的工作而引发的需要地方政府承担的成本，另一部分是地方政府干预选举需要支付的成本。如果地方政府对委托给村干部工作的完成时间和质量要求越高，即工作的时效性和质量性能给地方政府带来更高的收益，地方政府更倾向于选择高效率候选人。城郊土地征收就属于这种性质的工作。地方政府对城郊土地征收工作往往具有较为紧迫的时间要求，并且不希望在征收过程中遭遇村民较为强烈的抵制。相比于低效率候选人，高效率的村干部候选人会站在地方政府的立场，能够更快地完成地方政府委托的土地征收工作，同时也能够更有效地化解村民的博弈。低效率候选人更多的是从村民的利益出发，很可能会延长土地征收时间，让地方政府支付更高的征地成本，甚至成为村民与地方政府博弈的带头人。

二 不完全信息下的事前选择

观点 6.2：在不完全信息情况下，地方政府可以通过只提供中意候选人能够接受的委托代理合同来选择村干部。由于存在保留收益，当选的村干部并不一定是地方政府和村民认为的最适合的人选。地方政府中意的候选人可以利用保留收益的私人信息特性获得更高的报酬，获得报酬的空间受到村干部职位潜在竞争者担当村干部成本的影响。

在不完全信息情况下，地方政府对村干部候选人的能力（生产函数）不拥有完全的信息，不知道村干部候选人是高效率候选人还是低效率候选人，只知道候选人为高效率的概率为 v，低效率的概率为 $1-v$。地方政府希望通过设计委托工作量（工作质量）和报酬的方式来筛选出高效率的村干部候选人。地方政府收益最大化可以表示为：

$$\max_{[(W_h,q_h);(W_l,q_l)]} v[S(q_h) - W_h - C_w(q_h)] + (1-v)[S(q_l) - W_l]$$

$$s.t.\ W_h - C_h(q_h) \geq 0$$
$$W_l - C_l(q_l) \geq 0 \quad\quad (6-9)$$
$$W_h - C_h(q_h) \geq W_l - C_h(q_l)$$
$$W_l - C_l(q_l) \geq W_h - C_l(q_h)$$

公式（6-9）的四个约束中，第一个和第二个约束是参与约束，第三个和第四个约束是激励约束，四个约束并不都是紧约束，可以证明只有第二个约束和第三个约束是紧约束，即低效率候选人的参与约束和高效率候选人的激励约束是紧约束。对两个紧约束取等号可以得到：

$$W_l - C_l(q_l) = 0 \quad\quad (6-10)$$
$$W_h - C_h(q_h) = W_l - C_h(q_l) \quad\quad (6-11)$$

对公式（6-10）和公式（6-11）进行变换，可以得到高效率候选人和低效率候选人获得的报酬分别为：

$$W_l = C_l(q_l) \quad\quad (6-12)$$
$$W_h = C_h(q_h) + C_l(q_l) - C_h(q_l) \quad\quad (6-13)$$

其中，$C_l(q_l)$ 为支付给低效率候选人的报酬，支付给高效率候选人的报酬包括两部分，一部分为 $C_h(q_h)$，是弥补高效率候选人的成本，另一部分为 $C_l(q_l) - C_h(q_l)$，是为了防止高效率候选人出现偏好转移到低效率候选人的支付，这也是为了区分两类候选人需要付出的成本。将公式（6-12）和公式（6-13）代入公式（6-9）得到：

$$\max_{(q_h,q_l)} v[S(q_h) - C_h(q_h) - C_l(q_l) + C_h(q_l) - C_w(q_h)] +$$

第六章 城郊土地征收中的地方政府与村干部委托代理与利益分配 189

$$(1-v)[S(q_l) - C_l(q_l)] \tag{6-14}$$

对公式（6-14）中的 q_h 和 q_l 求一阶偏导，并使其满足最大化条件得到：

$$S'(q_h^*) = C_h'(q_h^*) + C_w'(q_h^*) \tag{6-15}$$

$$S'(\hat{q_l}) = C_l'(\hat{q_l}) + \frac{v}{1-v}[C_l'(\hat{q_l}) - C_h'(\hat{q_l})] \tag{6-16}$$

对比公式（6-15）与公式（6-7）可以得出，两个公式的形式完全一样，即地方政府对候选人能力的信息不对称并没有影响到最优委托量，并没有影响到效率水平，影响的只是高效率候选人能够获得的报酬水平。地方政府提供给高效率候选人的委托代理合同为 $[q_h^*, C_h(q_h^*) + C_l(\hat{q_l}) - C_h(\hat{q_l})]$，即完成 q_h^* 的委托工作量，将支付 $C_h(q_h^*) + C_l(\hat{q_l}) - C_h(\hat{q_l})$ 的报酬。对比公式（6-16）和公式（6-8）可以得出，由于信息不对称，地方政府委托低效率候选人的边际成本增加了 $\frac{v}{1-v}[C_l'(q_l) - C_h'(q_l)]$，这样就会导致地方政府委托给低效率候选人的工作减少了，即 $\hat{q_l} < q_l^*$，存在效率损失。这种效率损失是因为要多付给高效率候选人 $C_l(\hat{q_l}) - C_h(\hat{q_l})$ 的报酬，因此就要减少给低效率候选人的工作量。地方政府提供给低效率候选人的委托代理合同为 $[\hat{q_l}, C_l(\hat{q_l})]$，即完成 $\hat{q_l}$ 的委托工作量获得 $C_l(\hat{q_l})$ 的报酬，低效率候选人并没有增加收益，其获得的报酬依然仅能弥补成本。

在只选择一个村干部候选人的情况下，地方政府可以只提供一个委托代理合同，也就是只选择高效率候选人担任村干部。如果地方政府选择高效率候选人担任村干部，只需要提供一个委托代理合同，该合同为 $[q_h^*, C_h(q_h^*)]$，这就并不需要区分候选人的能力水平。在地方政府只提供一个委托代理合同 $[q_h^*, C_h(q_h^*)]$ 的情况下，高效率候选人和低效率候选人的自利选择就能够形成分离均衡。因为，低效率候选人是不会选择该合同的，选择该合同后低效率候选人的净收益为 $C_h(q_h^*) - C_l(q_h^*) < 0$，只有高效率候选人能够接受地方政府提供的 $[q_h^*, C_h(q_h^*)]$ 合同，但高效率候选人没有增加收益，其获得的报酬仅仅能弥补成本支出。

高效率候选人可以通过提高保留收益水平的方式来增加收益，但会受到两类候选人成本差异的限制，高效率候选人保留收益水平也会影响到地方政府委托代理合同的选择。以上的分析中都假定高效率候选人的保留收益为零,现在放松这一假设,假定高效率候选人的保留收益为 U_0,且 $U_0 > 0$,低效率候选人的保留收益依然为零。下面将分几种情况进行讨论。(1) 当 $U_0 \leq C_l(q_h) - C_h(q_h)$ 时,地方政府依然会只提供一个选择高效率候选人的委托代理合同,委托代理合同为 $[q_h^*, C_h(q_h^*) + U_0]$,高效率候选人只获得了保留收益。低效率候选人没有动力伪装成高效率候选人,因为,将 $U_0 \leq C_l(q_h) - C_h(q_h)$ 代入公式(6-9)中低效率候选人的激励约束条件可以得出,低效率候选人的激励约束没有改变,没有出现偏好转移的情况。(2) 当 $C_l(q_h) - C_h(q_h) < U_0 < S(q_h^*) - S(q_l^*) - C_h(q_h^*) - C_w(q_h^*) + C_l(q_l^*)$ 时,地方政府已经无法通过提供一个委托代理合同来区分两类候选人。其中,$S(q_h^*) - S(q_l^*) - C_h(q_h^*) - C_w(q_h^*) + C_l(q_l^*)$ 为两类候选人保留收益都为零的情况下,与低效率候选人相比高效率候选人能够给地方政府带来的最大新增收益额。在这种情况下,地方政府可以提供的备选合同有 $[q_h^*, C_h(q_h^*) + U_0]$ 和 $[q_l^*, C_l(q_l^*)]$,这两个合同都不能达到分离均衡。在地方政府只提供合同 $[q_h^*, C_h(q_h^*) + U_0]$ 的情况下,由于 $C_l(q_h) - C_h(q_h) < U_0$,对于低效率候选人而言,伪装成高效率候选人是有利可图的。将 $C_l(q_h) - C_h(q_h) < U_0$ 代入公式(6-9)中低效率候选人的激励约束条件可以得出,低效率候选人出现了偏好转移,低效率候选人更偏好高效率代理人的支付。地方政府获得的收益水平将不再是 $S(q_h^*) - C_h(q_h^*) - U_{0h} - C_w(q_h^*)$,而是基于两类代理人概率的期望收益,可能会出现期望收益为负的情况。在地方政府只提供合同 $[q_l^*, C_l(q_l^*)]$ 的情况下,只有低效率候选人能够接受,高效率候选人不会接受,但高效率候选人和地方政府都有收益提高的空间。由于 $U_0 < S(q_h^*) - S(q_l^*) - C_h(q_h^*) - C_w(q_h^*) + C_l(q_l^*)$,地方政府提供合同 $[q_h^*, C_h(q_h^*) + U_0]$ 将会比提供合同 $[q_l^*, C_l(q_l^*)]$ 获得更高的收益,高效率候选人也愿意接受合同 $[q_h^*, C_h(q_h^*) + U_0]$。(3) 当 $U_0 = S(q_h^*) - S(q_l^*) - C_h(q_h^*) - C_w(q_h^*) + C_l(q_l^*)$ 时,地方政府只会给低效率候选人提供合同 $[q_l^*, C_l(q_l^*)]$。地方政府不会提供合同 $[q_h^*, C_h(q_h^*) + U_0]$,否则低效率候选人有动力伪装成高效率候选人,地方政府的收益会减少。(4) 当 $U_0 > S(q_h^*) - S(q_l^*) - C_h(q_h^*) - C_w(q_h^*) + C_l(q_l^*)$ 时,地方政府也只会给低效率候选人提供合同

第六章　城郊土地征收中的地方政府与村干部委托代理与利益分配　191

$[q_l^*, C_l(q_l^*)]$。此时，如果地方政府提供合同 $[q_h^*, C_h(q_h^*) + U_0]$，不仅会出现低效率代理人伪装成高效率代理人的情况，而且地方政府获得的收益也会低于提供合同 $[q_l^*, C_l(q_l^*)]$ 能够获得的收益水平。地方政府提供合同 $[q_h^*, C_h(q_h^*) + U_0]$ 的收益水平为 $S(q_h^*) - U_0 - C_h(q_h^*) - C_w(q_h^*)$，提供合同 $[q_l^*, C_l(q_l^*)]$ 时的收益水平为 $S(q_l^*) - C_l(q_l^*)$，两式相减可以得到 $S(q_h^*) - S(q_l^*) - C_h(q_h^*) - C_w(q_h^*) + C_l(q_l^*) - U_0$，由于 $U_0 > S(q_h^*) - S(q_l^*) - C_h(q_h^*) - C_w(q_h^*) + C_l(q_l^*)$，因此地方政府提供合同 $[q_h^*, C_h(q_h^*) + U_0]$ 的收益水平低于提供合同 $[q_l^*, C_l(q_l^*)]$ 的收益水平。通过对四种情况的分析可以得出，高效率候选人的保留收益水平会影响到地方政府提供何种委托代理合同，高效率候选人要想成为村干部能够获得的保留收益水平（或能够争取的新增收益水平）也受到两类候选人成本差额的限制。

在实际村干部换届选举中，地方政府只提供高效率候选人接受的委托代理合同的情况也确实存在。在村干部换届中，通常会有两类候选人，第一类是紧密跟随地方政府，能够认真贯彻执行地方政府的工作安排，第二类是更多地站在村民的立场，更多地维护村民的利益。从地方政府角度出发，第一类候选人相当于上文中的高效率候选人，第二类候选人相当于上文中的低效率候选人。在村干部选举中，地方政府并不会直接给出委托代理合同，但是通过以往地方政府和村干部之间的联系和工作关系，候选人都会明确存在这种委托代理关系。这种委托代理合同使得第二类候选人意识到如果当选村干部将会造成收益损失，明智的做法是退出村干部竞选。

对地方政府而言，最终成为村干部的候选人并不一定是最适合的人选，给予村干部的报酬水平也存在弹性空间。在城郊村中，可能会出现某位或某几位"精英"是地方政府和村民公认的村干部的最佳人选，但由于担任村干部会耗费较多的时间和精力，降低了"精英"的收益水平，即上文中高效率候选人保留收益水平过高的情况，这些"精英"就会拒绝担任村干部。愿意担任村干部职务并且地方政府也满意的候选人，可以通过与地方政府进行讨价还价来争取更多的报酬。讨价还价也是有限度的，村干部职位的潜在竞争者是影响讨价还价空间的主要因素。

第四节 地方政府与村干部之间的委托代理

在地方政府能够对村干部的行为进行有效监督的情况下，或者对村干部是否尽力完成委托工作有充分的信息，不会存在委托代理合同设立和监督执行问题。实际上，地方政府对村干部的努力程度并不具有完全的信息，村干部可以采取偷懒的行为。如果村干部的努力程度与最终的委托工作完成情况之间具有明确的对应关系，地方政府也不需要拥有村干部努力程度的信息，但村干部努力程度和委托工作完成情况并不是一一对应的，还有很多因素对委托工作完成情况产生影响。本节将主要研究在存在道德风险情况下，地方政府和村干部将会采取何种行为策略，地方政府将会提供何种委托代理合同。研究将首先从单目标任务委托代理问题开始，然后扩展到多目标任务问题的研究。

一 单目标任务情况下的委托代理

观点6.3：地方政府仅将土地征收完成量作为村干部工作绩效的考核依据时，地方政府支付给村干部的报酬受到地方政府惩罚能力和村干部风险规避程度的影响。当村干部没有完成地方政府要求的土地征收数量时，地方政府对村干部的惩罚能力越强，则支付给村干部的期望报酬越低，反之，则越高。村干部风险规避程度越高，地方政府支付给村干部的期望报酬越高，反之，则越低。

在城郊土地征收中，地方政府最关心的是同意地方政府土地征收条件并在征收协议上签字的农民的数量。城郊土地征收中最难的就是征得被征地农民的同意，只有被征地农民同意并签字了，地方政府才能够继续开展土地征收的后续工作。通常，地方政府需要村干部协助的主要工作或委托给村干部的主要工作，就是让农民能够同意地方政府的征收条件，并在征收协议上签字。在单目标任务委托代理中，本书设定地方政府委托给村干部的工作是同意政府土地征收条件的土地数量，设为 q。对于地方政府委托的工作，村干部可以采取 e 的努力水平，为了简化分析，设定 e 只能取两个值0和1，0代表村干部不付出任何努力，1代表村干部付出最大努

第六章 城郊土地征收中的地方政府与村干部委托代理与利益分配 193

力。村干部不付出努力将不会有成本支出,如果付出努力将会有 Φ 的成本支出。在委托代理结束后,同意地方政府土地征收条件的土地数量 q 有两种结果:高数量 $\bar{q}$ 和低数量 $\underline{q}$,且 $\bar{q} > \underline{q}$。q 的具体结果不仅受到村干部努力程度的影响,还受到其他因素的影响,有一定的随机性。村干部的努力程度会影响 q 的最终结果的概率,如果村干部付出努力,得到 $\bar{q}$ 的概率为 $\bar{\pi}$,得到 $\underline{q}$ 的概率为 $1 - \bar{\pi}$,如果村干部不付出努力,得到 $\bar{q}$ 的概率为 $\underline{\pi}$,得到 $\underline{q}$ 的概率为 $1 - \underline{\pi}$,存在 $\bar{\pi} > \underline{\pi}$,即村干部的努力能够提高得到 $\bar{q}$ 结果的概率。地方政府从村干部完成的 q 中能够获得的收益水平为 $S(q)$,$S(q)$ 是 q 的单调递增函数。地方政府依据 q 的最终结果给村干部支付报酬,当结果为 $\bar{q}$ 时支付 $\bar{w}$,当结果为 $\underline{q}$ 时支付 $\underline{w}$。村干部为风险中性,获得的收益为 w,则存在 $u(w) = w$。地方政府需要村干部付出努力,其收益最大化可以表示为:

$$\max_{(\bar{w}, \underline{w})} \bar{\pi}[S(\bar{q}) - \bar{w}] + (1 - \bar{\pi})[S(\underline{q}) - \underline{w}]$$

$$s.t. \quad \bar{\pi}\bar{w} + (1 - \bar{\pi})\underline{w} - \Phi \geq 0 \qquad (6-17)$$

$$\bar{\pi}\bar{w} + (1 - \bar{\pi})\underline{w} - \Phi \geq \underline{\pi}\bar{w} + (1 - \underline{\pi})\underline{w}$$

其中,公式 (6-17) 的第一个约束条件是参与约束,第二个约束条件是激励约束。公式 (6-17) 的两个约束条件都是紧的,通过将两个约束条件取等号可以得到:

$$\underline{w} = \frac{\underline{\pi}}{(\underline{\pi} - \bar{\pi})}\Phi \qquad (6-18)$$

$$\bar{w} = \frac{(1 - \underline{\pi})}{(\bar{\pi} - \underline{\pi})}\Phi \qquad (6-19)$$

由于 $\bar{\pi} > \underline{\pi}$,因此公式 (6-18) 右端为负值,代表 $\underline{w}$ 也为负值,代表当委托代理结果为 $\underline{q}$ 时,地方政府将对村干部进行处罚。通常情况下,委托人不能对代理人施加惩罚,但在城郊土地征收中的委托代理中,地方政府能够在结果为 $\underline{q}$ 时对村干部进行处罚。在最终结果为 $\underline{q}$ 时,地方政府之所以能够对村干部进行处罚,主要原因是地方政府能够影响或决定下届村干部人选、村庄转移支付规模和年底奖励。如果取得了 $\underline{q}$ 的结果,地方政府可能会认为村干部的能力不足或工作不努力,就很可能会在下届村干部选举中支持其他候选人。目前,大量来自中央政府和各级地方政府的对农村的转移支付采取了项目制的方式,地方政府尤其是基层政府对项目落在哪个村和项目中的工程由谁承担有一定的影响。地方政府就会通过减少村庄能够获得的项目规模的方式来对村干部进行惩罚。在年底,绝大多数基层政府会对所辖地区的村干部业绩进行考核,考核结果成为村干部能够获得奖金多少的依据,没有完成地方政府土地征收任务的村干部很可能没有年底奖金或仅获得较少的奖金。在经济发达地区和地方财政实力较强的地区,一些地方政府已经通过准公务员的方式将政府行政管理制度向村干部一级延伸。地方政府给予村干部类似于公务员的报酬,对村干部也采取类似于公务员的管理方式,地方政府与村干部之间的委托代理已经由外部转化为政府管理体系内部。在实行村干部准公务员管理制度的情况下,地方政府能够更为有效地控制和监督村干部的行为。

地方政府对村干部支付的报酬将受到惩罚能力和村干部风险偏好程度的影响。在出现 q 结果时,地方政府如果能够对村干部实行 $\frac{\bar{\pi}}{(\bar{\pi}-\underline{\pi})}\Phi$ 的处罚,即让村干部承担全部风险,地方政府将会获得最大收益,并且能够有效解决村干部的道德风险问题,如果地方政府对村干部的处罚不能达到 $\frac{\bar{\pi}}{(\bar{\pi}-\underline{\pi})}\Phi$,地方政府就要给予村干部更高的报酬。在地方政府不能够对村干部实行完全的处罚,即村干部有保留收益 $U_1 > \frac{\bar{\pi}}{(\bar{\pi}-\underline{\pi})}\Phi$ 时,村干部参与约束和村干部付出努力的激励约束将是紧约束。村干部获得的收益为:

$$\underline{w} = U_1 \quad (6-21)$$

$$\bar{w} = U_1 + \frac{\Phi}{\bar{\pi} - \underline{\pi}} \quad (6-21)$$

比较地方政府能够对村干部进行完全处罚和不能完全处罚的情况下,村干部付出努力的期望收益。

$$\frac{\bar{\pi}\Phi(1-\bar{\pi})}{(\bar{\pi}-\underline{\pi})} + \frac{\underline{\pi}\Phi(1-\bar{\pi})}{(\bar{\pi}-\underline{\pi})} = \Phi \quad (6-22)$$

第六章　城郊土地征收中的地方政府与村干部委托代理与利益分配　195

$$\bar{\pi}[U_1 + \frac{\Phi}{\bar{\pi} - \underline{\pi}}] + (1 - \bar{\pi})U_1 = U_1 + \frac{\bar{\pi}\Phi}{\bar{\pi} - \underline{\pi}} \quad (6-23)$$

公式（6-22）和公式（6-23）分别为地方政府能够和不能够对村干部进行完全处罚情况下，村干部的期望收益。由于 $U_1 > \frac{\bar{\pi}}{(\bar{\pi} - \underline{\pi})}\Phi$ ，因此可以计算出 $U_1 + \frac{\bar{\pi}\Phi}{\bar{\pi} - \underline{\pi}} > \Phi$ ，经济含义为由于地方政府不能对村干部进行完全处罚，村干部在弥补努力的成本之后能够获得正收益。如果地方政府对村干部不能实行惩罚，保留收益为 $U_1 = 0$ ，则村干部获得的报酬分别为 $\underline{w} = 0$ 和 $\bar{w} = \frac{\Phi}{\bar{\pi} - \underline{\pi}}$ ，村干部的期望收益为 $\frac{\bar{\pi}\Phi}{\bar{\pi} - \underline{\pi}}$ 。与地方政府能够对村干部进行完全处罚相比，地方政府支付给村干部的报酬将增加 $\frac{\bar{\pi}\Phi}{\bar{\pi} - \underline{\pi}}$ 。接下来讨论 U_1 的取值范围。首先考虑的条件是地方政府从村干部的努力中获得的收益大于从村干部不努力中获得的收益。

$$\bar{\pi}[S(\bar{q}) - \bar{w}] + (1 - \bar{\pi})[S(\underline{q}) - \underline{w}] \geq \underline{\pi}[S(\bar{q}) - \bar{w}] + \\ (1 - \underline{\pi})[S(\underline{q}) - \underline{w}] \quad (6-24)$$

公式（6-24）不等式左端为村干部努力情况下地方政府的期望收益，右端为村干部不努力情况下地方政府的期望收益。将公式（6-20）和公式（6-21）代入公式（6-24）并整理得到：

$$(\bar{\pi} - \underline{\pi})[S(\bar{q}) - S(\underline{q})] \geq \Phi \quad (6-25)$$

在公式（6-25）中没有 U_1 ，说明满足地方政府从村干部的努力中获得的收益大于从村干部不努力中获得的收益的条件并不会对 U_1 的取值构成限制。考虑另外一个条件，地方政府从村干部努力中获得的收益要大于支付给村干部的报酬。

$$\bar{\pi}S(\bar{q}) + (1 - \bar{\pi})S(\underline{q}) \geq U_1 + \frac{\bar{\pi}\Phi}{\bar{\pi} - \underline{\pi}} \quad (6-26)$$

对公式（6-26）进行整理可以得到：

$$U_1 \leq \bar{\pi}S(\bar{q}) + (1 - \bar{\pi})S(\underline{q}) - \frac{\bar{\pi}\Phi}{\bar{\pi} - \underline{\pi}} \quad (6-27)$$

下面比较公式（6-27）不等式右端值与公式（6-18）等式右端值的

大小。将两个数值相减得到：

$$\bar{\pi}S(\bar{q}) + (1-\bar{\pi})S(\underline{q}) - \frac{\underline{\pi}\Phi}{\bar{\pi}-\underline{\pi}} - \frac{\bar{\pi}\Phi}{(\underline{\pi}-\bar{\pi})} = \bar{\pi}S(\bar{q}) + (1-\bar{\pi})S(\underline{q}) - \Phi$$

(6-28)

公式（6-28）的右端与满足公式（6-17）最大化条件时地方政府的期望收益相同，因此存在 $\bar{\pi}S(\bar{q}) + (1-\bar{\pi})S(\underline{q}) - \Phi \geq 0$，则 U_1 的取值范围为 $(\frac{\underline{\pi}}{(\underline{\pi}-\bar{\pi})}\Phi, \bar{\pi}S(\bar{q}) + (1-\bar{\pi})S(\underline{q}) - \frac{\underline{\pi}\Phi}{\bar{\pi}-\underline{\pi}}]$。

村干部的风险厌恶程度也会对地方政府支付给村干部的报酬产生影响。取消村干部风险中性的假设，设定村干部的收益函数为 $u(w)$，且存在 $u'(w) > 0$ 和 $u''(w) > 0$，村干部具有风险规避特征。村干部收益函数的反函数为 $m(u)$，即 $m(u(w)) = w$。将村干部的收益函数和反函数代入公式（6-17），可以得到村干部获得两种报酬的收益水平分别为 $u(\underline{w}) = \frac{\underline{\pi}}{(\underline{\pi}-\bar{\pi})}\Phi$ 和 $u(\bar{w}) = \frac{(1-\underline{\pi})}{(\bar{\pi}-\underline{\pi})}\Phi$。由于村干部存在风险规避特征，存在 $\bar{\pi}u(\bar{w}) + (1-\bar{\pi})u(\underline{w}) < u(\bar{\pi}\bar{w} + (1-\bar{\pi})\underline{w})$，因此在风险情况下，村干部将会要求更高的期望收益。村干部越是规避风险则要求的风险补偿越高，地方政府就要支付更高的报酬。

二 多目标任务情况下的委托代理

观点6.4：在地方政府采取征地量和冲突量两项指标作为村干部工作报酬支付依据时，村干部取得最好结果获得的报酬水平与通过努力提高好结果发生概率的程度负相关，与努力后坏结果发生的概率正相关，即村干部通过努力获得好结果的难度越大，获得的报酬越多。当出现最差结果时，村干部将受到地方政府的惩罚，惩罚程度与通过努力使得最好结果发生概率提高的程度正相关，与不努力情况下最好结果发生概率和努力成本负相关。在地方政府不具有惩罚能力时，村干部付出努力获得的期望收益将大于其努力的成本，村干部获得了正的净收益。与地方政府具有惩罚能力相比，地方政府不具有惩罚能力时，要支付村干部更多的报酬。

在城郊土地征收中，地方政府还关注由土地征收引发的冲突。城郊土地征收引发的土地冲突主要有两类,一类是农民与村干部之间的冲突,另一类是农民与地方政府之间的冲突。导致农民和村干部之间的冲突的原因主要有:村干部侵占土地征收中的集体收益;村干部不能公平对待全体村民,损害一部分村民的利益或给一部分村民特别的好处;村干部为了从地方政府获得更多的收益,过度侵害村民的利益;村干部征地工作简单粗暴;村民想通过与村干部冲突的方式来获得更多的收益。还有一种情况是,地方政府为了能够从土地征收中脱离出来,减少与被征地农民发生直接冲突,将土地征收工作直接发包给村干部。在土地征收发包情况下,土地征收补偿款总额是固定的,村民补偿增加就意味着村干部收益减少,村民和村干部之间的对立和冲突就不可避免。城郊土地征收中的农民和地方政府之间的冲突也有多种形式,也有多种直接原因,但其根本原因是双方都想获得更多的土地增值收益。城郊土地征收引发的冲突会对地方政府产生如下几方面的影响:增加土地征收的成本,为了应对、缓解和化解冲突必须支付人力、物力和财力等资源;会延长土地征收时间,尤其是大规模或影响大的冲突会延长土地征收时间,甚至是导致土地征收无法进行;影响社会稳定,增加地方政府面临的压力,如果出现大规模上访、群体博弈或其他恶性事件,地方政府将要承受来自各方面的压力。

地方政府将部分或全部土地征收工作委托给村干部时,不仅会提出土地征收数量的要求,也会在征地冲突方面提出要求。为了控制土地征收中的冲突,地方政府可以委托村干部两项任务——征地量和冲突量,设定为 q 和 q_c。地方政府的收益函数为 $S(q,q_c)$,$S(q,q_c)$ 为 q 的增函数和 q_c 的减函数。村干部执行两项代理任务,执行征地量任务可以选择 0 和 e_1 的努力水平,e_1 努力的成本为 Φ_1,执行冲突量任务可以选择 0 和 e_2 的努力水平,e_2 努力的成本为 Φ_2。存在两种征地量结果——高征地量 $\bar{q}$ 和低征地量 $\underline{q}$,且 $\bar{q} > \underline{q}$;存在两种冲突量结果——高冲突量 $\bar{q_c}$ 和低冲突量 $\underline{q_c}$,且 $\bar{q_c} > \underline{q_c}$。村干部付出 e_1 的努力水平得到 $\bar{q}$ 结果的概率为 $\bar{\pi}_1$,得到 $\underline{q}$ 结果的概率为 $1-\bar{\pi}_1$,村干部在征收量方面不付出努力得到 $\bar{q}$ 结果的概率为 $\underline{\pi}_1$,得到 $\underline{q}$ 结果的概率为 $1-\underline{\pi}_1$,且存现 $\bar{\pi}_1 > \underline{\pi}_1$。村干部付出 e_2 的努力水平得到 $\underline{q_c}$ 结果的概率为 $\bar{\nu}_1$,得到 $\bar{q_c}$ 的概率为 $1-\bar{\nu}_1$,村干部在冲突量方面不付出努

力得到 q_c 结果的概率为 ν_1，得到 $\bar{q}_c$ 的概率为 $1 - \nu_1$，且存现 $\bar{\nu}_1 > \nu_1$。为了简化分析，假定 $\bar{\pi}_1$ 和 $\bar{\nu}_1$ 之间不存在相关性。地方政府依据最终结果向村干部支付报酬，出现结果 $(\bar{q}, q_c)$、$(\bar{q}, \bar{q}_c)$、(q, q_c) 和 $(q, \bar{q}_c)$ 时，地方政府付给村干部的报酬分别为 w_{11}、w_{10}、w_{01} 和 w_{00}。在此依然假定村干部是风险中性的，即 $u(w) = w$。由于地方政府更重视征地量的完成情况，因此可以假定村干部在取得 $(\bar{q}, \bar{q}_c)$ 结果时获得的收益大于在取得 (q, q_c) 时获得的收益。地方政府选择让村干部在两项任务上都付出努力，则地方政府的最优规划可以表示为：

$$\max_{(\bar{w}, \underline{w})} \bar{\pi}_1 \bar{\nu}_1 [S(\bar{q}, \bar{q}_c) - w_{11}] + \bar{\pi}_1 (1 - \bar{\nu}_1)[S(\bar{q}, \underline{q}_c) - w_{10}] + \bar{\nu}_1 (1 - \bar{\pi}_1)[S(\underline{q}, \bar{q}_c) - w_{01}] + (1 - \bar{\pi}_1)(1 - \bar{\nu}_1)[S(\underline{q}, \underline{q}_c) - w_{00}]$$

$$s.t. \quad \bar{\pi}_1 \bar{\nu}_1 w_{11} + \bar{\pi}_1 (1 - \bar{\nu}_1) w_{10} + \bar{\nu}_1 (1 - \bar{\pi}_1) w_{01} + (1 - \bar{\pi}_1)(1 - \bar{\nu}_1) w_{00} - \Phi_1 - \Phi_2 \geq 0$$

$$\bar{\pi}_1 \bar{\nu}_1 w_{11} + \bar{\pi}_1 (1 - \bar{\nu}_1) w_{10} + \bar{\nu}_1 (1 - \bar{\pi}_1) w_{01} + (1 - \bar{\pi}_1)(1 - \bar{\nu}_1) w_{00} - \Phi_1 - \Phi_2$$
$$\geq \bar{\pi}_1 \underline{\nu}_1 w_{11} + \bar{\pi}_1 (1 - \underline{\nu}_1) w_{10} + \underline{\nu}_1 (1 - \bar{\pi}_1) w_{01} + (1 - \bar{\pi}_1)(1 - \underline{\nu}_1) w_{00} - \Phi_1$$

$$\bar{\pi}_1 \bar{\nu}_1 w_{11} + \bar{\pi}_1 (1 - \bar{\nu}_1) w_{10} + \bar{\nu}_1 (1 - \bar{\pi}_1) w_{01} + (1 - \bar{\pi}_1)(1 - \bar{\nu}_1) w_{00} - \Phi_1 \geq \underline{\pi}_1 \bar{\nu}_1 w_{11} + \underline{\pi}_1 (1 - \bar{\nu}_1) w_{10} + \bar{\nu}_1 (1 - \underline{\pi}_1) w_{01} + (1 - \underline{\pi}_1)(1 - \bar{\nu}_1) w_{00} - \Phi_2$$

$$\bar{\pi}_1 \bar{\nu}_1 w_{11} + \bar{\pi}_1 (1 - \bar{\nu}_1) w_{10} + \bar{\nu}_1 (1 - \bar{\pi}_1) w_{01} + (1 - \bar{\pi}_1)(1 - \bar{\nu}_1) w_{00} - \Phi_2 \geq \underline{\pi}_1 \underline{\nu}_1 w_{11} + \underline{\pi}_1 (1 - \underline{\nu}_1) w_{10} + \underline{\nu}_1 (1 - \underline{\pi}_1) w_{01} + (1 - \underline{\pi}_1)(1 - \underline{\nu}_1) w_{00} \quad (6-29)$$

其中，第一个约束为村干部两个任务都付出努力的参与约束，第二个约束为村干部两个任务都付出努力的激励约束，第三个约束为只在征收量任务上付出努力的激励约束，第四个约束为只在冲突量任务上付出努力的激励约束。可以证明公式（6-29）中的四个约束都是紧约束，对四个约束取等号并计算得出：

$$w_{11} = \frac{(1 - \underline{\pi}_1)}{(\bar{\pi}_1 - \underline{\pi}_1)} \Phi_1 + \frac{(1 - \underline{\nu}_1)}{(\bar{\nu}_1 - \underline{\nu}_1)} \Phi_2 \quad (6-30)$$

$$w_{10} = \frac{(1 - \underline{\pi}_1)}{(\bar{\pi}_1 - \underline{\pi}_1)} \Phi_1 + \frac{-\underline{\nu}_1}{(\bar{\nu}_1 - \underline{\nu}_1)} \Phi_2 \quad (6-31)$$

第六章 城郊土地征收中的地方政府与村干部委托代理与利益分配

$$w_{01} = \frac{-\underline{\pi}_1}{(\bar{\pi}_1 - \underline{\pi}_1)}\Phi_1 + \frac{(1-\underline{\nu}_1)}{(\bar{\nu}_1 - \underline{\nu}_1)}\Phi_2 \quad (6-32)$$

$$w_{00} = \frac{-\underline{\pi}_1}{(\bar{\pi}_1 - \underline{\pi}_1)}\Phi_1 + \frac{-\underline{\nu}_1}{(\bar{\nu}_1 - \underline{\nu}_1)}\Phi_2 \quad (6-33)$$

通过公式（6-30）可以得出：w_{11}为正收益，w_{00}为负收益，w_{00}代表地方政府对取得最差结果（$\underline{q},\bar{q_c}$）的村干部施加的惩罚；在得到最好结果（$\bar{q}$，$\underline{q_c}$）情况下，村干部获得的报酬w_{11}与通过努力使得最好结果发生概率提高的程度负相关，与努力后最差结果发生概率和努力的成本正相关；在得到最差结果（$\underline{q},\bar{q_c}$）情况下，村干部获得的报酬w_{00}与通过努力使得最好结果发生概率提高的程度正相关，与不努力情况下最好结果发生概率和努力成本负相关。下面分析各种结果对应的报酬的离散程度和出现差结果村干部受到的惩罚程度。分别使用公式（6-30）减去公式（6-31），公式（6-30）减去公式（6-32）和公式（6-30）减去公式（6-33）可以得到：

$$w_{11} - w_{10} = \frac{\Phi_2}{(\bar{\nu}_1 - \underline{\nu}_1)} \quad (6-34)$$

$$w_{11} - w_{01} = \frac{\Phi_1}{(\bar{\pi}_1 - \underline{\pi}_1)} \quad (6-35)$$

$$w_{11} - w_{00} = \frac{\Phi_1}{(\bar{\pi}_1 - \underline{\pi}_1)} + \frac{\Phi_2}{(\bar{\nu}_1 - \underline{\nu}_1)} \quad (6-36)$$

如果以最好结果获得的报酬w_{11}为标准，公式（6-34）代表征地量取得好结果而冲突量没有取得好结果情况下村干部受到地方政府惩罚的程度，惩罚程度与村干部在冲突量方面付出努力的成本正相关，与努力能够提高好结果发生概率的幅度负相关。同理，公式（6-35）表明，惩罚程度与村干部在征地量方面付出努力的成本正相关，与努力能够提高好结果发生概率的幅度负相关。公式（6-36）是在最坏结果发生时村干部受到的惩罚程度，惩罚程度与村干部付出努力的成本正相关，与努力能够提高好结果发生概率的幅度负相关。

下面分析地方政府不能对村干部进行惩罚的情况。地方政府不能惩罚村干部时，也就是村干部获得的收益不能为负数，对应的地方政府让村干部在两项任务都付出努力的最优规划与公式（6-29）相类似，只是村干部都付出努力的参与约束（第一个约束）转换为出现最差结果$(q, \bar{q_c})$报酬不能为负数的约束，即$w_{00} \geq 0$。通过计算可得到村干部的报酬分别为：

$$w_{11} = \frac{\Phi_1}{(\bar{\pi}_1 - \underline{\pi}_1)} + \frac{\Phi_2}{(\bar{\nu}_1 - \underline{\nu}_1)} \tag{6-37}$$

$$w_{10} = \frac{\Phi_1}{(\bar{\pi}_1 - \underline{\pi}_1)} \tag{6-38}$$

$$w_{01} = \frac{\Phi_2}{(\bar{\nu}_1 - \underline{\nu}_1)} \tag{6-39}$$

$$w_{00} = 0 \tag{6-40}$$

通过上述结果可以得出：在地方政府不具有惩罚能力时，村干部付出努力获得的期望收益将大于其努力的成本，村干部获得了正的净收益；村干部获得的收益与付出努力的成本正相关，与通过努力提升好结果发生概率的幅度负相关；与地方政府具有惩罚能力相比，地方政府要支付村干部更多的报酬。

第五节　政策建议

通过本章的研究可以给出如下政策建议。

1. 有条件的地区将主要村干部纳入准公务员管理体系中，加强对村干部行为的监督和约束。本书分析的结论之一是地方政府有动力干预城郊村村干部选举，这就使得当选的村干部一方面不是村民选举的结果，另一方面也不是地方政府行政人员，不在行政人员管理体系之内。从几十年村民自治制度实行的情况来看，自治的效果并不理想，尤其对于城郊资源密集型村庄，主要是一些"精致利己主义者"、"能人"、"富人"、"狠人"、大家族的利益代表者担任村干部，这些人主要考虑的是个人利益和小集团利益，很少考虑普通村民的利益。从自治理论和国外自治经验来看，如果乡村社会管理完全实行自治很容易出现由少数人控制的情况，因此，绝大多数国家乡村社会的行政管理职能都是由地方政府履行，行政管理官员不是由选举产生，而是来自上级政府任命。

2. 制定更为详细和严格的征地拆迁程序、补偿标准和相关管理制度,增加地方政府人力投入,确保主要工作由地方政府直接完成,减少对村干部的依赖和降低村干部的自由裁量空间。影响土地征收工作顺利推进的最重要影响因素是,是否有公平、公正、公开的土地征收程序、征地补偿标准和相关管理制度。在监督机制和惩罚机制不健全的情况下,如果土地征收过程中主要工作依赖于外聘人员和村干部,就很难保证征地程序、征地补偿标准等能够得到严格地执行,就会产生很多可博弈的空间。尤其是过度依赖于村干部做村民的工作会增加村干部与地方政府讨价还价的筹码,可能会引发地方政府和被征地农民之间更多的矛盾和冲突。土地征收中不可避免地需要村干部协助,但要明确村干部协助的具体内容和范围,按照村干部的付出支付报酬,并在土地征收的主要节点上建立多方监督机制,尤其是要严格禁止地方政府将土地征收工作整体发包给村干部的做法。

3. 加大对征地拆迁中权钱交易等腐败行为的查处力度。在土地征收中,地方政府和村干部之间、村干部内部之间,以及村民与村干部之间很可能会出现为了获得更多补偿或其他利益进行"合谋"和权钱交易的情况,这是以牺牲政府利益和村民利益为代价的,同时也会增加被征地普通村民的不公平感和被剥夺感,不仅会降低被征地普通村民对地方政府的支持和认同,也会致使更多的被征地村民与地方政府进行抗争。已经有研究成果显示,在国家反腐向基层深入后,征地拆迁中的农民抗争情况已经开始减少。①

第六节 本章小结

本章第一节讨论了村庄自治权力分配问题和村干部在土地征收中的利益。首先,讨论了村两委的权力分配问题。由于村党支部和村委会产生的方式不同、权力来源不同、利益诉求不同和人员构成不同,因此存在着对村庄领导权的争夺。其次,对关于村干部角色定位的相关研究成果进行了

---

① 周娟:《农村征地拆迁中"钉子户"的产生机制及其治理》,《华南农业大学学报》(社会科学版) 2019 年第 3 期。

简要述评，指出无论村干部定位于何种角色，其核心都是个人利益最大化。最后，对城郊土地征收中的村干部利益进行了分析。在城郊土地征收中，村干部的收益主要有获得的征地补偿、获得的留存于村集体的征地款和土地、从事地方政府委托的征地工作获得的报酬。村干部也要付出成本，主要包括完成征地工作付出的时间和精力、与村民之间的关系紧张甚至是冲突引发的成本、下届村干部选举中落选的可能、没有较好完成地方政府委托工作而失去地方政府支持和报酬减少的风险，等等。

本章第二节讨论了城郊土地征收中地方政府和村干部、村民和村干部之间的冲突。多数情况下，村干部会更多地从地方政府的利益出发，但地方政府和村干部之间也存在利益冲突。地方政府主要关注的是土地征收耗费的时间，能否平稳地完成土地征收工作和土地征收成本，村干部关注的是土地征收中的个人利益。由于受多种因素影响，村干部的利益与地方政府的利益并不一致。在城郊土地征收中，村民和村干部之间存在更为严重的利益冲突。主要原因是，村干部成为集体土地所有权人的代表，理应主要代表村民的利益，而实际上村干部更多代表的是地方政府的利益和村干部本人及小团体的利益。

本章第三节通过构建数理模型的方式，分析了在完全信息和不完全信息两种情况下，地方政府如何事前选择合意的候选人担任村干部。在完全信息情况下，影响地方政府选择村干部（候选人）的主要因素有：委托给村干部的工作给地方政府带来的收益、支付给村干部的报酬、村干部行为给地方政府带来的成本增加、干预选举的成本。在不完全信息情况下，地方政府可以只提供中意候选人能够接受的委托代理合同（隐性合同）来选择村干部。由于存在保留收益，当选的村干部并不一定是地方政府和村民认为的最适合的人选。城郊村具有资源密集性和地方政府委托事项多的特点，尤其是存在较高的土地征收可能性，地方政府更倾向于选择"能人""狠人"类型的高效率候选人担任村干部。

本章第四节分析了城郊土地征收中地方政府对村干部的激励问题。当地方政府主要以土地征收完成情况为依据对村干部的工作进行考核时，地方政府与村干部之间的委托代理可以看作单目标任务委托代理。在单目标任务委托代理中，地方政府对村干部的惩罚能力越强，村干部获得的期望报酬越低，村干部风险规避程度越高，则地方政府需要支付给村干部更高的报酬。地方政府对土地征收中发生的纠纷和冲突也较为关注,因此本部分将冲突量作为另外一个考核指标加入到模型的分析之中。通过模型分析得到,村干部获得的报酬受通过努力提高好结果发生概率的程度、努力的成本、地方政府的惩罚程度等因素的影响。

本章第五节给出如下政策建议:有条件的地区将主要村干部纳入准公务员管理体系中,加强对村干部行为的监督和约束;增加地方政府人力投入,确保征地拆迁主要工作由地方政府直接完成,降低对村干部的依赖和减少村干部的自由裁量空间;加大对征地拆迁中权钱交易等腐败行为的查处力度。

参考文献

一 经典文献

《资本论（纪念版）》第1卷，人民出版社2018年版。
《资本论（纪念版）》第2卷，人民出版社2018年版。
《资本论（纪念版）》第3卷，人民出版社2018年版。
《家庭、私有制和国家的起源》，人民出版社2018年版。

二 中文译著

〔美〕杜赞奇:《文化、权力与国家：1900—1942年的华北农村》，王福明译，江苏人民出版社2003年版。
〔美〕詹姆斯·C. 斯科特:《农民的道义经济学：东南亚的反叛与生存》，程立显、刘建等译，译林出版社2011年版。
〔美〕詹姆斯·C. 斯科特:《弱者的武器》，郑广怀、张敏、何江穗译，凤凰出版传媒集团、译林出版社2007年版。

三 中文期刊

蔡继明:《绝对地租存在的条件、来源和量的规定》，《价格理论与实践》1988年第2期。
陈江龙、曲福田:《土地征用的理论分析及我国征地制度改革》，《江苏社会科学》2002年第2期。
陈尧、李敏、肖君、唐鹏:《集体经营性建设用地入市增值收益分配博弈分析——以成都郫都区为例》，《南方国土资源》2019年第11期。
陈振、郭振涛、吕蒙:《地方政府在集体经营性建设用地入市中的利益博弈研究》,《上海国土资源》2018 年第 3 期。

党国英:《当前中国农村土地制度改革的现状与问题》,《华中师范大学学报》(人文社会科学版) 2005 年第 4 期。

董海军:《依势博弈:基层社会维权行为的新解释框架》,《社会》2010 年第 5 期。

董海军:《"作为武器的弱者身份":农民维权抗争的底层政治》,《社会》2008 年第 4 期。

付英:《村干部的三重角色及政策思考——基于征地补偿的考察》,《清华大学学报》(哲学社会科学版) 2014 年第 3 期。

耿羽:《征地拆迁中的混混暴力市场化》,《中国青年研究》2016 年第 7 期。

龚春明:《精致的利己主义者:村干部角色及"无为之治"——以赣东 D 镇乡村为例》,《南京农业大学学报》(社会科学版) 2015 年第 3 期。

郭亮:《土地征收中的"行政包干制"及其后果》,《政治学研究》2015 年第 1 期。

贺雪峰、阿古智子:《村干部的动力机制与角色类型——兼谈乡村治理研究中的若干相关话题》,《学习与探索》2006 年第 3 期。

贺雪峰、刘岳:《基层治理中的"不出事逻辑"》,《学术研究》2010 年第 6 期。

贺雪峰:《征地拆迁背景下的村庄政治》,《学习与探索》2016 年第 11 期。

洪开荣、孙丹、赵旭:《参与方情绪对土地征收补偿策略的影响研究——基于 RDEU 演化博弈视角》《现代财经》(天津财经大学学报) 2017 年第 9 期。

胡业方:《村干部"名"与"实"的历时性嬗变——基于浙江赵村的实地调查》,《华中农业大学学报》(社会科学版) 2018 年第 1 期。

华生:《破解土地财政,变征地为分地——东亚地区城市化用地制度的启示》,《国家行政学院学报》2015 年第 3 期。

黄祖辉、汪晖:《非公共利益性质的征地行为与土地发展权补偿》,《经济研究》2002 年第 5 期。

晋洪涛、史清华、俞宁:《谈判权、程序公平与征地制度改革》,《中国农村经济》2010 年第 12 期。

靳相木、陈箫:《美国土地整合中的钉子户问题及其启示》,《浙江大学学报》(人文社会科学版) 2017 年第 3 期。

靳相木、李梦微:《征地补偿安置协议前置及其效力扩张的制度风险与因应解决方案》,《农业经济问题》2022 年第 6 期。

柯小兵、何高潮:《从三层博弈关系看土地征收制度改革——基于某大学城征地案例的分析》,《中国土地科学》2006 年第 3 期。

李怀:《农村集体经营性建设用地入市收益分配改革:模式、困境与突破》,《东岳论丛》2020 年第 7 期。

刘守英:《中国的二元土地权利制度与土地市场残缺——对现行政策、法律与地方创新的回顾与评论》,《经济研究参考》2008 年第 31 期。

吕图、刘向南、刘鹏:《程序公正与征地补偿:基于程序性权利保障的影响分析》,《资源科学》2018 年第 9 期。

马翠萍:《集体经营性建设用地制度探索与效果评价——以全国首批农村集体经营性建设用地入市试点为例》,《中国农村经济》2021 年第 11 期。

马凯、钱忠好:《中国农村集体非农建设用地市场长期动态均衡分析》,《中国土地科学》2009 年第 3 期。

欧阳静:《村级组织的官僚化及其逻辑》,《南京农业大学学报》(社会科学版) 2010 年第 4 期。

齐晓瑾、蔡澍、傅春晖:《从征地过程看村干部的行动逻辑——以华东、华中三个村庄的征地事件为例》,《社会》2006 年第 2 期。

钱忠好、曲福田:《中国土地征用制度:反思与改革》,《中国土地科学》2004 年第 5 期。

钱忠好:《土地征用:均衡与非均衡——对现行中国土地征用制度的经济分析》,《管理世界》2004 年第 12 期。

曲福田、冯淑怡、俞红:《土地价格及分配关系与农地非农化经济机制研究——以经济发达地区为例》,《中国农村经济》2001 年第 12 期。

饶静、叶敬忠、谭思:《"要挟型上访"——底层政治逻辑下的农民上访分析框架》,《中国农村观察》2011 年第 3 期。

孙阿凡、杨遂全:《集体经营性建设用地入市与地方政府和村集体的博弈》,《华南农业大学学报》(社会科学版) 2016 年第 1 期。

孙秋鹏：《地方政府惩罚能力差异、信号传递与分离均衡——宅基地征收中的博弈分析》，《北京社会科学》2020 年第 3 期。

孙秋鹏：《地方政府征收宅基地过程中的利益分配问题探讨——基于马克思地租理论的视角》，《马克思主义研究》2013 年第 11 期。

孙秋鹏：《农村建设用地征收中的收益分配与效率损失研究——兼评反对自由流转观点》，《北京社会科学》2016 年第 5 期。

孙秋鹏：《农村土地征收问题研究述评与展望》，《学术探索》2019 年第 5 期。

孙秋鹏：《农户抵制、地方政府惩罚与跨期选择：宅基地征收中的博弈分析》，《深圳大学学报》（人文社会科学版）2020 年第 4 期。

孙秋鹏：《宅基地流转中的主体行为分析——兼论农民利益保护》，《经济评论》2013 年第 5 期。

孙秋鹏：《宅基地征收中"钉子户"与地方政府行为分析》，《北京社会科学》2018 年第 10 期。

谭术魁、齐睿：《中国征地冲突博弈模型的构建与分析》，《中国土地科学》2010 年第 3 期。

谭术魁、涂姗：《征地冲突中利益相关者的博弈分析——以地方政府与失地农民为例》，《中国土地科学》2009 年第 11 期。

谭术魁、赵毅、刘旭玲：《防范征地冲突中地方政府与村委会的委托代理关系研究》，《华中农业大学学报》（社会科学版）2018 年第 3 期。

陶然、汪晖：《中国尚未完成之转型中的土地制度改革：挑战与出路》，《国际经济评论》2010 年第 2 期。

陶然、袁飞、曹广忠：《区域竞争、土地出让与地方财政效应：基于 1999—2003 年中国地级城市面板数据的分析》，《世界经济》2007 年第 10 期。

田先红：《从维权到谋利——农民上访行为逻辑变迁的一个解释框架》，《开放时代》2010 年第 6 期。

汪晖、陈箫：《土地征收中的农民抗争、谈判和补偿——基于大样本调查的实证分析》，《农业经济问题》2015 年第 8 期。

汪晖：《城乡结合部的土地征用：征用权与征地补偿》，《中国农村经济》2002 年第 2 期。

王培志、杨依山:《被征农地增值分配的动态合作博弈研究——一个讨价还价理论的视角》,《财经研究》2013年第3期。

王思斌:《村干部的边际地位与行为分析》,《社会学研究》1991年第4期。

王小映、贺明玉、高永:《我国农地转用中的土地收益分配实证研究——基于昆山、桐城、新都三地的抽样调查分析》,《管理世界》2006年第5期。

魏玲、张安录:《农地城市流转农民福利变化与福利差异测度——基于二维赋权法与三类不平等指数的实证》,《中国土地科学》2016年第10期。

肖屹、曲福田、钱忠好、许恒周:《土地征用中农民土地权益受损程度研究——以江苏省为例》,《农业经济问题》2008年第3期。

杨华、罗兴佐:《农民的行动策略与政府的制度理性——对我国征地拆迁中"闹大"现象的分析》,《社会科学》2016年第2期。

杨华:《农村征地拆迁中的利益博弈:空间、主体与策略——基于荆门市城郊农村的调查》,《西南大学学报》(社会科学版)2014年第5期。

易成非、姜福洋:《潜规则与明规则在中国场景下的共生——基于非法拆迁的经验研究》,《公共管理学报》2014年第4期。

易舟、段建南:《农村闲置宅基地整理参与主体利益博弈分析》,《农业科技管理》2013年第2期。

应星:《草根动员与农民群体利益的表达机制——四个个案的比较研究》,《社会学研究》2007年第2期。

应星:《"气场"与群体性事件的发生机制——两个个案的比较》,《社会学研究》2009年第6期。

应星:《"气"与中国乡村集体行动的再生产》,《开放时代》2007年第6期。

于建嵘:《农民有组织抗争及其政治风险——湖南省H县调查》,《战略与管理》2003年第3期。

袁枫朝、燕新程:《集体建设用地流转之三方博弈分析——基于地方政府、农村集体组织与用地企业的角度》,《中国土地科学》2009年第2期。

张元庆:《基于利益集团冲突模型的征地问题研究——一个贝克尔模型的

应用与修正》，《技术经济与管理研究》2016年第4期。

赵振宇、陈红霞、赵繁蓉：《论集体经营性建设用地增值收益分配——基于博弈论的视角》，《经济体制改革》2017年第4期。

折晓叶：《合作与非对抗性抵制——弱者的"韧武器"》，《社会学研究》2008年第3期。

郑威、陆远权、李晓龙：《农村集体经营性建设用地入市流转的法经济学分析》，《经济问题探索》2017年第7期。

郑晓茹、陈如：《征地冲突中农民的"套路式"抗争行为：一个解释的框架》，《湖北社会科学》2017年第2期。

周飞舟：《分税制十年：制度及其影响》，《中国社会科学》2006年第6期。

周飞舟：《生财有道：土地开发和转让中的政府和农民》，《社会学研究》2007年第1期。

周其仁：《农地产权与征地制度——中国城市化面临的重大选择》，《经济学（季刊）》2004年第4期。

诸培新、唐鹏：《农地征收与供应中的土地增值收益分配机制创新——基于江苏省的实证分析》，《南京农业大学学报》（社会科学版）2013年第1期。

祝天智：《边界模糊的灰色博弈与征地冲突的治理困境》，《经济社会体制比较》2014年第2期。

邹秀清、钟骁勇、肖泽干、宋鑫：《征地冲突中地方政府、中央政府和农户行为的动态博弈分析》，《中国土地科学》2012年第10期。

四 外文专著

Chatterjee P., *Nationalist Thought and the Colonial World*, Delhi: Oxford University Press, 1986.

David Harvey, *Social Justice and the City*, Baltimore: Johns Hopkins University Press, 1973.

David Harvey, *The Urbanization of Capital*, Oxford: Basil Blackwell, 1985.

Howard M. C., King J. E., *The Political Economy of Marx*, Harlow: Longman, 1985.

五 外文期刊

Ball M., "On Marx's Theory of Agricultural Rent: A Reply to Ben Fine", *Economy & Society*, Vol. 9, No. 3, 1980.

Economakis G. E., "On Absolute Rent: Theoretical Remarks on Marx's Analysis", *Science & Society*, Vol. 67, No. 3, 2003.

Engers Maxim, "Signaling with Many Signals", *Econometrica*, Vol. 55, No. 3, 1987.

Evans Alan, "On Minimum Rents: Part 1, Marx and Absolute Rent", *Urban Studies*, Vol. 36, No. 12, 1999.

Feltovich Nick, Richmomd Harbaugh and Ted To, "Too Cool for School? Signaling and Counter Signaling", *RAND Journal of Economics*, Vol. 33, No. 4, 2002.

Fine B., "On Marx's Theory of Agricultural Rent", *Economy and Society*, Vol. 9, No. 3, 1980.

Grossman Gene, "Michael Katz. Plea Bargaining and Social Welfare", *The American Economic Review*, Vol. 73, No. 4, 1983.

Hughes Patricia, "Signalling by Direct Disclosure under Asymmetric Information", *The Journal of Accounting and Economics*, Vol. 8, No. 2, 1986.

Johannes Jäger, "Urban Land Rent Theory: A Regulationist Perspective", *International Journal of Urban and Regional Research*, Vol. 27, No. 2, 2003.

Kihlstrom R., Riordan M., "Advertising as a Signal", *Journal of Political Economy*, Vol. 92, No. 3, 1984.

Milgrom P., Roberts J., "Relying on the Information of Interested Parties", *Rand Journal of Economics*, Vol. 17, No. 1, 1986.

Reinganum Jennifer, "Plea Bargaining and Prosecutorial Discretion", *The American Economic Review*, Vol. 78, No. 4, 1988.

Shaked A., Sutton J., "Involuntary Unemployment as a Perfect Equilibrium in a Bargaining Model", *Econometrica*, Vol. 52, No. 6, 1984.

Spence M., "Job Market Signaling", *Quarterly Journal of Economics*, Vol. 87, No. 3, 1973.

Stiglitz J. , Weiss A. , "Credit Rationing in Markets with Imperfect Information", *American Economic Review*, Vol. 71, No. 3, 1981.

Stiglitz J. , "The Cause and Consequences of the Dependence of Quality on Price", *The Journal of Economic Literature*, Vol. 25, No. 1, 1987.

Tribe K. , "Economic Property and the Theorisation of Ground Rent", *Economy & Society*, Vol. 6, No. 1, 1977.

后　　记

　　本书是作者于 2021 年 7 月申报的国家社会科学基金后期资助项目"城郊土地征收中的利益分配问题研究"（项目批准号：21FJYB031）的最终研究成果，该成果于 2023 年 10 月通过全国哲学社会科学规划办公室的鉴定准予结项。在课题的研究过程中，作者得到了多位专家的支持、帮助和认可，得到了调研地区人员的大力支持和帮助，也得到了出版社各位编辑老师的帮助和指导。作者感到无比的荣幸和感激，这也是对作者未来科研工作的鼓励与鞭策。

　　作者长期致力于马克思主义政治经济学和中国现实经济问题的研究工作，用马克思经济学理论分析中国现实经济问题，推动马克思主义经济理论的中国化，并希望通过对中国现实经济问题的研究丰富马克思主义经济理论。作者先后参加了多项重大课题的研究工作，作为课题组成员参加了中国社会科学院创新工程项目"现代资本主义再认识与国家资本主义批判研究"和"马克思主义基本原理及其当代价值研究"的研究工作，参与了多篇学术论文和学术著作的写作。作为课题组主要成员，参与了国家社科基金项目"'中等收入陷阱'的经验实施、形成机制与应对策略研究"和天津市哲学社会科学规划项目"二元经济条件下要素收入分配经济增长与对外贸易失衡研究"的研究工作。马克思地租理论对土地问题具有较强的解释力，能够将其应用到对中国农村土地征收等相关问题的研究之中。作者在 2011 年开始相关领域的研究工作，第一篇研究成果于 2013 年发表于《经济评论》，题目为《宅基地流转中的主体行为分析——兼论农民利益保护》，同年在《马克思主义研究》上发表了《地方政府征收宅基地过程中的利益分配问题探讨——基于马克思地租理论的视角》。在之后的十年中作者在《北京社会科学》、《上海经济研究》、《深圳大学学报》（人文社会科学版）等学术期刊发表了相关学术论文十多篇，于 2020 年出版学术专著《农村宅基地征收中的利益分配问题研究——基于马克思地租理论》。为了更深入地了解城郊土地征收的现实情况，在过去的十多年的时间中，作者还前往全国各地进行调研。先后前往天津市多个乡镇调研了"宅基地换房"、"占补平衡"、耕地整理和建设用地整理等；前往山东省泰安市下属的多个区县乡镇调研了宅基地整理、土地整理、集中居住和土地征收等；前往江苏省无锡市调研了"三集中"建设模式，即工业向园区集中、农民向城镇集中、农田向规模经营集中；前往重庆市调研了当地的宅基地整理、农村其他建设用地整理和耕地整理，还前往重庆市的土地交易所（地票交易所），对地票的产生、交易规则、交易过程和使用过程进行了调研；前往江苏省南京市下属的区县乡镇调研了"万顷良田建设工程"，重点调研了耕地整理、宅基地征收、农民搬迁、集中居住和土地征收的情况；前往广东省佛山市下属区县乡镇调研了当地的土地征收、宅基地整理、农村建设用地综合利用等情况。2014 年年底，中办和国办联合印发了《关于农村土地征收、集体经营性建设用地入市、宅基地制度改革试点工作的意见》，在全国选择了 33 个县（市、区）进行农村土地制度改革试点工作。为了跟进农村土地改革的重大变化，在改革试点进行了一段时间之后，2018 年之后作者挑选一些有代表性的试点地区进行了调研，先后前往北京市大兴区、天津市蓟县、江苏省常州市武进区、广东省佛山市南海区、重庆市大足区，就土地征收、集体经营性建设用地入市、宅基地制度改革进行了调研。在这个过程中，作者对马克思经济理论有了更深入的认识和理解，也能够将马克思主义理论应用到对中国现实问题的研究之中，通过分阶段的、递进式的深入研究，经过深度思考，也付出了艰辛努力，最终凝练出本书的研究成果。本书的价值在于以马克思地租理论为理论基础，运用博弈论和信息经济学等研究工具，通过构建多个数理模型和博弈模型的方式，建立起城郊土地征收问题相对完整的分析框架，不仅能够将马克思主义经济学运用到对中国现实问题的分析之中，而且能够起到丰富马克思主义经济学理论的作用。通过对城郊土地征收中参与者之间的博弈和冲突的分析，本书对出现的一些问题和经济现象给出了相对合理的解释，并给出了一些相对可行的政策建议，希望能够对我国的农村土地制度改革和建立城乡统一的建设用地市场改革有所裨益。

最后，作为课题主持人要特别感谢"城郊土地征收中的利益分配问题研究"课题组成员在课题申报、课题研究过程中所作出的重要贡献；感谢多位评审专家、鉴定专家在项目立项、项目结项中给予的较高评价以及非常宝贵的修改补充意见，有助于我在本书出版之前能有针对性地予以充实、修订和完善；感谢全国哲学社会科学规划办公室能够将本书的研究确立为社科基金后期资助项目；感谢此书的责任编辑中国社会科学出版社副编审刘艳老师的辛勤付出，使得本书能够顺利出版。

本书的形成过程交代如上，专为记录这段值得铭记的学习研究时光，是为后记。

孙秋鹏

2024年春于中国社会科学院